人民公园鹤鸣茶社。

lonely planet

IN

成都

本书作者

何苗苗　袁亮

樊觅韵 摄

中国地图出版社

目 录

油菜花田里的小火车，见 191 页

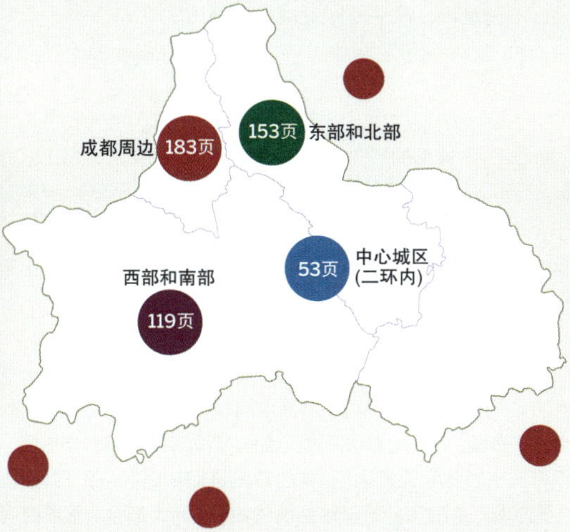

生存指南

特别策划

你好，成都

创造出三星堆与金沙文明的古蜀人留下了浪漫的文化基因，都江堰水利工程庇佑着"水旱从人"、物产丰饶的成都平原，而海纳百川的成都人，注定要在这片乐土上营造出令人艳羡的安逸日子。今天，旅行者的到来，不过是再一次亲身印证成都的魅力。

九天开出一成都（李白）

两千余年城址未变，"两江抱城"格局依然，成都的历史一脉相传，从未中断。秦汉时期工匠们织就的蜀锦已经沿丝绸之路远达西域，三国风云随着武侯诸葛的离去在锦官城外画下句号，唐宋时最有名的诗人在成都写出了他们一生中最为得意的诗句，大明藩王则为这里留下了一座皇城和精美的王陵地宫，大移民浪潮带来了东南地区的客家文化，不同宗教的传入也丰富了人们的精神信仰。当你漫步街头，历史的痕迹就隐身于城市的街角巷陌，等待你在不经意间的发现。

万里桥边多酒家（张籍）

烫火锅、泡茶馆和听川剧想必已都在你的成都旅行清单上，然而这座城市的迷人之处在于它尚有更多新奇与享乐，在你到来之后才能真正体验。古人无数次写过这里的芙蓉、锦江、美食与美酒，直到今天，好耍成性的成都人仍然习惯春天去赏花秋天晒太阳，将心事涮进红油锅底，在一盏茶里消磨时光。无辣不欢是川菜的风格，也是流淌于血液里的乐天性格的注脚。国际大都会彰显着时尚

成都市区夜景。

大牌的奢华，也容得下苍蝇馆子的嚣张。当你尝遍火锅、串串与街头小吃，还有一众可爱的咖啡馆与温暖的深夜书店等着你探访。

远游无处不消魂（陆游）

成都平原地处四周崎岖多山的四川盆地西部，龙泉山和龙门山一东一西，像两道屏障拱卫着这片富饶之地，岷江、沱江等河流纵横其间，山与水在这里相逢，造就了壮观秀丽的风景，也孕育出悠久灿烂的历史。不管往哪个方向出城，都能走入川西坝子的田园风光，邂逅古老小镇的小桥流水。再远一点，是西岭的千秋雪，是峨眉的万佛顶，是邛崃石窟的唐时遗韵，是东坡故里的诗风浩荡，是安仁老街的民国风情。借由高铁、城际列车、景区直通车等便捷的交通方式，旅行者可以轻松出发，去看国宝大熊猫，去西岭雪山滑雪，或者只为去乐山寻找夜市烧烤，让心灵与身体都沉入享受的天堂。

遥望雪山的诗和远方，寻觅街巷的麻辣鲜香，
你与成都，只差这本指南。

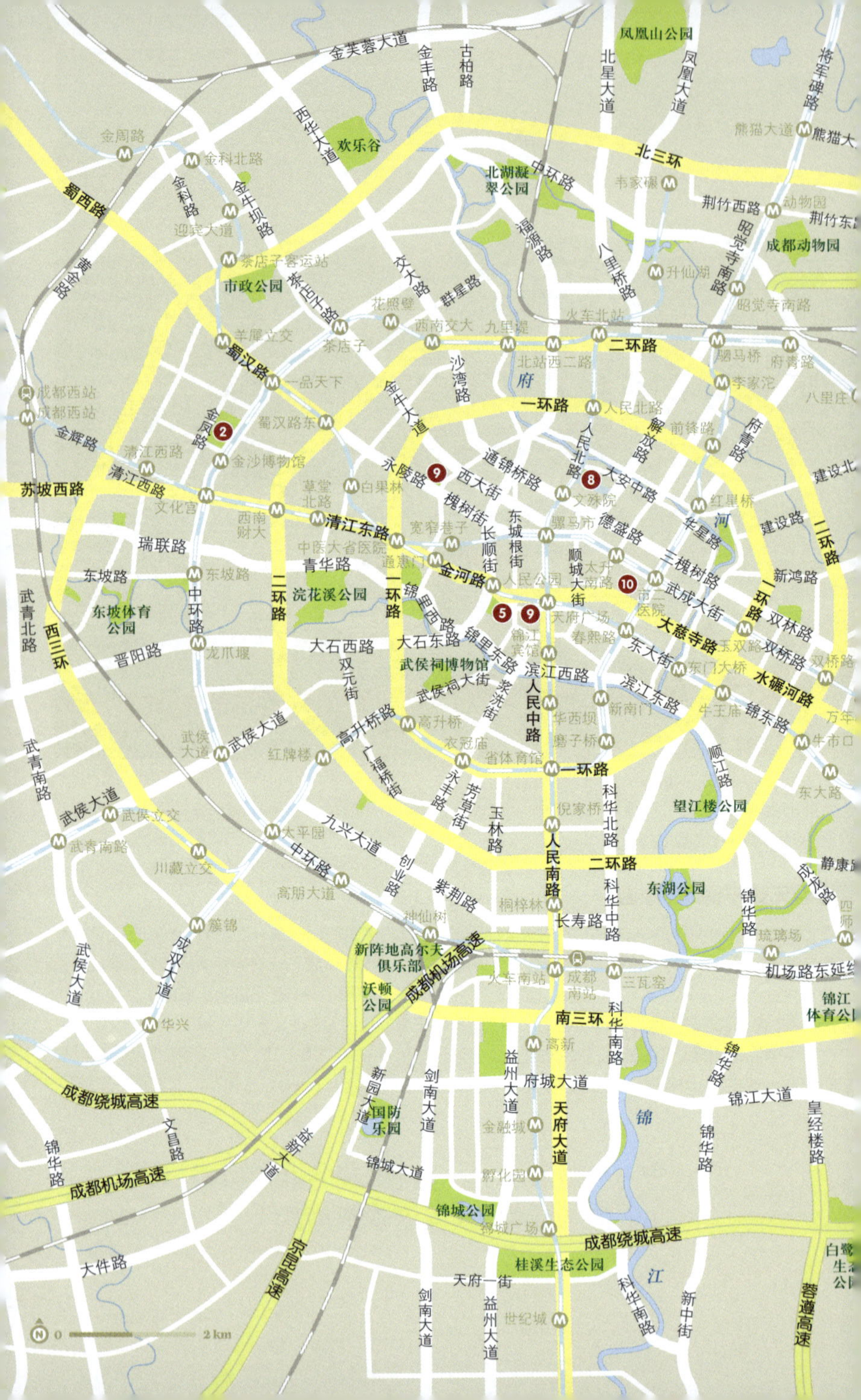

凤凰山公园
金芙蓉大道
金丰路
古柏路
北星大道
凤凰大道
将军碑路
熊猫大道
熊猫大
西华大道
欢乐谷
金周路
金科北路
北三环
北湖凝翠公园
中环路
韦家碾
荆竹西路
动物园
荆竹东路
蜀西路
金科路
金牛坝路
迎宾大道
福源路
昭觉寺南路
成都动物园
茶店子客运站
八里桥路
升仙湖
黄金路
市政公园
交大路
群星路
昭觉寺南路
花照壁
西南交大
九里堤
火车北站
羊犀立交
茶店子
二环路
驷马桥
府青路
成都西站
一品天下
北站西二路
沙湾路
李家沱
蜀汉路
金凤路
一环路
人民北路
八里庄
金辉路
蜀汉路东
金牛大道
解放路
前锋路
府青路
清江西路
金沙博物馆
永陵路
西大街
大安中路
建设北
苏坡西路
清江西路
草堂北路
白果林
通锦桥路
文殊院
红星桥
文化宫
西南财大
清江东路
槐树街
骡马市
德盛路
华星路
建设路
二环路
瑞联路
中医大省医院
宽窄巷子
长顺街
东城根街
顺城大街
太升南路
三槐树路
青华路
通惠门
金河路
人民公园
武成大街
新鸿路
东坡路
东坡路
中环路
浣花溪公园
市二医院
武青北路
西三环
东坡体育公园
锦里西路
天府广场
大慈寺路
双林路
锦江宾馆
春熙路
玉双路
双桥路
双桥路
晋阳路
龙爪堰
大石西路
大石东路
锦里东路
东大街
东门大桥
双元街
武侯祠博物馆
滨江西路
水碾河路
武侯祠大街
浆洗街
人民中路
新南门
滨江东路
牛王庙
锦东路
万年
武侯大道
武侯大道
高升桥路
高升桥
华西坝
红牌楼
衣冠庙
磨子桥
牛市口
武青南路
省体育馆
广福桥街
顺江路
科华北路
东大路
武侯大道
武侯立交
永丰路
芳草街
倪家桥
望江楼公园
武青南路
太平园
九兴大道
玉林路
川藏立交
中环路
创业路
二环路
人民南路
静康
成龙路
高朋大道
紫荆路
东湖公园
四川师
桐梓林
锦华路
簇锦
神仙树
长寿路
科华中路
琉璃场
武侯大道
成双大道
新阵地高尔夫俱乐部
成都机场高速
机场路东延线
火车南站
成都南站
三瓦窑
沃顿公园
锦江体育公园
南三环
华兴
科华南路
高新
锦华路
成都绕城高速
益州大道
府城大道
锦江大道
文昌路
新园大道
剑南大道
国防乐园
天府大道
锦
皇经楼路
金融城
锦华路
益新大道
锦华路
成都机场高速
锦城大道
孵化园
锦城公园
锦城广场
成都绕城高速
白鹭生态公园
大件路
京昆高速
桂溪生态公园
天府一街
江
剑南大道
益州大道
世纪城
科华南路
新中街
蓉遵高速
0
2 km

10 顶级旅行体验

1. 邂逅萌主大熊猫
2. 追溯古蜀文明
3. 无辣不欢只是开篇
4. 形色古镇
5. 茶馆偷得半日闲
6. 山水间的巴蜀石窟
7. 世界自然与文化遗产
8. 古寺也有新意思
9. 博物馆里识成都
10. 川剧不止变脸

计划你的行程
10顶级旅行体验

©视觉中国

邂逅萌主大熊猫

凭着天然呆、自然萌、圆滚滚的模样，大熊猫俘获了无数粉丝的芳心。**成都大熊猫繁育研究基地**（见162页）刚刚出生的熊猫宝宝，萌得令人挪不开眼。雅安**碧峰峡**（见205页）大熊猫基地有60多只半放养的大熊猫，在相对自然的环境下它们更加活泼。**中国大熊猫保护研究中心都江堰基地**（见203页）则是专门为老年大熊猫修建的“养老院”，办理相关手续后旅行者可以在这里做一天的大熊猫“铲屎官”。左图：水边嬉戏的大熊猫；右图：依靠着木头的未成年大熊猫。

©视觉中国

1

追溯古蜀文明

2

相距数百年建立的两个都城遗址缓缓拉开了三千年古蜀文明的序幕，李白在1200年前感慨的"开国何茫然"，都由**广汉三星堆博物馆**（见219页）和**金沙遗址博物馆**（见130页）在20世纪前后揭晓。从三星堆文明中青铜神树对沟通天地的向往，到金沙文明中太阳神鸟负日而翔的日月崇拜，从三星堆文明的青铜纵目面具，到金沙文明的大金面具以及大大小小的器具饰品、祭祀图腾和原始信仰，都有力地证明了这两个文明前赴后继一脉相承，相谐相长发展进化。三星堆青铜雕像。

无辣不欢只是开篇

3

不要被成都人的无辣不欢吓到，满街的火锅与串串虽然走的是麻辣路线，但好客的成都人还是允许鸳鸯锅的存在。辣椒与花椒的组合不仅是满足口舌之欲，也为抵御潮湿的盆地气候。鲜咸甜辣、百菜百味才是成都美食的主调。小吃界的红油水饺可以遇上海味抄手，夜宵党的麻辣干锅与老妈蹄花和平共处，就连重度嗜辣的自贡菜，也需要一份手搓冰粉来中和浓烈的麻辣口感。体验过了无辣不欢的开篇，再去尝尝地道的鱼香肉丝、麻婆豆腐、蒜苗回锅肉。上图：粉蒸牛肉；下图：水煮鱼。

4

形色古镇

围绕成都，十几个川西古镇隐于其间。这些依山傍水的小镇虽模样相似却韵味各异：**黄龙溪古镇**（见132页）曾是古蜀国的水上要道，**上里古镇**（见204页）则是唐蕃古道上的茶马司关隘，**平乐古镇**（见147页）的前身更是南方丝绸之路上的一个驿站。“湖广填四川”带来了客家人聚居的**洛带古镇**（见171页），**安仁古镇**（见128页）的民国风情则来自老公馆中繁复而幽静的庭院。当这些昨日的繁华历经岁月涤荡遗留至今，自然带给了旅行者不同的气息。黄龙溪古镇“烧火龙”。

©视觉中国

©视觉中国

5

茶馆偷得半日闲

成都的茶馆，最适合虚度半日光阴。环境不必太雅致，越市井越够味，只要有阳光，这一碗茶，可以是在文殊院、武侯祠、杜甫草堂这样的千年古迹里，也可以是在**鹤鸣茶社**（见98页）或河边小巷只有两三张桌子的露天坝坝茶馆中。要上一杯三花或毛峰，找把舒服的矮竹椅，慵懒半躺，茶香淡淡，耳边飘过的是家长里短。如果还嫌不够舒服，那就叫位师傅帮你掏回耳朵，体验一下全身放松的享受。有时间还可以去城西南彭镇的**观音阁老茶馆**（见136页），寻找成都老茶馆的旧时韵味。

鹤鸣茶馆“掏耳朵”。

山水间的巴蜀石窟

6

深藏在青山绿水间的**安岳石窟**（见221页）来头不小，它上承云冈石窟、龙门石窟，下启大足石刻，默默地将罕见的题材和工艺深藏为经典，成为"青"永远的蓝本，巴蜀迄今唯一一龛内容完整的《药师经变》壁画和造型别致的罕见佛像（翘腿而坐的紫竹观音）都藏在这里。而南方丝绸之路上，从**夹江千佛岩**（见218页）、**蒲江飞仙阁**（见146页）直至**邛崃石窟**（见146页），一线牵出了造像构图繁复、体态端庄丰满的中晚唐蜀地石窟艺术精华。安岳石窟卧佛院。

©视觉中国

世界自然与文化遗产

7

成都周边这片区域浓缩了三处世界遗产。都江堰-青城山和峨眉山-乐山与山有关却不尽看山。**都江堰**（见194页）是体现古人智慧的水利工程，**青城山**（见198页）的道教文化与**峨眉山**（见192页）、**乐山**（见209页）的佛教文化由来已久，四地的文化与风光同样耐人寻味。同为世界自然遗产的**四川大熊猫栖息地**是大自然的馈赠，国内30%以上的野生大熊猫在此享受岁月静好。走进该区域内的**西岭雪山**（见143页）和**天台山**（见148页），你也可以体验“国宝待遇”。青城山秋色。

©视觉中国

©视觉中国

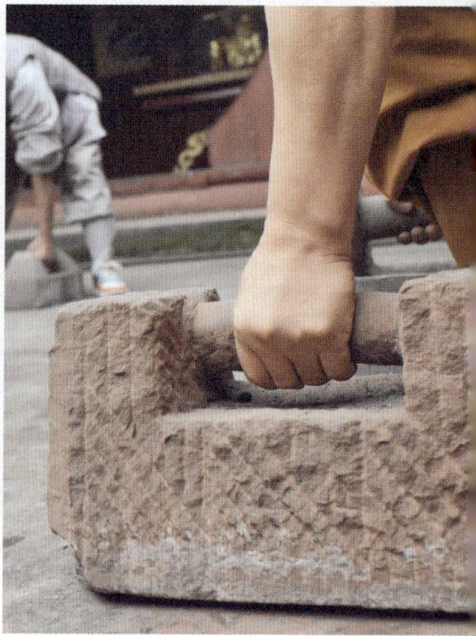

© 视觉

古寺也有新意思

8

打开成都古寺的方法有两种。一种是像当地人一样去享受，闹中取静的**大慈寺**（见71页）可春赏绣球秋看银杏，空林清幽的**文殊院**（见85页）适合听琴、禅修，而**昭觉寺**（见168页）的斋饭和茶园更吸引俗世之人。另一种是带着膜拜的心情探访，在新都的**宝光寺**（见173页）欣赏宗教建筑之美，而**新津观音寺**（见137页）毗卢殿里的圆觉菩萨壁画是该寺的“镇寺之宝”，画中菩萨薄如蝉翼的轻纱，以及轻纱下丰润的肌肤都堪称一绝。上图：成都大慈寺。下左图：昭觉寺武僧；下右图：昭觉寺石锁。

博物馆里识成都

据2017年成都官方数据，平均每13.5万成都人就拥有一座博物馆。**广汉三星堆博物馆**（见219页）中，神秘的青铜纵目面具、青铜通天神树揭开了古蜀文明的源头，**金沙遗址博物馆**（见130页）出土的太阳神鸟金箔则昭示着古蜀文明在成都平原的延续。**永陵博物馆**（见76页）意外留存了晚唐宫廷宴乐的奢华全景，关注**成都博物馆**（见66页）、**武侯祠**（见74页）、**杜甫草堂**（见64页）的公众号，线下活动和主题讲座丰富多彩。金沙遗址博物馆的梅花鹿。

9

川剧不止变脸

看川剧其实不只是看喷火与变脸。它们是川剧最精彩的绝活，但绝不是川剧的根本。有时间的话一定要去百年戏窝子**悦来茶馆**（见100页）坐一坐，跟随本地票友听一出戏，好好欣赏川剧那高亢曲折的唱腔。**蜀风雅韵**（见103页）和**锦江剧院**（见103页）每天晚上都有精彩的川剧演出，随着剧情的发展，演员将变脸、吐火、滚灯、藏刀等绝技一一施展。你还可以挑选喜欢的脸谱与戏服，由专业人员替你装扮起来，拍一组川剧剧照，体验川剧之美的另一面。川剧喷火。

10

最佳行程

第1天

探索城市之心

初入成都，先别急着前往各类景区。从成都的时尚地标远洋太古里，到城市中心天府广场，到历史与风景兼具的人民公园，再到人声鼎沸的宽窄巷子，这条直线距离约5公里的路线虽有些“俗套”，却融合了成都的古韵和新潮。一路漫步走来，泡泡茶馆、尝尝美食，感受成都人的悠闲生活氛围，成都之行本就该如此轻松。

❶ 远洋太古里

成都的初体验从时尚的**远洋太古里**（见71页）开始，琳琅满目的国际奢侈品专卖店汇集于此，六座复古的明清建筑矗立其间。在这里随性而行，处处都有吸引你的漂亮橱窗。负一层的方所书店是这里的文化地标，常举办与阅读相关的文化活动。此外别忘了找到那只“攀”上了IFS顶层的“大熊猫”，在楼下找好角度拍一张戳熊猫屁股的照片，或者登上IFS顶层露台与它的萌脸合个影。

➡ 吃喝落脚点

太古里汇集了世界各地的美食。如果想尝尝成都人引以为傲的川菜，走创新路线的**柴门饭儿**（见91页）就不错，二楼的露台座位还可欣赏喷泉广场和大慈寺的景色。

❷ 天府广场周边

天府广场是历经两千余年不变的成都之心。秦灭蜀后建立的“大城”中心即处在今日广场偏东的位置，此后历代政权在成都建立的最高规格建筑群始终离不开这一带。成都的老百姓习惯称之为皇城，城前的一大片广场称为皇城坝。屡建屡毁后，广场西南的**皇城清真寺**（见175页）保留了下来。广场北边的**四川科技馆**（见68页）寓教于乐，会让小朋友收获良多。但建议把更多的时间留给广场西侧的**成都博物馆**（见66页），成都三千余年的历史在此重现。

©视觉中国

吃喝落脚点

皇城清真寺前的小河街上有馕、烤包子、羊肉串等清真小吃。

成都博物馆6楼的**咖啡厅**可将整个天府广场和周边的高楼大厦收入眼底，点一杯成博原创咖啡，连奶泡上都是萌萌的石犀图案。

❸ 人民公园

人民公园（见67页）同样有百年印记，这座昔日八旗子弟的少城公园曾见证了从清帝退位到抗战胜利的波澜历史，如今依然紧跟时代节奏。位于公园里的**鹤鸣茶社**（见98页）是成都最老的茶馆之一，市井气息浓郁，最好在下午来，提上一壶茶，挤在当地人中喝茶、掏耳朵、摆龙门阵（四川话“闲谈”之意）。

实用信息

人民公园周边隐藏着不少民国时期的老建筑（见71页方框），可以花2个小时在此寻找老成都的记忆。

更多茶馆推荐**大慈寺禅茶堂**（见71页）和**悦来茶馆**（见100页）。

❹ 宽窄巷子

宽窄巷子（见62页）是少城（清代为八旗士兵及其家属专门修建的“城中城”，亦称“满城”）最后的遗迹，有着“最成都”的旅游金字招牌，三条老巷经国际级设计师“妙手回春”后，却与百余年前的样子相去甚远，仿古建筑间尚有零星老宅散落在繁华深处。晚饭后，可以到宽窄巷子来逛逛，走累了亦可坐下喝喝茶。见识过宽窄巷子的人声鼎沸，可以去北边的小通巷、泡桐树街、奎星楼街，感受属于本地人的慢生活。

实用信息

想看看人少时的宽窄巷子？只有在清晨六七点钟到来，才能在梧桐树掩映下的街巷里，依稀窥探到百年前的繁华老成都。

左图：傍晚的太古里；
右图：宽窄巷子的手工艺人。

最佳行程

第2天

©视觉中国

体验“最成都”

依然留在市区中，去完成最具成都特色的“必修课”——看萌宠国宝“滚滚”（大熊猫的昵称），到武侯祠回顾三国时期的蜀国往事，在美丽的浣花溪公园徜徉，瞻仰诗圣诗作，再将夜晚交给不打烊的火辣夜市和成都式的夜生活。

❶ 探访国宝

赶早去**成都大熊猫繁育研究基地**（见162页），此时的国宝们正处于一天中精力最旺盛的阶段。尽可能预留足够长的时间和足够多的相机电量，你将有幸见到刚出生的熊猫宝宝和慵懒地啃着竹子的成年熊猫。这里还豢养着小熊猫、黑颈鹤、黑天鹅等珍稀动物。寄出一张盖有熊猫邮戳的明信片给你的好友，好好显摆一番。

➡ 实用信息

武侯祠、春熙路和宽窄巷子都有景区直通车直达；地铁3号线到熊猫大道站，出站后购买景区门票可搭乘免费直通车到景区，或乘坐景区接驳车（2元）到达；市区87路、198路公交车可到熊猫基地站；从市区打车前往约需60元。

❷ 武侯祠和锦里

成都的悠久历史中，三国时期的蜀国无疑是它的一段韶华，**武侯祠**（见74页）也当仁不让地插上了“三国圣地”的旅游旌旗。虽为中国唯一的君臣合祀祠庙，但诸葛亮才是主角，他所辅佐的汉昭烈帝刘备反而成了陪衬。尽量在早晨刚开门时入内参观，还是有可能感受到杜甫《蜀相》诗里“锦官城外柏森森”“映阶碧草自春色”的意境。与之相邻的**锦里**（见75页）仿古商业街白天黑夜都是人头攒动，可以顺便一逛。

➡ 吃喝落脚点

武侯祠大街上的馆子不少，藏族风情的**阿热藏餐**（见94页）、老牌火锅**锦城印象**（见95页）和口味较清淡的**钦善斋**（见95页）都不错。

❸ 浣花溪畔怀古

把下午的时间留给浣花溪畔，这一带是古代文人“批量生产”佳作的地方，如果你舍弃了如雷贯耳的杜甫草堂，就别错过成都最漂亮的**浣花溪公园**（见77页）。穿过著名的诗歌大道，再坐下喝杯坝坝茶。如果时间尚早，附近还有“川西第一道观”**青羊宫**（见76页）和**蜀锦织绣博物馆**（见78页）可逛。

➡ 实用信息

浣花溪良好的湿地生态环境引来了鸟儿驻足，也成为成都著名的观鸟地。天气晴好时，总能看到手持超长焦镜头的摄影者在这里拍鸟。

❹ 都市夜归人

夜幕降临后先垫垫肚子，然后去**蜀风雅韵**（见103页）看出川剧，到锦江河畔拍几张安顺廊桥的夜景，再去九眼桥酒吧街感受最热力四射的夜生活。因歌曲《成都》而越发爆红的**小酒馆**（见102页）门外常年排着长长的队伍，在门口“朝圣”一下就离开吧。“消耗”了一天的体力，找家夜宵馆子大快朵颐才是正事。

➡ 吃喝落脚点

营业至凌晨三四点的**曾哥烧烤**（见95页）、**玉林串串香总店**（见96页）、**廖老妈蹄花**（见90页）和24小时营业的**锦城印象火锅酒楼**（见67页）都是夜归人的专属。

左图：青羊宫；
右图：杜甫草堂。

最佳行程

第3天

©视觉中国

追根溯源蜀地文化

勤快奔走的一天，位于广汉的三星堆遗址和市内的金沙遗址都曾是古蜀国都邑，两座博物馆展示了一脉相承的古蜀国文化遗存，连起来参观更有史实联系和年代连贯的优势。永陵则是前蜀国的皇陵。若想三处一起游览，最好提前一天住到广汉。你也可以三选其二，傍晚到铁像寺水街享受清净。

❶ 广汉三星堆博物馆

广汉三星堆博物馆（见219页）是迄今成都平原历史最久远的古蜀国遗址，你可能早已看过青铜立人像、纵目面具等照片，但当实物呈现在面前时，你依然会为之震撼。高约4米的青铜神树是世界上最大的单件青铜文物，象征古蜀对太阳的崇拜。

➡ **实用信息**

宽窄巷子或武侯祠门口可以坐景区直通车前往广汉三星堆遗址博物馆。也可以先坐高铁到广汉，再换乘公交车或打车前往。

➡ **吃喝落脚点**

位于广汉市区的**广汉名小食**（见220页）25元就能让你尝遍10种特色小吃。

❷ 金沙遗址博物馆

在三星堆时期的约一千年后，古蜀国迁都到了如今的**金沙遗址博物馆**（见130页）附近。出土物品同样以体现祭祀文化为主，"继任者"的证据在展品上体现无遗，并且它更为精致。成都市的LOGO太阳神鸟的实物也在此陈列，你还可以深入考古现场参观。

➡ **实用信息**

金沙遗址位于市区，乘地铁7号线到金沙博物馆站或地铁2号线到一品天下站下车即可。

➡ **吃喝落脚点**

正对金沙遗址东门的同盛路餐馆云集，其中主打川菜的**陈麻婆酒楼金沙店**值得一试。

❸ 永陵

这座五代前蜀开国皇帝王建的陵墓（见75页），距今已有1000多年历史。它是迄今发现的中国唯一一座建于地上的皇陵，不过气势恢宏的地面建筑早已被拆，地下陵墓的大门于1942年被打开。石质的棺床是整个陵寝的精华所在，棺床三面的24伎乐图浮雕更是国宝级的文物。

➡ 实用信息

从金沙遗址博物馆东门坐163路公交在抚琴南路站下，即可到永陵。市区48路、54路公交车经过永陵。从地铁4号线宽巷子站步行前往约需10分钟。

➡ 吃喝落脚点

距离永陵约800米的奎星楼街堪称美食一条街，串串新秀**冒椒火辣**（见89页）永远排着大队，**NU Café纽咖啡**（见100页）的露天座位十分抢手。

❹ 铁像寺水街

一条小河贯穿南北，河上石桥座座，两岸川西风格的仿古建筑、吊脚楼与极具设计感的新式建筑交汇融合，让**铁像寺水街**（见132页）成为闹市中的一片文艺的幽雅之地。这里有时髦的精品店、舒适的阅读空间、接地气的坝坝茶铺，也有极具格调的餐厅、酒吧和美学生活馆，最关键的是游人不多。来此放松一下，从一天的历史遗迹之旅穿越而归。

➡ 实用信息

离铁像寺水街最近的地铁站是1号线世纪城站，出站后可到天府二街东站公交站乘203B路公交车至盛邦街中站下，或骑共享单车前往。

左图：金沙遗址博物馆内景；
右图：永陵地宫。

最佳行程

第4天

袁亮 摄

逍遥都市外

在市区"宅"了三天，是时候出城转转了。对于成都人来说，到郊区玩耍、觅美食才是他们放假的主旋律。成都市郊的景点距离不远且交通便利。以下几个选项以踏青休闲为主，又不乏历史人文景观。你可以根据爱好"对号入座"。

❶ 文艺青年专属

上午去**三圣花乡**（见166页），这里不仅是成都人喜爱的赏花、喝茶、品农家乐的休闲场所，众多艺术家和文创机构的入驻更使它一跃成为成都最大的文化创意基地。你可以在5个村庄中择其一二，参观艺术展馆、打卡网红咖啡厅，在缤纷花海中读书喝茶，同时体验"归园田居"的乐趣。如果更喜欢酒吧和音乐，不如在下午转场到**东郊记忆**（见168页），这里走的是红砖房与锅炉、水塔、管道构成的工业遗址风，周末的现场音乐和创意集市尤其热闹。

➡ **实用信息**

市区乘56路、343路公交车到幸福梅林站下可去三圣花乡的幸福梅林，花博路口站下往西是花乡农居，往东是东篱花卉园以及荷塘月色。186路公交车将5个村子相连。

从三圣花乡到东郊记忆，可先骑共享单车到银杏大道成龙路口站，再乘313路到SM广场站下即可。72、159、180、342路等多趟公交车可返回市区。

❷ 东郊访古

先去**明蜀王陵**（见170页）参观，这里有明朝宗室亲王两代蜀藩王的地宫，曾被誉为"最精美的地下宫殿"。之后继续坐车前往不远的**洛带古镇**（见171页），在"湖广填四川"移民运动后造就的小镇上，4座客家人建的会馆是最大看点，小镇西边的中国艺库则把你带到现代艺术氛围之中。龙泉山上的**北周文王碑**（见170页）是中国仅存的北周石碑，上山路上有果园相伴，倒也不算辛苦。

➡ 实用信息

乘坐地铁4号线至成都大学站下车，然后从B出口步行可至明蜀王陵；从明蜀王陵乘坐219路公交车可达洛带古镇。龙泉客运中心乘坐870路公交车大佛村站下，走一段山路就是北周文王碑所在的大佛寺。

❸ 诗画崇州

到达崇州后，先去市内的**罨画池**（见135页）逛逛，这处始建于唐代的官署园林风景如画，诗人陆游大量描绘川中风景的诗作就是在此写就的。接着坐车前往**道明竹艺村**（见136页），这里的村民世代依靠编织竹篮、草帽等手工艺品为生。如今这个小村已被打造成竹编主题的生态美学村落。原生态的环境、精美的竹工艺品展示、新颖的建筑和多样的活动场所值得你在此停留大半天。

➡ 实用信息

从成都西站乘城际列车，到崇州最便捷。去往道明村可在崇州西门乡村客运站乘班车或直接打车前往。

❹ 彭州的古今中外

难以想象，只有两个展厅的**彭州博物馆**（见177页）里，却拥有115件国家一级文物。这些可能是南宋年间彭州大户人家在战乱中仓促埋下，却再也没有机会取出的物件，可以让你一睹为快。之后前往具有法国风情的**白鹿镇**（见177页）。这里哥特式尖顶的欧式小楼、教堂、仿卢瓦尔河谷的古城堡等建筑诚意地营造出“假装在法国”的氛围。彭州的乡野还散落着三座唐宋时期的**佛塔**（见177页），若有兴趣也可包车前往一观。

➡ 实用信息

彭州每年4月的牡丹文化旅游节规模盛大，在丹景山、大唐牡丹园等地均可欣赏。

成都东站汽车客运站每天有频繁的班车往返彭州客运中心，从这里有公交车和班车分别去往博物馆和白鹿镇。

左图：龙泉山北周文王碑景区；
右图：洛带古镇土楼。

最佳行程

第5~7天

成都周边游

成都周边的城市内涵十分丰富，既有民国风韵的古镇、工业革命的活化石，也有青山绿水、雪山、温泉等丰富的自然资源。都江堰—青城山、峨眉山—乐山大佛这两处世界遗产自然是成都平原最闪耀的景点。以下的行程皆为2~3天，你可以根据自己的时间任意选择，每天的行程都可以独立成行。

峨眉山和乐山

最好头一天晚上抵达**峨眉山**（见192页），住在山下的报国寺。第二天一早开始上山。以观光车、缆车、步行相结合的方式登顶可保证当天下山。若选择全程徒步则需要在山上住一晚。下山后直奔乐山美食而去。第二天去**乐山大佛**（见210页）景区，你可以从上至下全方位欣赏大佛的细节，或乘船远观全景。出来后参观**乐山大佛博物馆**（见211页），晚上继续留在乐山大快朵颐。第三天去犍为体验**嘉阳小火车**（见217页）。如今"穿越花海的蒸汽小火车"已不是3月油菜花季的专属，夏秋两季的铁路两旁也分别种植了不同品种的花卉，让你何时来都不会失望。

➡ 实用信息

乘高铁去峨眉山和乐山最便捷。去往嘉阳可在乐山联运汽车站坐班车直达，但从客运中心站坐去犍为的班车（走高速）再转车前往更省时间。

都江堰和青城山

第一天，乘动车去**都江堰景区**（见194页），欣赏岷江上这座空前绝后的水利工程，结束后逛逛**灌县古城**（见195页），之后前往**街子古镇**（见201页），找个江边的客栈住下，晚上尝尝当地特色的脆皮豆花和拌土鸡。

如果对古寺感兴趣，可以在第二天一早先拜访离街子古镇不远的**光严禅院**（见201页）或**普照寺**（见200页）。接着去青城山，建议从道教圣地**青城前山**（见198页）和山水清幽的

@视觉中国

青城后山（见199页）二选其一，两处都有索道可以帮你节省至少一半体力。晚上可以回都江堰住，去岷江两岸的夜啤酒长廊喝酒吃宵夜，也可以从青城山站直接乘高铁返回成都。

第三天从都江堰去**映秀地震遗址**（见202页），这里曾是"5·12汶川地震"受灾最严重的区域之一。你可以从倾颓崩塌的房屋、地震博物馆的陈列和崭新的城市面貌、人们的生活状态感受强烈的对比。

➡ 实用信息

从成都去都江堰景区，可以直接乘城际列车到离堆公园站下车。都江堰客运中心外的102路公交车连接青城山火车站（换乘交通去往青城前山和青城后山）、中国大熊猫保护研究中心都江堰基地（熊猫乐园）、普照寺和街子古镇，发车非常频繁。城际列车票在旅游旺季一定要提前购买，且预留至少30分钟的取票时间。

安仁古镇与西岭雪山

要细细看完安仁古镇，最好在此住一晚。第一天上午先参观奢华的**刘氏庄园**（见140页）。下午去**建川博物馆**（见140页），20多个博物馆你得做好计划，半天时间只能参观其中4~5个。傍晚在安仁老街找个老公馆住下。第二天白天可以继续参观建川博物馆，也可以到面貌依然本真的**新场古镇**（见144页）和始建于明万历年间的**川王宫**（见145页）看看。下午回大邑转车去往**花水湾**（见143页），晚上找个温泉酒店放松一下。第三天游览**西岭雪山**（见143页）后返回成都。

➡ 实用信息

如果只打算安仁古镇一日游，成都茶店子客运站开往安仁古镇的最早班车7:30发车，回程末班车19:10发车。景区直通车每天只有一班（宽窄巷子9:20、武侯祠10:00）。

西岭雪山和花水湾在夏季常有门票+住宿或温泉+住宿的优惠套餐，可提前关注微信公众号获取优惠信息。

左图：乐山大佛；
右图：映秀地震遗址。

计划你的行程
每月热门

©视觉中国

1月至2月

盆地的冬天寒冷彻骨，大部分景区游人稀疏，雪山和温泉却熙熙攘攘。传统中国年的气氛很热闹，除了熟悉的庙会、灯会，还有延续了1200多年的“人日”凭吊诗圣活动。

南国冰雪节

自2001年起，每年1月至3月，西岭雪山便在银装素裹中开启“南国冰雪节”的狂欢派对。经过十多年的发展，冰雪节除了多种雪上游乐项目，每年还有不同的主题滑雪赛事，公众参与性越来越强。峨眉山每年此时也有“冰雪温泉节”举办。

泡汤驱寒

在青山绿水环绕的欧式小镇花水湾泡个温泉，驱走冬日的寒意和体乏，真正的“外冷内热”，暖身怡情。周边的温泉不止这一处，青城山、峨眉山的温泉虽规模不大，但环境设施同样成熟。

“人日”文化草堂

春节正月初七的“人日”是传说中人类诞生的日子，因唐朝高适与杜甫在这天隔空赠诗，从此每年的“人日”，文人墨客都会相聚杜甫草堂，缅怀诗圣。这一朝圣队伍浩浩荡荡至今，内容已不再局限于吟诗作赋，杂技、魔术、舞蹈、书画展皆有。

武侯祠大庙会

每年腊月二十八持续到新年的正月十五，在武侯祠博物馆举办的大庙会是成都人春节必逛。赏花灯，尝美食，看鼓阵和火舞表演，大年初一游喜神方派发祝福红包，三国人物齐贺新年，年味浓浓。

©视觉中国

成都灯会

原本只属于皓月高悬的正月十五的节日，随着一年年参与热度不断升温，如今已从大年初一延续至元宵节后，长达半个月甚至更久。塔子山公园的游园灯会规模较大，三圣花乡的七彩田野景区也常有国际熊猫灯会举办。

金沙太阳节

金沙太阳节于每年春节期间在金沙遗址博物馆举行，届时不仅门票半价，还有重磅的临时文物展以及历史文化主题的灯会、演出等活动，还可逛花市、品美食，活动一直持续至3月初。

3月至4月

万物复苏，春天的号角在城市周边依次吹响。花花世界桃红梨白，樱花漫天，还可以坐上复古的蒸汽火车缓缓穿过油菜花田。

最佳节会

- 成都灯会，2月至3月
- 花开动“蓉城”，3月至4月
- 都江堰啤酒节，5月至10月
- 白鹿法国古典音乐节，10月

青白江樱花节

自3月中旬起约一个月，中国西部最大的樱花园区——青白江凤凰湖生态公园内，数十个品种的数万株樱花将园区渲染成粉色花海。

龙泉“桃”之天天

每年3月，龙泉驿的花果山便成为“人面桃花相映红”的景致。

左图：冬季的西岭雪山；
右图：武侯祠新春祭祀。

新津国际梨花节

3月，“千树万树梨花开”在新津观音寺附近的梨花溪准时上演，粉白色花瓣漫天飞舞。本地人可不满足于在洁白的枝丫下拍张照，梨花树下麻将桌早已支起。

穿行油菜花海

全国不乏壮观的油菜花观赏点，但能坐着被称为工业革命活化石的窄轨蒸汽小火车缓缓驶过漫山遍野的油菜花，仅3月至4月的嘉阳能让你如愿。

牡丹文化旅游节

每年4月举行的成都（彭州）牡丹文化旅游节是全国三大牡丹花会之一，在丹景山、大唐牡丹园等地均可欣赏到以“野趣之美”和“花大盈尺”著称的彭州牡丹。

成都花会

城市里也有花可赏。每年农历二月十五起，文化公园的成都花会有大量的名贵花卉、盆花和盆景在此售卖展销，还有鸟市、书市、书画艺术展等助兴。

5月至6月

五一小长假迎来了新一年的旅游季，此时气温舒适，游人不多，也是大熊猫最活跃的时期。传统风俗和文化节是此时的主题，西岭雪山、瓦屋山、峨眉山杜鹃盛开。

都江堰放水节

清明节前后，都江堰都会举办一场祭祀

左图：彭州热气球赏花；右图：成都草莓音乐节。

仪式——由身着古装的官员、仪仗队伍表演整个祭祀的过程，并有民间歌舞表演。当地人会自发组织到二王庙祭拜李冰父子，在那里举办的二王庙会，又称清明会。

草莓音乐节

每年5月，草莓音乐节都在成都国际非物质文化遗产博览园如期而至。作为目前国内最火爆的音乐节之一，摇滚、民谣、电子乐一起碰撞着，从本土乐队到国外音乐人在台上嗨翻天。

西岭雪山高山花卉节

每年5月至8月，西岭雪山漫山的杜鹃、龙胆、绿绒蒿等高山花卉渐次开放，星空帐篷节、大学生狂欢季等丰富的主题活动相继展开，淡季的票价让这一切物超所值。

望丛祠赛歌会

每年农历五月初五端午节，郫都区望丛祠都会举办赛歌会，最初是为祭奠古蜀国的望帝和丛帝，为乡土气息浓郁的"吼"山歌形式，如今节日期间除了唱歌跳舞，还有土特产展销等。

7月至8月

闷热的夏日来了，各大景点被游人攻陷，城市周边的避暑胜地则被当地人占领，只有小众的人文景点能找到清静。想感受成都特有的消暑方式，就去虹口景区围观万人水麻将，或到都江堰啤酒长廊酣畅淋漓地喝几杯。

© 视觉中国

都江堰啤酒节

都江堰的啤酒节从5月持续到10月，暑期自然是高潮。入夜，岷江两岸啤酒长廊座无虚席，夜风吹起岷江的水汽，如同一座天然的大空调，喝冰啤吃冷啖杯，爽透了。

客家水龙节

“湖广填四川”造就的洛带客家古镇，延续着客家传统的水龙节，初衷是感谢东海龙王适时赐雨，如今已成了舞水龙+泼水节的民间大狂欢。

“荷塘月色”赏荷

“接天莲叶无穷碧，映日荷花别样红。”三圣乡“荷塘月色”的荷花最娇艳，你还能在荷花乡里品一品农家乐。

9月至10月

暑期人潮散去，气温开始转凉。“十一黄金周”又把成都和周边各景区的拥挤程度推向新的高潮。

问道青城山

每年9月，青城山会举办道教文化节，有法会、千人太极、道教医药、茶道膳食等内容，并以非常官方的形式带领游人“问道青城山”。

新都桂花节

每年中秋至国庆期间，新都的桂湖公园就变得如此迷人，在阵阵浓淡相宜的桂花飘香中赏一赏这座川西特色的园林吧。

左图：成都国际马拉松；右图：大邑白岩寺秋景。

© 视觉中国

白鹿法国古典音乐节

彭州白鹿镇的法国古典音乐节于每年9月中旬至10月中旬期间举办，国庆节期间活动尤其热闹，届时有来自世界各地的乐队和歌手现场演出。

成都国际马拉松赛

通常在10月下旬举行。除全程马拉松外，也时而设有半程马拉松和欢乐跑（约5公里）。需提前约2个月在官网（www.chengdu-marathon.org）报名。

11月至12月

成都的"好色"季节来了，枫叶燃火银杏洒金，秋意醉美。不过阳光很不慷慨，只是偶尔惊鸿。但露天茶馆里已座无虚席，端起盖碗茶，挤进去听听龙门阵，或者一头扎进火锅店，用"麻""辣""烫"来驱走阴霾。

白岩寺银杏烁金

从11月中旬开始，成都市里的银杏三三两两变黄，待到月底，便"满城尽带黄金甲"了。不过最美还是在城外，遗世独立的白岩寺此时备受追捧。

圣诞节

"耍都"的圣诞节酒吧必然火爆，你还可以去上翔堂，听听唱诗班的天籁。

新线报

我们的作者收集目的地新潮流，总结了成都最新景点和活动资讯，以及为旅行者带来便利的基础设施建设新动向，保证信息的新鲜热辣实用。

四通八达的新铁路

2018年底，成都西站正式投入使用。成都西站到蒲江的成蒲快速铁路建成通车，途经双流北站、温江站、崇州站、大邑站、邛崃站、蒲江站、朝阳湖站等12个车站。与此同时，川藏铁路成雅段也已开通运营，结束了雅安不通铁路的历史。2019年上半年，成贵高铁成都至宜宾段通车，从成都仅需1小时就“飚拢”宜宾；宜宾到贵阳段计划2019年12月31日前正式投入运营。

空游都江堰

驼峰通用航空在都江堰景区开通了都江堰景区、青城山景区、都江堰+青城山景区和都江堰全景4条直升机空中游览航线。虽然单个景区的游览时间只有约10分钟且价格不菲，但你将以俯瞰的视角来感受都江堰-青城山这处世界文化与自然双遗产的魅力。

自行车也有“高速路”

从邛崃到平乐古镇的自行车“高速路”，是一条全封闭的自行车专用道。它起于邛窑遗址公园，止于平乐古镇游客中心，全长12.5公里。路上设有6个观景台和3个服务驿站，提供自行车租赁、维修和餐饮、医疗服务。边骑边玩一个半小时就能到达平乐。

瓦屋山景区重新开放

经过6年的封山建设，有“最美桌山”之称的眉山洪雅县瓦屋山景区于2018年8月全新对外开放，但景区的配套设施和游览线路仍在

开发建设中。截至2019年4月30日，景区每天限流3500人，需提前在官网或微信公众号购票方可游览。

“熊猫绿道”开放

沿三环路布设，全长102公里的熊猫绿道是以熊猫文化为特色的环状“城市公园”，也是成都新打造的中国最大的露天熊猫文化博物馆。作为成都“一轴、二山、三环、七道”的1500公里主干绿道的一部分，已于2018年7月贯通，处处都是萌萌的国宝元素。

新博物馆落成

全国首座交子主题金融文化博物馆将在2019年完成陈列布展，并向公众开放。该馆通过交子展厅、现代金融体验厅和临展厅三大功能板块，多角度展现交子诞生的历史背景、生产和流通过程，及对后世的影响。

建设中的新机场

位于成都高新东区的成都天府国际机场已于2016年5月开工建设，预计2020年通航。届时将承担成都出港的全部国际航线，成都也将迈入双机场时代，成为中国大陆地区第三个拥有双机场的城市。

更便捷的城市交通

2018年下半年，成都公交地铁全线开通扫码支付功能，只需带上手机即可自由出行。预计至2020年，成都将有14条地铁延长线和新线路相继开通，包括去往成都天府国际机场的地铁18号线。

左图：瓦屋山杜鹃花盛开；
右图：熊猫绿道。

获得灵感

书籍

《草木的理想国：成都物候记》（阿来著）写成都花木，也是写城市历史。从腊梅到芙蓉，见证着这座城市的发展、兴旺和变迁。

《李劼人说成都》（李劼人著）从清末民初到20世纪40年代的老成都，都活在李劼人的书里。李劼人的《死水微澜》《暴风雨前》《大波》同样是了解清末民初老成都的优质读物。

《古蜀之肺：大慈寺传》（冉云飞著）以随笔文体，结合大量史料撰写而成。透过大慈寺的千年沧桑，写成都的浮云变幻。

《成都街巷志》（袁庭栋著）通过一些新中国成立前便存在的街、巷、桥、河来介绍成都的历史文化。

《地上成都》《地下成都》（肖平著）成都的城市掌故与遗址传奇，都在这两本书里。写者不是专家，笔下的故事更具趣味。

《成都书》（张中信著）千年成都，文脉相承。十一位与成都有关的文化名人，读他们的故事，与他们一起聊聊成都这座城市。

电影

《前任3：再见前任》（田羽生导演）故事就发生在成都，纱帽街公交车站、SPACE夜店、东大街KTV、火锅店、东湖公园等外景地都是成都人熟悉的地方。

《夜孔雀》（戴思杰导演）导演是成都人，他把蜀锦、川剧等当地传统艺术融入剧情中，由此表达深厚的思乡之情。

《功夫熊猫3》（吕寅荣、亚历山德罗·卡罗尼导演）剧中的熊猫村据说灵感来自青城山。

《二十四城记》（贾樟柯导演）讲述一座“大跃进”年代从东北内迁成都的军工厂，随着时代变迁而转型、衰落，最后被夷为平地，并从三代“厂花”的故事反映中国城市化进程给普通人带来的影响。

《回到被爱的每一天》（何平导演）女主角从繁华北京回到的家乡小镇，就是都江堰，南桥、岷江水和都江堰湿润的天气都成为爱情与亲情的背景。

音乐

《老子明天不上班》（谢帝演唱）一首川话版的说唱歌曲，将成都人独自偷着乐的惬意和爽劲扩散到了全国，“老子明天不上班，爽翻，巴适的板！”

《蜀绣》（李宇春演唱）超女化身绣娘演绎中国风。

《胖娃上成都》（衣湿乐队演唱）史上最萌成都宣传曲，两只卡通大熊猫用成都话唱出了“骑白马，上成都”的童谣。

《成都》（赵雷演唱）一曲《成都》，唱出了那座阴雨的小城，引来无数粉丝到玉林小区、小酒馆打卡。

网络

微信公众号：天府文化、成都发布、好好吃饭、李伯清 来成都吃好喝好玩开心，看看这些公众号能找到一点感觉。

新浪微博：翟永明、桑格格桑格格、洁尘 了解本地文化人的动态。

左图：非物质文化遗产蜀绣；
右图：都江堰宝瓶口。

没时间

没有那么多时间？就把它们作为了解成都的敲门砖。

李伯清的段子 巧舌如簧赢得“李贝贝”昵称，微信公众号每天推出的段子，连成都人都感叹盘盘遭“套路”，那些关于火锅、串串和成都话的段子，非常可乐。

《老成都系列》 包括冉云飞所著的《从历史的偏旁进入成都》和多位文人“共摆龙门阵”的《文化人视野中的老成都》等。

古诗词 入蜀前重读一遍诗人为成都所写的诗作，杜甫的“花重锦官城”，李白的“九天开出一成都”，陆游的“当年走马锦城西”……

省钱妙计

©视觉中国

成都的旅游热度就如那沸腾的火锅一样居高不下，但除了并不意外的旺季涨价外，宰客现象并不多。门票、交通是避不开的固定开支，吃、住的花销则丰俭由人。我们为你总结出以下省钱贴士，让你的每一分钱都花得物有所值。

交通

➡ 秒杀机票得赶早，虽然动车开到了北京、上海，但天上飞的有时比地上跑的还便宜。

➡ 几乎你要去的所有景点都有公共交通工具可到，乘坐动车或城际列车比长途汽车性价比更高。

➡ 成都有多家经营景区直通车的公司，虽然价格比公共交通贵，但相对便捷且减少了不确定因素。

➡ 实惠便捷的共享单车是短途出行的好选择，单车+地铁几乎可到城区所有景点。

门票

➡ 学生证、身份证（年长者）等证件能购买折扣门票。

➡ 反季出行，冬天的峨眉山门票执行淡季票价。夏天的西岭雪山虽然没有雪，却有极美的花海和凉爽的空气，山上的酒店和缆车也有捆绑优惠。

➡ 每年春节前后的20天，金沙遗址博物馆举办金沙太阳节庆典，届时不仅门票半价，还有节目展演。

➡ 发布成都生活美学信息的微信公众号：YOU成都，常有景区门票优惠活动。

➡ 通过飞猪、携程或景区官网等在线预订门票、演出票能获得一定的折扣。

免费游览

➡ 大部分景区都开通了微信语音导览服务，二维码扫一扫就能听讲解。

➡ 寺庙、石窟大多可以免费参观，即使收费价格也很低。

➡ 看乐山大佛不用进入景区，与大佛一江之隔的大佛坝村能让你从容看佛。

© 视觉中国

住宿

➡ 成都的青旅多如牛毛，其中不乏地处市区繁华地段和景区附近者，价格实惠且硬件设施不错。部分青旅持YHA会员卡还能打折。

➡ 几乎所有的住宿场所都可以在订房网站上获得不小折扣，淡季可以先看房，再从网站预订。

➡ 前往各大景区可先将其微信公众号的近期推送浏览一遍，尤其是花水湾、峨眉山、西岭雪山等地，在淡季常有住宿、温泉、滑雪等多种套餐的优惠活动。

➡ 青城后山、峨眉山等地的寺庙均可投宿，几十块钱的多人间在旺季很有价格优势。

➡ 在花水湾泡温泉，可以住镇上的家庭客栈，再找老板买四五星级酒店的打折温泉票。

➡ 旅游旺季时，尽量避免周末到热门景区周边或里面住宿。旺季和黄金周的房费或许会逐日攀升，越早预订越好。

餐饮

➡ 火锅已经是美食之都的高消费了，串串、抄手、肥肠粉常有让你欣喜的价格。

➡ 喝茶、吃小吃不要去宽窄巷子、锦里等游客聚集的街区，当地人爱去的美食街才足具市井味，选择很多价格还便宜。

➡ 不必过于追求餐厅的名气，各种菜式都有“经济版”餐厅可选。

➡ 大学附近的餐馆选择丰富，价格也相对合理。四川大学望江校区附近是美食集中地，郭家桥北街、红瓦寺街就有地道又便宜的美食。

➡ 去峨眉山、西岭雪山、瓦屋山等大型景区前准备一些食品和饮料，景区内的餐饮价格较高。

➡ 在大众点评、美团、百度糯米等App团购套餐、代金券。在点餐前主动询问餐馆是否有与微信、支付宝以及各银行信用卡的合作优惠。

左图：冬季峨眉山；
右图：成都小吃街。

行前参考

何时去

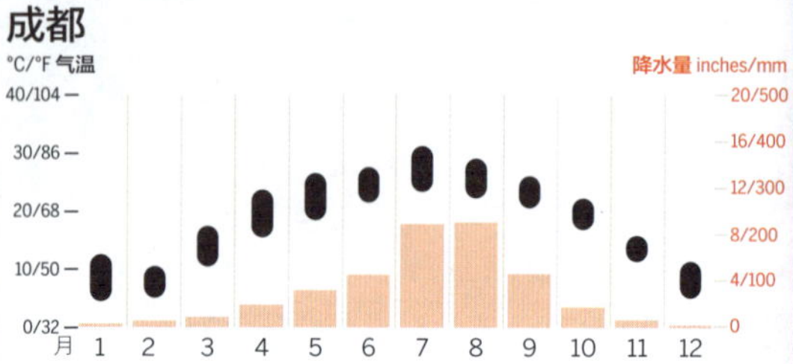

成都平原气候湿润，四季分明且春秋季稍短，人文景观胜于自然风光，四季皆适宜到访。淡旺季不明显，但暑假和黄金周人气更旺。冬日虽湿冷，但正好可以体验冬日暖阳下喝茶烫火锅的幸福。

平季 3月至6月和10月中旬至11月

➡ 乍暖还寒时，桃花、梨花、杜鹃已开始姹紫嫣红。春雨"随风潜入夜"，但往往夜雨昼晴。银杏季时间不长，越接近晚秋，色彩越绚烂，游人渐少，抓紧时间看风光大片。

旺季 7月至10月初

➡ 都江堰、青城山、天台山、平乐古镇，玩水避暑的好去处很多；西岭雪山同样是凉爽之地。住宿价格上涨，需预订。

淡季 12月至次年2月

➡ 冬日阴冷，难见艳阳，但住宿价格合理，不少景区门票执行折扣价，相对划算。

行前提醒

提前1月 读本书了解成都，预订机票

提前2周 预订酒店，准备攻略，准备行李

提前3天 查询天气，部分景点可提前在网上预订折扣门票

电话区号

028

人口

1604.5万

别名

蓉城、芙蓉城、锦城、锦官城、天府之国

语言

成都话属西南官话，发音比较软糯，最大特点是将翘舌音发成平舌音，把a、an等元音发成扁元音"æ"。周边县乡的方言听起来相对难懂。

现金和信用卡

繁华地段自动柜员机随处可见，酒店大多可以刷卡，大一点的餐馆也能刷卡。手机支付普及率极高，除了去区县、乡村需要带上一点零钱坐公交车。

通信

中国移动、中国联通和中国电信的移动信号基本覆盖市区。青城后山、瓦屋山、天台山等山区联通信号较弱。

网络

酒店、餐馆、咖啡馆几乎都有Wi-Fi，部分著名景点和交通枢纽提供免费Wi-Fi。

交通

本书内涵盖的景点几乎都有公共交通可到达。

每日预算

经济 250元以下

➡ 住青年旅舍铺位和周边的农家乐（40~100元），去本地人爱去的小饭馆吃饭，除了不可错过的大熊猫基地和金沙遗址博物馆，有选择地去其他景点，别错过免费的博物馆，体验公园茶馆，使用公共交通、共享单车或步行，不买土特产及旅游纪念品。

中档 250~500元

➡ 住快捷酒店、客栈（150~250元），搭伙吃火锅、串串等（约70元/人），晚上看场川剧演出，依然以公共交通为主，可买些伴手礼。

高档 500元以上

➡ 可以享受精品酒店（400元起），吃喝随意选择，去著名的火锅店和川菜馆，晚上可去酒吧感受夜生活；可以在市区打车，去周边温泉奢侈一把（150元以上）。

带什么

装备 伞，防备不期而至的雨；舒适且适合徒步的鞋子，鞋底防滑性要好；当“不干不净，吃了没病”失效时，你需要肠胃药、止泻药；夏季防晒霜、防蚊液必备。

证件 学生证、军官证、记者证、老年证等各种能为你证明具备省钱资格的证件。

手机地图 出发前，先打开百度地图App下载成都离线地图，到达后利用GPS在地图上定位。

到达成都

成都双流国际机场（见240页）

➡ **机场大巴** 1号线发往**岷山饭店**（6:30至当日航班结束，每15分钟1班；10元；30分钟），2号线发往**天府广场、火车北站**（6:30~20:00，每15分钟1班；13~17元；50分钟），3号线发往**火车东站**（7:00~20:00，每15~20分钟1班；12元；30分钟），5号线发往**茶店子客运站**（8:20~20:00，每半小时1班；25元；50分钟）。

➡ **打车** 至市区约60元。

➡ **地铁** 搭乘10号线至太平园（6:00~23:00），随后转乘地铁3号线或7号线到达市区各地。

成都站（见241页）

当地人称“火车北站”，大部分跨省普通列车和成灌快铁线的停靠站；地铁1号线途经此站。

成都东站（见241页）

开往北京的高铁、上海的动车和南方省份的列车停靠在此，也是成绵乐高铁的停靠站；地铁2号线途经这里。

网络资源

团子出行（原四川汽车票务网）www.tz12306.com在线查询旅行线路、客车信息并可预购车票。

新浪微博：四川发布、成都发布 比报纸简练、亲民、诙谐、实用、热辣。

微信公众号：成都新闻、成都发布、微成都 信息发布及时，带你快速融入成都的生活、娱乐和语境中。

“巴适公交”App 提供公交车路线和实时信息。

成都地铁网（www.chengdurail.com）可查询地铁线与站点信息。

特色方言

“巴适” 舒服、惬意

“耙耳朵” 妻管严、怕老婆

“雄起” 加油

“扎起” 支持、力挺

“摆龙门阵” 聊天、吹牛、侃大山

“不存在” 没关系

“抵拢倒拐” 走到底，拐个弯

“几三哈” 动作快一点

更多信息请参见第240页“交通指南”。

卤猪蹄。

© 视觉中国

吃在成都

来成都之前,你是不是已经拟好要去打卡的餐馆名单?川菜、火锅、串串,还有传说中的苍蝇馆子,成都这座"美食之都"不会辜负你的期待。除了榜上有名的,还有无数美食深藏其中,等待你去寻找与发现。

川菜百味方成席

成都人好麻辣，不假，但川菜并非以辣起家。川菜是一个大的概念，成都是川菜的重要"产地"。四川盆地曾经历多次移民浪潮，川菜也同样海纳百川，吸收了移民带入的烹调手法，融合了南北各地不同的口味，再运用天下无双的调和之味，终成川菜百味。据《川菜烹饪事典》载，到清代中后期，川菜已发展为24种味型：咸鲜、麻辣、糊辣、鱼香、姜汁、酸辣、糖醋、荔枝、甜香、椒盐、怪味、五香……一菜一格，百菜百味，既注重五味调和，又有其独特风味。

由于四川盆地气候潮湿，人们习惯在饮食中加入大量辣椒、花椒祛除湿气，晋人常璩《华阳国志》中就已经总结出川菜的特点："尚滋味，好辛香。"其实辣椒本非盆地特产，却在入川之后备受川人青睐，大量种植，还培育出很多品种，如朝天椒、钮子海椒、灯笼海椒和辣度很高的二荆条。当辣椒遇上了本地出产的花椒，便成就了川菜最为出名的麻辣香型。

川菜的辣也分为好几种，其区别来自对辣椒的不同使用。

小吃冷串串。

辣椒和豆瓣用盐码好，加入面粉发酵，等上三个月，就能得到色泽棕红、酱香浓郁的豆瓣酱。在回锅肉、麻婆豆腐和豆瓣鲢鱼这些传统川菜中，豆瓣酱完全左右着菜的香味。所以，豆瓣酱被称为“川菜的灵魂”，有了它，才有了川菜的回味悠长。

将辣椒碾成粉，用烧熟的菜籽油浇透，再搅拌均匀，让辣椒与熟油充分融合，夫妻肺片、川北凉粉、红油兔丁等凉拌菜和成都小面，都离不了这一瓶自制的熟油辣椒。清油与辣椒的比例以及熟油的火候与温度，都体现了厨师的基本功。

成都人擅做泡菜，用井盐、三奈、八角、胡椒、花椒等香料制成的泡菜水，加入红辣椒，就泡出了红亮的鱼辣子海椒。辣椒与泡菜的组合，是鱼香味菜色和泡椒味汤锅的支撑。

川菜所用调味品，复杂而讲究。除了上面

成都一人食

在成都街头，一个人也能轻松品尝美食。

蹄花饭 一根炖得肉骨分离的猪蹄，汤色雪白，配辣蘸碟，绝对下饭。

冒菜 15块钱就可以吃到超过10种菜与肉，再来碗米饭就好。

钵钵鸡 哪怕只吃10串，老板也会给你端上一大钵串串任你挑选。

小面 小面的分量真的很少，你可以点上两三个小份，尝尝不同的味道。

蛋烘糕+冰粉 最新流行搭配，冷的热的甜的咸的一次吃个够。

选对地方觅美食

成都的很多美食都有各自的“势力范围”，一条街上，往往开了好几家经营同样种类的餐厅，大家友好相处。对旅行者来说，只要找对了地方，就能品尝到不错的美食，绝不会抱憾而归。

华兴街 有“苍蝇馆子”排行榜上成都烧菜的杰出代表——雨田烧菜馆，其实旁边的三倒拐烧菜也非常有名。

东城根南街 靠近人民公园这边，冠以姓氏的老妈蹄花店一家紧挨一家，都说自己是正宗的。其实味道差不多，夜宵来一根“优秀的前蹄”，滋润无比。

三圣街 一到晚上，走在这条街上，吸一口空气都是油滋滋的烧烤味道。不怕辣的就来这里体验炭烤、油炸和干锅组成的重口味夜生活。

奎星楼街 从冒椒火辣开始，不知何时这条小小的巷子就变成了串串聚集地。从西到东，依次是回头笑串串、吃铲铲老成都串串、冒椒火辣、成都吃客串串、班花麻辣烫，家家生意都火爆，哪家有位置就赶紧进去吃。

西御街 因为皇城清真寺在这条街上，所以这里的清真餐馆也非常地道。清真寺门口的美食小摊上，新疆烤羊肉串、抓饭和烤馕都值得一吃。

罗马假日广场 高升桥曾是川藏线的起点，广场一带遍布藏餐馆，还有传统的甜茶馆。

青石桥 最好吃的肥肠粉和锅盔就在这里。肥肠粉有红汤和清汤两种，肥肠爱好者还可以加一份“结子”。

建设巷 年轻人追逐的网红小吃不少都是从这里开始走红的，例如烤蹄、大肠包小肠等。

© 视觉中国

小吃锅盔。

说的这三样，其他还有自贡的井盐、广汉的清油、中江的酱油、阆中的醋，内江的白糖和夹江的豆腐乳也必不可少。如此炮制出来的川菜，味道丰富且层次分明，才有“一菜一格，百菜百味”之称。

不用担心来成都只有麻辣可吃，其实，在川菜中有不少味道清淡、讲究保留食材原味的菜式。成都的川菜最早走的是民间菜路数，与粤菜、潮汕菜等相比，从食材的选择到做法都较具平民风格。民间最流行的菜式以“三蒸九扣”为代表，包括了蒸、烧、炒、煸等做法，荤素搭配，汤菜并重，食材多是成都平原物产，新鲜却不昂贵，味道家常，以清甜咸鲜为主。保留至今的金钩玉笋、开水白菜、鸡豆花、竹荪鸽蛋汤、樟茶鸭片、芙蓉鸡片、奶汤素烩等菜式，都以清淡见长。如今不少川菜馆都在致力于发掘和复原更多的川菜传统菜式。

成都街边小吃摊。

江湖代有英雄出

在川菜种类中，也有剑走偏锋，将麻辣味型发挥到极致的，这就是以火锅、干锅等为代表的江湖菜，重口味几乎就是它们的标签。

成都人眼中的火锅，就是一口铁锅红油翻滚，漂着干海椒和花椒颗颗，油碟只放香油和蒜，鸭肠毛肚涮个几秒就吃。不管是朋友聚会还是单位聚餐，不管是生日做东还是出门回来，没有什么是一顿火锅解决不了的。如果有成都人愿意陪你吃鸳鸯火锅，请珍惜这样的朋友。

江湖菜的江湖，没有谁能一直屹立潮头，火锅也是如此。蜀九香、大宅门、谭鱼头独领风骚不过数年，小龙坎、青年火锅、电台巷火锅就已经异军突起，而小郡肝、冒椒火辣、马路边边等串串香同样人气火爆；虽然牛油火锅是江湖老大，但仔姜蛙、冷锅鱼、肥肠鸡、鲜锅兔、香辣蟹等特色火锅及干锅同样也有自己的拥趸和地盘。

别忘了，还有著名的苍蝇馆子，它们是真正的成都江湖特产。如果你是一枚吃货，来成都之前，请务必在网上下载一份最新的“成都苍蝇馆子50强”攻略，方便寻访那些散布在“旮旮旯旯”（请用四川话读“kākāguǒguǒ”）的小馆子。这份榜单年年更新，苍蝇馆子的风格也在逐渐改变。它们大多隐身于小巷之中，虽然环境一般，但凭借独门菜式和祖传美味，仍能吸引吃货们前赴后继。能打进榜单更能屹立不倒的，都得有点真本事和几道招牌菜。

小吃撑起半边天

品种繁多的小吃也是成都川菜一大特色。

成都的小吃非常重视“产权”，多数都冠以创始者的姓，譬如龙抄手、钟水饺、韩包子、张凉粉、谭豆花，创始人是谁家，一目了然。它们多数源于街头小摊吃食，天长日久做出了名

小吃三大炮。

气，终登大雅之堂。像钟水饺、龙抄手等在市区已有数家门店，装修大气，小吃品种繁多。旅行者可以点份套餐，一次性品尝到大多数小吃。你也可以像成都老头老太一样，单点一份海味抄手或红油水饺，再要一个蛋烘糕。成都现在也出现了几家主打创新小吃的餐馆，推出的小吃更加精致，味道一如从前。

成都的小面比之重庆等地毫不逊色。传统的有担担面、甜水面，不断变化的则是小面的浇头，经典的脆臊和番茄煎蛋之外，还有肥肠、鳝鱼、鸡杂、生椒牛肉，甚至脑花也能被成都人做成浇头，再配上青翠欲滴的豌豆尖，就是一碗色香味俱全的小面。

成都街头小吃则更是五花八门，口味各异。头牌当然是蛋烘糕，一口小锅，现点现烙，盛馅儿的瓶瓶罐罐一大堆，甜的辣的咸的随便选。挑着担子沿街叫卖的有豆腐脑，青石桥的牛肉锅盔一定要配酸辣粉，还有兔头、棒棒鸡和红油兔丁这些卤菜，对成都人来说，都可以算作街头小吃。

成都小吃还有一种只适合在夜深人静时享受，比如鬼饮食，比如蹄花汤。其中老妈蹄花是成都人的最爱，深夜里那一碗热腾腾的蹄花汤，肉嫩入口即化，汤浓香而不腻，再配店家秘制香辣蘸酱，暖胃消乏外带美容养颜。

在成都周边，也有各种特色小吃，像双流兔头，像温江万春卤菜，像“怀远三绝”冻糕和叶儿粑，像青城山张醪糟……必须要去到当地才能吃到正宗的味道。不过成都人对于美食的追求永不止步，更不会吝啬时间，为了吃到美味，多跑一点路又算得了什么呢。

成都荷塘小景。

行摄成都

曾经，在摄影爱好者眼里的成都只是一个中转站，在这里稍事休整，广袤的西部大地才是拍摄风光大片的目的地。成都这座城市，似乎只适合沉溺其中，享受吃喝玩乐还来不及。但只要你用心，同样可以收获许多摄影的小确幸，四季的变换，人情的冷暖，城市的生长，都属于发现生活之美的摄影者。

何时去

3月至5月成都平原迎来漫长的花季，油菜花海是春天的底色，龙泉桃花、新津梨花、青白江樱花、彭州牡丹竞相盛开，西岭雪山、瓦屋山的高山杜鹃漫山遍野。

6月至9月嘉阳小火车的背景换成了热烈的向日葵花田，"荷塘月色"和桂湖的荷花，考验着你的构图；夏夜很长，城市披上璀璨光芒，找个制高点定格夜景吧。

10月至11月 各地的金色银杏都成为拍摄者追逐的目标，宁静的寺院、热闹的茶馆与流动的街景在这一刻交织起来。

12月至次年2月古镇游人少了，可以更好地捕捉当地人的生活日常，通常在春节举行的民俗活动是拍摄的亮点。西岭雪山、瓦屋山、峨眉山或有雪景可拍。

最佳摄影点

- 嘉阳，开往春天的小火车
- 崇州白岩寺，银杏与白塔、经幡的奇妙组合
- 四川大学望江校区，有机会拍到珍贵的黑喉歌鸲
- 天府熊猫塔，218米高的观景台助你360度拍摄夜景
- 彭镇老茶馆，仿佛一帧帧怀旧电影镜头
- 洛带古镇，拍客家人玩火龙

四季变换

成都的四季各有其美，春天的花鸟、夏日的荷塘以及秋天的银杏，都是摄影者喜欢的主题。

阳春三月，成都平原的油菜花恣意开放，浓烈的色彩仿佛吸收了阳光的能量。林盘民居散落其间，房前屋后翠竹成林，间或有一树树桃红李白。城西温江、崇州一带，“四川最美乡村公路”重庆路穿行于田园之中，在平坝与浅丘的地势变换中，两旁的油菜花海也随之流动。一路寻芳赏花，拍摄乡村风光，何其乐哉。

春天的成都城区，也能找到拍摄的乐趣。事实上，成都已经成为中国最受欢迎的拍鸟城市。在浣花溪公园、四川大学望江校区、青龙湖、白鹭湾湿地公园、成都植物园等地，每年春季都有大量候鸟在此栖息、繁衍，可以拍到宝兴歌鸫、长尾地鸫、赤麻鸭等候鸟，以及白鹭、夜鹭、红头山雀等留鸟。春天是最好的拍鸟季，处于繁殖期的鸟儿容易接近，羽翼也比平时更为鲜艳夺目。注意，带上三脚架和300mm以上的长焦镜头，最好选择光线柔和的早晨或傍晚，耐心守候拍摄，不要干扰鸟儿的正常生活。

夏天，三圣花乡和新都桂湖的荷塘边，挤满了前来拍摄荷花的摄影爱好者，长枪短炮中

©视觉中国

要想拍到最佳的画面，还真是考验你的构图。城区四川大学华西校区中的荷塘边同样人满为患，不妨换个视角，把镜头对准毕业季中告别校园的莘莘学子，还有中西合璧的近代建筑群。

秋天的成都，有了银杏的这一抹金黄做背景，整座城市都仿佛燃烧在一片金色的光焰之中。电子科技大学沙河校区、锦绣巷、青羊宫、大慈寺、奎星楼街，是拍摄银杏的最佳场所。想走远一点，那就去崇州的白岩寺或罨画池公园。白岩寺中白色的经塔、五彩的经幡和金色的银杏丰富了你的画面；罨画池公园内的文庙大成殿旁，几株银杏异常繁茂，映衬着红墙黛瓦，有一种庄严之美。摄影者请留意天气状况，提前安排好线路，争取在有限的晴好时间里拍到更多更美的金色秋景。

悠闲之都

在体验成都人生活的同时，不妨用相机

安顺廊桥夜景。

捕捉这一份悠闲之意。

去东郊记忆景区开启一趟“时光之旅”，苏联时期援建的红砖厂房、计划经济时代的宣传画与标语、退役的战斗机和“东方红”列车，让时光静静停留在20世纪70年代，也成为文艺青年怀旧拍照的首选。成都还有诸多这样或文艺或小资的文创园区，是你旅拍人像的最佳选择。

成都大街小巷的茶馆，也是拍摄人文风情片的好去处。人民公园里的鹤鸣茶社已有近百年历史，竹桌椅、盖碗茶、茶客百态以及茶博士的表演都可以成为你捕捉的对象。城南高新区的铁像寺水街，由石桥、水榭、牌坊、戏台组成闹市中的一方静地，古戏台旁的陈锦茶铺同样可以带给你创作的灵感。彭镇老茶馆则有着重庆交通茶馆一样的江湖地位，老虎灶上，烧开的水冒出阵阵白烟，墙上“文革”时期的“红色标语”有些斑驳，镇上的老茶客，早已习惯了各种镜头的包围，你拍你的，他聊他的，每一帧照片都像极了复古滤镜里的电影分镜头。

有时间还可以去周边的几个古镇逛逛，上里古镇的水乡风光，洛带古镇的客家风俗，白鹿小镇的异国风情，都能丰富你的摄影主题。

城市之光

成都的城市建设日新月异，夜景更是迷人。越来越多的旅行者喜欢花一点时间，游走于城市之中，定格蓉城的夜。

夜色中的安顺廊桥，应该是成都最美的夜景，常常在官方宣传片里出镜。五彩灯光勾勒出廊桥的轮廓，倒影于锦江水中，波光粼粼。记得在河边来回走走，找到廊桥与倒影间最完美的契合。城西的琴台路仿古街区也非常适合夜景拍摄，白天的人流已经散去，檐角飞翘的牌坊、鳞次栉比的青瓦屋脊、古色古香的石板路，在灯光与大红灯笼的渲染下仿若仙境。

拍好夜景要知道这几点

摄影装备：

➡ 三脚架，快门线，中灰渐变滤镜，镜头方面最好带上一枚广角镜头。

拍摄地点：

➡ 选择城市制高点，如高楼的平台、山顶观景台等，从由高向下的视角俯拍城市夜景。

➡ 选择有着较好灯光照明的主体建筑，让它成为构图中的主视角，明暗相结合的构图才有看点。

➡ 古镇老街、热闹夜市也可以拍摄到市井生活中生动的夜间场景。

相机设置：

➡ 通常将ISO设定到最低值，例如ISO 100。

➡ 先用光圈优先模式测光，确定光圈值和感光度，然后转到手动曝光模式；光圈一般设为f/8，不会出什么纰漏。

拍摄时间：

➡ 不要以为越夜越美丽，日落后一小时左右，天空尚留一点点蓝色，才是拍摄夜景的最佳时期，这时候的画面层次感更加丰富。

➡ 最好提前查询实时天气预报，夜景拍摄对天气的要求更高。

➡ 如果遇上满月，不妨试试两次曝光，打造圆月在天际线旁升起的神奇美图。

廊桥与琴台路的夜景是静默的，而太古里的夜则是喧嚣的。时尚大气的商店橱窗和光影变幻的音乐喷泉映照在通透的玻璃幕墙上，营造出一片光怪陆离的璀璨空间。纵横交织的玻璃人行天桥构筑起一座巨大的水晶宫，穿行其中，随手一拍，就是一张夜景大片。

高度339米的天府熊猫塔，是拍摄夜景的最佳地点。当夜幕降临华灯初上，整个城区都在你的脚下渐渐点起一片绚丽灯海。绕行一周，可以拍摄到不同角度的城区夜景。下来后别忘了把这座高塔摄入你的镜头，它本身也是成都夜景的标志之一，变幻不定的灯光勾勒出修长的塔身，在夜空中耀眼夺目。

远望雪山

成都是全球少有的能看到海拔7000米以上特大雪山的城市。近两年在成都拍摄雪山。成都摄影爱好者拍摄的城市雪山图已经走红网络，在他们的照片上，出现了大雪塘、幺妹峰以及“蜀山之王”贡嘎山的美丽身影。在成都拍摄雪山，最佳时间是6月至8月，连续降雨、大风天气之后的清晨，空气通透度较高，向西便可看见连绵的雪山；在夏天的傍晚偶尔也能拍到壮观的雪山晚霞。拍摄点最好选择城区西北方向的高楼上。

关注新浪微博@在成都遥望雪山，可以收到雪山拍摄最佳时间预告以及欣赏雪山照。

邛崃盛开的油菜花。

在路上

本书作者：袁亮

身为成都人，多年以来，有朋自远方来，总会问我关于成都的吃喝问题，我的推荐前十名都是串串！现在我可以轻松地说：来看看我亲身肉测的成都攻略吧。

进一步了解我们的作者，见255页

宽巷子日景。

©视觉中国

中心城区（二环内）

中心城区（二环内）

成都的中心城区像一口火锅，放射状的道路将其划分为“九宫格”，每一格里都沸腾着热闹的生活。烟火气、文艺范、历史感、时尚风，总要你一一品尝过，才能明白成都的真正味道。

自从公元前367年古蜀开明王朝迁都，构筑起这座城池最初的雏形，就留下了“成都”这个一直未曾更替的城市名字。唐时锦官城的繁盛，令“蓉漂”杜甫写下了“黄四娘家花满蹊”的轻快诗句，水井坊间六百年酒香不断，正契合了李商隐“美酒成都堪送老”的赞许。乐观幽默的成都人，烹调出以麻辣祛除湿气的川菜百味，也泡出了阳光下温润清香的盖碗茶；然而这里的人们也并非只贪图安逸享乐，他们发明了世界上第一张代替沉重铜钱的纸币交子，也曾经一腔热血为家为国，人民公园里矗立的纪念碑仍在怀念着那段引发辛亥革命、改变中国命运的往事。

旅行者往往怀揣一颗吃货的心而来，想把火锅、串串与街头小吃尝遍，其实这座城市还有厚重的历史，等待你去发现。老茶馆里时光悠长，繁华街区时尚喧嚣，这就是成都，一座来了就不想离开的城市。

☑精彩呈现

住宿

➡ **最好预订** 没有绝对的淡旺季之分，优质的酒店永远紧俏。想住得称心，下手得快。

➡ **青年旅舍** 成都可以说是国内青旅氛围最好的城市之一，多数都在一环内，软硬件设施令人满意。

➡ **精品酒店** 市区的精品酒店从设计细节到服务态度都非常用心，如果预算许可，不妨体验一回。

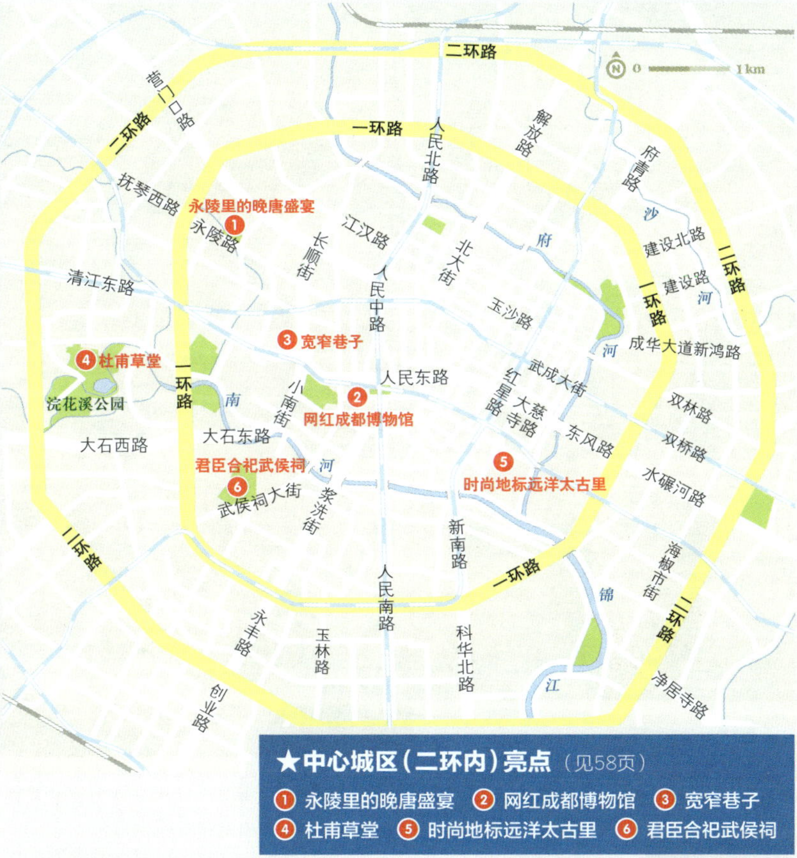

★中心城区（二环内）亮点 （见58页）

① 永陵里的晚唐盛宴 ② 网红成都博物馆 ③ 宽窄巷子
④ 杜甫草堂 ⑤ 时尚地标远洋太古里 ⑥ 君臣合祀武侯祠

当地交通

➡ 又有新的地铁线路开通，二环内多数景点都可以便捷到达，一日游遍成都。

➡ 成都景区直通车是懒人的专属，上一秒你还在宽窄巷子闲逛，下一秒就已到达大熊猫的观赏园区。

➡ 地铁+共享单车助你逛遍成都大街小巷，寻访榜单上的“苍蝇馆子”五十强。

何时去

➡ **3月至6月** 天气不冷不热，旅游旺季未到，适合赏花觅食。

➡ **7月至9月** 众多博物馆和大熊猫基地都是孩子暑假出行的好去处。

➡ **10月至11月** 满城金黄，阳光、银杏与茶馆是这个季节的最佳拍档。

➡ **12月至次年2月** 最适合烫火锅、吃串串。成都没有暖气，北方旅行者要有心理准备。

麻婆豆腐。

©视觉中国

当地人推荐

地道川菜

唐敏 成都资深美食达人

你心目中的川菜应该是什么样子的?

人人都说川菜最辣，其实，我们四川人最擅长调和之味，而川菜的味道也不仅是简单的辣，光辣就分为麻辣、糊辣、酸辣等，其他还有咸糊、鱼香、姜汁、糖醋、椒盐、五香等味型，既重味，更重香，所以川菜界有“清鲜醇浓，麻辣辛香，一菜一格，百菜百味”的说法。真正的川菜宴席，辣味菜的比例一般不会超过30%。事实上你看，鱼香肉丝、宫保鸡丁、开水白菜这些传统川菜，都以咸鲜清香见长。

成都哪里还能品尝到正宗的川菜?

我把成都的川菜大致分为三种，学院派、老江湖和小网红。像盘飧市、陈麻婆豆腐这样的老店，以前隶属成都饮食服务公司，厨师经过正统培训，掌握了川菜百味的传统，不是一味追求重口辛辣，就像学院派一样，注重传统。要品尝正宗川菜，还是应该到这些老店去。

老江湖就是那些街头小馆子，厨师有几道绝活，店小却能屹立多年不倒，菜品口味较重，例如干锅、麻辣汤和烧菜馆，它们是成都市井生活的代表。而小网红就是近年在网上走红的一些小店，凭着一点噱头来吸引食客。可以去体验一下，但它们不能代表川菜。

青椒回锅肉。

©视觉中国

学做川菜容易吗?

我自己就在推广川菜的学习。学做川菜不难，难的是掌握精髓，同样的食材，调料的配备与火候的掌握略有不同，就会导致味道大不一样，这需要多年实际操作的积累，也是川菜大厨引以为傲的修为。

不要错过

最佳餐厅

➡ **柴门范儿** 新派川菜代表，看风景和尝美食一样重要。(见91页)

➡ **曾哥烧烤** 晚上才现身的烧烤店，玉米、腰花、尖椒排骨必尝。(见95页)

➡ **秋金小炒** 第一批网红店，到现在仍然是红红火火，想挑战川菜辣度就请进来。(见91页)

➡ **冒椒火辣** 串串界的新锐，味道和气氛一样火爆。(见89页)

最佳书店

➡ **方所** 图书与生活美学二者也能兼顾。(见103页)

➡ **三联韬奋书店** 周末不打烊，属于你的读书时光。(见63页)

➡ **格致书馆** 窗口喝杯茶，望出去的风景意想不到。(见103页)

➡ **无早书店** 独立小众是它的标签，还有可爱的生活杂货。(见103页)

最佳饮品

➡ **鹤鸣茶社** 梧桐树影婆娑下，体验老成都茶文化。(见98页)

➡ **成都画院** 百年川西四合院里，一碗茶也有艺术家画作陪伴。(见99页)

➡ **厘途·LittleTravel** 用心做出来的咖啡比自拍者更抢镜。(见99页)

➡ **贰麻酒馆** 在露天酒馆里体验成都人的贰麻(半醉)状态。(见102页)

中心城区（二环内）亮点

❶永陵里的晚唐盛宴

本是唐朝将领，却在蜀地称王，一代枭雄王建在成都写出一段往事，也留下一座精美的永陵。棺床上的二十四伎乐石刻，舞者轻纱飞舞，乐者抚琴吹箫，生动再现了晚唐宫廷宴乐场景；王建像独坐后殿，仿佛仍在默默欣赏这一场盛宴。

❷网红成都博物馆

开馆两年，成都博物馆不知刷爆过多少人的朋友圈。建筑外形暗含金镶玉之吉祥蕴意，博物馆LOGO也正是由此脱胎而来。除了高质量的特展，本土文物明星也是颜值担当，天府广场出土的石犀牛体态庞大却萌态十足，连六楼咖啡厅的甜品也做成可爱的石犀模样。

❸宽窄巷子

想在人少的时候去逛宽窄巷子？难。想拍张没有人的宽窄巷子？更难。作为成都老城区改造的成功范例，宽窄巷子已经成为成都的文化名片。不过我们还是推荐你避开人流，见缝插针地欣赏一下宽窄巷子中的老成都印记。如果你在清晨到来，梧桐树掩映下的街巷里，从那些精致的门楼中，依稀可见百年前的繁华老成都。

©视觉中国

©视觉中国

左图：成都永陵；
右图：永陵抚琴亭。

❹杜甫草堂

诗圣杜甫在成都不过住了数年，就为这座城市留下了两百多首诗歌和一座诗名赫赫的草堂。“晓看红湿处，花重锦官城”，已经成为成都城市形象的宣传语。有趣的是，近年在草堂内发掘出一处大型唐代遗址，竟与杜甫诗中的不少描述都能有所对应，也为后人怀想唐代成都生活提供了真实的参照物。

❺时尚地标远洋太古里

在都市更新这一点上，成都人真的有化平庸为神奇的能力，谁能想到时尚新地标远洋太古里的前身，竟然是一片仿古街区烂尾楼？传统的青瓦屋顶搭配通透的落地玻璃窗，琳琅满目的橱窗前矗立着古朴的惜字砖塔，六座刻意保留的明清建筑，隐藏于国际大牌店铺之间，成都人快活慢耍的生活方式在这里得以充分体现。

❻君臣合祀武侯祠

诸葛亮在四川人心目中的地位如何？一座武侯祠最能体现。刘玄德建蜀三分天下，诸葛亮出山鞠躬尽瘁，浪花淘尽英雄，只留得一座君臣合祀祠。虽然有蜀王刘备高高在上，但人们还是以武侯来为这座纪念堂命名。大年初一，成都人来到这里，摸一摸那块刻有“喜神方”的大石，以祈求来年健康喜乐。

2

© 视觉中国

成都博物馆油画展。

宽窄巷子小吃。

3

© 视觉中国

杜甫草堂。

太古里方所书店。

武侯祠。

★ 最佳景点

宽窄巷子

少城最后的老街巷，曾经承担着汶川大地震后振兴四川旅游的重任，今天的宽窄巷子已经成为成都当仁不让的形象地标。无论你何时来，这里的人潮永不停息，行为艺术“铜人”也风雨不改地游走在巷间，等你邀其入镜。宽巷子、窄巷子和井巷子是三条平行的小巷，保留着清末民初的格局，有许多中西合璧风格的四合院。如今这些院落都被改造为富有设计感的餐厅、茶馆、酒吧和服饰、文创小店，勾引着人们进去吃吃吃、买买买。巷中不时有新晋的网红店异军突起，也常有店铺改换门庭。隔段时间再去，总有新的商店在召唤着你。这也正是宽窄巷子永恒的魅力。

位于长顺街与同仁路之间，由宽巷子、窄巷子、井巷子三条步行街组成。旅游服务中心（见112页地图）位于窄巷子东出口的长顺上街；地铁4号线宽窄巷子站出来就是宽巷子巷口。最近的公交站在金河路、长顺上街。景区直通车乘坐点在旅游服务中心；见112页地图；www.kzxz.com.cn；参观免费，讲解50元

确定一个逛的主题

逛宽窄巷子，随波逐流不是妙计，你最好先确定一个主题，然后有所取舍，这样才不会错过你最想尝试的。例如吃，这里有老派川菜馆香积厨，有成都名小吃**韩包子**，有**大妙火锅**，也有西餐厅**瓦尔登**，还有那些可爱的冰激凌、果茶小店，都在诱惑着你的胃。

购物狂请留足预算，**一针一线（锦华馆）**中有为汶川羌绣设立的创意馆，经过设计的羌绣制品绣工精美而价格不菲；**熊猫馆**中全是萌萌的大熊猫周边产品，每一样都令人爱不释手；**四川记忆馆**的三重院子中，摆放着富有浓郁地方特色的四川非物质文化遗产手工艺品，小心不要挑花了眼。

宽窄巷子。

想要避开拥挤的人潮也并非没有办法。**恺庐**的门头是典型的西洋样式，里面则是传统的成都小院，限定茶客的宁静茶院，适合静静闲坐。**三川九味川菜体验馆**的二楼非常安静，隔着玻璃窗欣赏人潮涌动的宽巷子，别有一番意境。

少城最后的老街巷

成都自建城伊始便有大城、小城两座城池。小城也叫“少城”，于明末战乱毁之殆尽，清朝康熙年间开始重建，时任四川巡抚年羹尧上奏朝廷：少城内专驻八旗官兵及眷属，作为清兵的永久营地。既然居者为满人，少城便得“满城”别名，成都由此形成了“城中城”的格局。满城的范围北至西大街、南至君平街、东至东城根街、西至同仁路，内有八旗官街8条、兵丁胡同42条，包括如今的宽窄巷子，建筑一律是灰墙青瓦的北方四合院结构。

幸亏当年的大拆大建中有几个“钉子户”

©视觉中国

坚决不从，今天的宽窄巷子除了簇新的仿古建筑外，还留有一些老建筑，不妨见缝插针地欣赏一下这些老成都印记。宽巷子24号的**一针一线（锦华馆）**门头下保留着旧时的红砂上马石；31号的**中国红**原为清代官宅，可以看到当年改建时挖掘出陶瓷器皿的遗址，以及道光帝御笔石碑和九龙壁两件重要文物；西侧几座未曾开放的私宅，都有彩绘的灰雕门头。窄巷子里有几幢小洋楼，据说法国传教士曾在这里住过，西餐厅**瓦尔登**院内还可以看到成都最早的罗马柱。宽巷子西出口、位于同仁路上的**成都画院**（成都市美术馆）已有百余年历史，常年举办画展，也可入院饮茶。

宽窄巷子的文艺气质

改造之后的宽窄巷子虽然少了一些怀旧味道，但本地文化人和时髦人士入驻之后，又带来了更多的文艺气质，有创意、有品位的咖啡馆、餐馆、会所、书店越开越多。著名的文化酒吧**白夜**位于窄巷子，内有画廊和书房，经常举行小型话剧演出和不同主题的文化活动展览。宽巷子里的**见山书局**有众多与成都的历史、文化、旅游相关的书籍，门口的邮亭还可以寄一张明信片去远方。历史底蕴深厚的**三联韬奋书店**也把北京以外的第一家分店开到了窄巷子里，四合院青砖灰瓦的风格与三联系蓝色协调融合，书架上以三联出版的图书为主，还提供自助咖啡和宽敞的阅读空间。

亮点速览

➡ “瓦尔登”和“恺庐”外墙上的拴马石，形如嵌入墙体的石把手，是为数不多的清代烙印。

➡ 井巷子段历史文化景观墙上的老成都生活影像片段，是体验掏耳朵的最佳背景。

➡ 不妨避开人潮，去北边平行的小通巷、泡桐树街、奎星楼街打望老成都的慢生活。

杜甫草堂。

★ 最佳景点

杜甫草堂

唐代的成都，因为一位诗人的到来，一跃成为中国诗歌创作的乐土。当年杜甫在成都西郊浣花溪畔筑起的几间茅草小屋，到现在已经成为一座诗歌纪念堂。漫步于草堂，诗史堂、工部祠、大雅堂等清代建筑散落于绿荫之中，随处可见镌刻有杜甫诗句的巨石或碑刻。暂且忽略杜甫寓居成都的艰辛，感受一下浪漫的诗意栖居吧。

地铁4号线草堂北路站下车，还需步行约10分钟方可到达。市区19路、35路、58路、82路、151路公交车均途经杜甫草堂；景区服务中心位于青华路上的草堂北门，景区直通车也在这里乘坐；见106页地图；www.cddfct.com；门票 50元，讲解 100元；⏲夏季 8:00~20:00，冬季8:00~18:30

蓬门今始为君开

公元759年，杜甫为避安史之乱，弃官携家入蜀，在成都浣花溪畔搭起了几间茅屋，一住就是3年有余，其间写下了“黄四娘家花满蹊，千朵万朵压枝低。留连戏蝶时时舞，自在娇莺恰恰啼”“舍南舍北皆春水，但见群鸥日日来。花径不曾缘客扫，蓬门今始为君开”等轻快的诗句。后人正是根据这些诗句中的描写，在原址重建了草堂。从青华路上的北门进入草堂，往东南方向走就能看到这片**茅屋故居**。后人构想的草堂显然比杜甫那时豪华了许多，不但恢复了**花径**与**蓬门**的模样，扩大了草屋的规模，甚至在旁边筑了两间黄四娘家的**北舍**。花径清幽，蓬门半开，一直都是草堂人气最旺的留影处。蓬门外还有一座茅草结成的**少陵碑亭**，碑上“少陵草堂”四字为清朝雍正年间果亲王允礼所题。

一座诗的纪念馆

公元1500年（明弘治十三年）和公元1811年（清嘉庆十六年），草堂经历两次大修，基本上奠定了人们现在看到的布局。今天的草堂不再只是杜甫的私宅，更是全国规模最大的杜甫纪念馆，一座因诗和诗人而闻名的纪念馆。草堂中轴线上，由北向南排列着工部祠、诗史堂和大廨。比较值得参观的是**工部祠**，因杜甫曾做过“检校工部员外郎”，故有“杜工部”之称，祠内杜甫、陆游、黄庭坚的神龛同堂供奉。在这里可以了解到杜甫的生平与成就，后人称杜甫为“诗圣”，其作品被称为“诗史”，他在草堂写就的《茅屋为秋风所破歌》体现了诗人悲天悯人、心忧天下的胸襟，**诗史堂**正为纪念杜甫作品而建，正中陈列着雕塑家刘开渠先生所塑的杜甫像。**大廨**为一座敞厅式建筑，也安放着一尊雕塑家钱绍武先生所塑的杜甫铜像。在**千诗碑长廊**，列出了杜甫在成都写的大多数诗词，这些诗作都出自历代名人和书法名家的妙笔。**大雅堂**内，一面巨型磨漆壁画再现了诗人颠沛游离、寓居成都的一生，另有李白、苏东坡、李清照等12位大诗人的雕像相伴，他们

一起谱写了中国诗歌史上最华丽的篇章。

遗址重现唐时成都生活

草堂当然是今人的再造，但也幸亏“破土动工”，让埋葬于地下的历史真迹得以重见天日。2001年，草堂北门东侧铺设下水道时发掘出一处包含地基、水井和排水沟等民居遗迹的大型唐代遗址，出土了陶瓷生活器皿等文物，最重要的是发现了一方唐垂拱三年（公元687年）的石碑。碑文上镌刻着“江水之西，平原之上”“野鸟徘徊，行人凄怆。空余石塔……”字样，与杜诗所描绘的“古寺僧牢落，空房客寓居”的情景完全吻合。考古学家相信，杜诗中所描述的古寺就在现今杜甫草堂一带，从而填补了杜甫草堂没有唐代遗址和唐代生活遗物的空白，也从侧面证实了杜甫的草堂生活的真实性。位于北门东侧的出土遗址区域已经建成唐代遗址保护展示厅，除了发掘现场之外，还陈列有若干唐代生活用具，供人怀想唐时的成都生活。

亮点速览

➡ 每年正月初七，“人日游草堂”活动盛大开启。

➡ 隔着玻璃地板数一数脚下明清万佛楼的24个柱础石。

➡ 从南门出去，可以沿着诗歌大道去浣花溪公园读诗。

➡ 草堂文创馆展示有荥经砂器、蜀绣、羌绣等非物质文化遗产，或者在清幽的庭院中坐下来喝杯茶。

成都博物馆夜景。

景点

★成都博物馆 博物馆

[见106页地图；☎6291 5593；www.cdmuseum.com；青羊区天府广场西侧，小河街1号；凭身份证刷卡进馆；⏲5月1日至10月31日 周二至周日 9:00~20:30（19:30后停止进馆），11月1日至次年4月30日 周二至周日 9:00~20:00（19:00后停止进馆）]成都博物馆位于城区“心脏”天府广场西侧，建筑外形暗含金镶玉之吉祥蕴意；新馆开馆两年有余，凭借多个特展迅速成为网红打卡地。当然，来成都博物馆重点还是看成都的历史。2楼至3楼为**“花重锦官城-成都历史文化陈列”**常设展厅，以“九天开出一成都”“西蜀称天地”“丹楼生晚辉”3个专题，讲述了成都从先秦至明清两千余年的前世今生。纹饰华丽的战国船棺，自发掘以来第一次公开展示；与它同厅的天府石犀牛体形庞大却萌态十足，已经成为博物馆吉祥物；经穴漆人全身绘有经络与穴点，是中国最早的人体医学模型，虽然只有14厘米高，却堪当镇馆之宝；汉代陶俑虽然身份低微，却都面带微笑，正是乐观向上的四川人的真实写照；明蜀王府的建筑构件及模型则向观众展示了明代蜀王府之盛景。博物馆4楼为讲述成都近代历史的**“近世篇”**展厅和展示成都民土风俗的**“民俗篇”**展厅。5楼为**“中国皮影木偶展”**主题展厅，主要展示木偶与皮影这一根植于民间的戏剧，如今它们已被列为国家级非物质文化遗产。

看累了？那就去6楼的**咖啡厅**，透过巨大的落地玻璃窗欣赏天府广场的风景。记得点一杯成博原创咖啡，奶泡上有巧克力粉喷成的成博吉祥物图案。

地下1楼以及其他各层的公共区域，会不定期推出特展和小型临展。鉴于成博特展规模较大，展品级别很高，通常都会排长队，建议提前在官网上预约门票，免去排队等候之苦。

人民公园相亲角。

地铁1、2号线天府广场站下，走6号通道可到博物馆。4路、16路、26路、38路、58路等多趟公交车都途经成都博物馆。

人民公园 公园

（见106页地图；少城路12号；门票 免费）去人民公园可不仅仅是在鹤鸣茶馆喝碗花茶、掏个耳朵这么简单，人民公园的历史和风景值得你花点时间好好体味。人民公园原名少城公园，始建于1911年，是四川历史上的第一座公园。1950年，公园收归国有，更名为人民公园。2001年起，人民公园又率先将围墙拆除，还绿于民。总之，这座公园就是成都人与时俱进的典范，也是成都人日常生活的代表。

公园东门外，矗立着雕塑家刘开渠于1944年设计的**川军抗日阵亡将士纪念碑**。穿过广场舞大妈的阵地和挂满“简介”的相亲角，先去公园东侧的辛亥广场。1913年，为了纪念辛亥革命前夕四川保路运动中的死难者，由民国川汉铁路总公司在园内修建了一座**“辛亥秋保路死事纪念碑”**。碑高31.85米，碑座四面刻有火车头、铁轨、信号灯、转辙器等浮雕。关于1911年9月发生在成都的那场惨烈的保路运动，可以去旁边的**四川保路运动史事陈列馆**仔细看看。喝杯花茶是旅行者来到人民广场的一项重要体验，人工湖边的**鹤鸣茶社**已有百年历史，湖边长廊中的位置最好，竹桌竹椅盖碗茶，眼前就是湖景。掏耳朵已

城市不打烊

成都的夜如此迷人，夜间公交车为晚归的人提供方便，书店和火锅店也会温暖你的心和你的胃。

夜班公交车

市区已经开通12条公交车夜间线路，线路代码统一为“夜间+数字”样式如“夜间1路”“夜间2路”等。票价2元，运行时间为周日至周四22:00至次日0:30，周五至周六及节假日22:00至次日1:00，发车时间间隔不会超过20分钟。往返于成都东站汽车客运站（成都东客站）的夜间1路、2路和往返于成都站（火车北站）的夜间3路、4路等，尤其方便长途夜间出行与到达的旅行者。

24小时饭店

锦城印象火锅酒楼（见115页地图；☎6581 9992；武侯区倪家桥路9号）

老夏老火锅（见106页地图；☎6661 6886；金牛区西安南路63号金座大厦内）

缺一门火锅（见112页地图；☎6479 8701；青羊区东城根南街17号附3号）

24小时书店

轩客会·格调书店锐钯街分店（☎6249 9282；锦江区锐钯街75号）成都第一家24小时开放的书店，提供咖啡和简餐。

三联韬奋书店（☎8663 2020；窄巷子30号）每周五、周六24小时开放。

经从5元涨到了30元，但生意仍然很好。再花点钱，还能看茶博士表演长壶掺茶的技艺。创办于民国初年的**枕流茶园**历来也是文人雅士聚集之地，牌匾还是作家魏明伦所题，园内环境清幽，林木葱郁。

每年春秋两季的迎春花展和菊花展，也是人民公园的特色，其中菊花展已持续50多年。

地铁2号线人民公园站出来就是人民公园正门。市区4路、56路、64路、78路等多趟公交车途经公园。

四川科技馆　展览馆

（见106页地图；☎8660 9999；www.scstm.com；天府广场北侧；网上预约领券免费参观；⏲9:00~17:00，16:00停止领券入场，周一闭馆）重新改造之后的四川科技馆，扩建为16个展厅，一楼至三楼分别以“三问——问天、问水、问未来”“三寻——寻知、寻智、寻迹”“三生——生命、生存、生活”为主题。一楼的**航空航天厅**展出了天宫一号空间站、大型客机剖面等模型，小朋友还可以亲手操作“客机虚拟驾驶系统”，体验航空科技的魅力，或者走进地球造型的“飞向未来剧场”，在球幕电影中遨游太空。**都江堰水利工程厅**则用模型动态展示了都江堰的分水、泄洪、排沙等功能以及岁修历史。二楼的**机器人大世界**有不少互动项目，最受小朋友欢迎。三楼的展厅则通过各种动手动脑项目讲述了生命的奥秘。参观者还能在4D影院、机器人剧场、生命起源剧场等特色剧场中欣赏到各种科技主题的电影。

服务中心位于科技馆外广场东侧，凭身份证件在此领取预约门票方可入内。广场上有科技馆餐厅，提供米饭套餐、汉堡薯条等。

平安桥天主堂　教堂

（见112页地图；西华门街25号；⏲7:00~21:00）天主教最早传入成都，是在370多年前的明朝崇祯末年，平安桥天主堂即是天主教成都教区的主教府所在地。该教堂曾在清

一座城的几个曾用名

成都的历史至少可以追溯到战国时期，这座从建城起就未曾更名移址的城市，也未曾遭受过大的叛乱与战火的侵袭。自从蜀郡太守修都江堰引岷江水灌溉，为成都平原筑起一道屏障，成都就在这样的庇佑下，几千年来尽享天府之国的富庶与安宁。

成都这个名字，最早在战国时期就已出现。《华阳国志·蜀志》载：“（开明）九世有开明帝……开明王自梦郭移，乃徙治成都。”这里说的开明王，是当时古蜀国的王，都城原在郫县一带。有一天他梦到都城迁移，醒来征询大臣意见，最终决定迁都至现在的成都所在地。因为成都这个地方土地肥美，物产丰富，“一年成邑，二年成都，因之名曰成都”（《太平寰宇记》）。如此吉利的名字，当然要一直用下去。而且两千年来，成都的城址也没有发生迁移。据此算来，成都的城市史甚至要超过西安、洛阳这样的古都。

左图：北较场老城墙；上图：傍晚的成都。

在三千余年的城市史中，成都也有过各种“曾用名”，每一个名字都代表着一段历史。

秦城（龟化城） 成都有文献可考的建城时间是战国末期。公元前311年，秦惠王的大军翻越秦岭进入蜀地，灭掉了开明蜀国，秦将张仪在开明十二世都城的基础上修建了秦城。据说张仪修城时屡遭挫折，后来遇到一只大龟从眼前游过，消失在远方。他按照龟游的线路筑墙，最终建成了高大巍峨的秦城。所以，秦城又名龟化（画）城。左思《蜀都赋》中就把这座秦城描写为“既丽且崇，实号成都”。

少城 秦城筑起之后，成都平原又恢复了往日农业兴旺、商业发达的盛世景象。由于当时的秦城主要驻扎秦国军队，驻守成都的张仪又在秦城之西修筑了一座少城，专供平民与商贾居住。据史书记载，这座少城修得更加漂亮，有成百上千的商铺，“营广府舍……修整里阓，市张列肆”（《华阳国志·蜀志》）。当时成都商业之发达可见一斑，少城也成为成都的别名，现在成都还有少城路等地名。

锦官城 锦官城是最为人们熟知的成都“曾用名”。三国蜀汉时期，成都就以蜀锦出名。从蜀汉到唐宋，朝廷都在成都设置“锦官”，专门管理织锦业，当时的成都也有专门的织锦区。所以，成都又被称为锦官城。得益于唐朝诗人的描写，锦官城的繁盛景象深入人心。杜甫的“晓看红湿处，花重锦官城”可谓最出名的一句。

罗城 唐末，成都城外又修建了规模宏大的罗城。据说这一次筑城只花了3个月，每天都有十万余人投入修筑工程之中。罗城最大的功劳是奠定了成都市区的格局。纵横的街道将城市分割为几乎大小一致、方方正正几乎呈棋盘格状的街区，分别为居民居住并修建有围墙的“坊” ➡

和官方管理且主要进行大宗商品交易的“市”。这一格局一直被保存至明初。

皇城 成都皇城的出现是因为明朝的藩王制。明朝规定藩王是不许留居京城的，都必须要到地方城市中修建王府。所以，成都有一座“皇城”蜀王府。遗憾的是清朝的制度与明朝正好相反，王爷都要留居北京，所以，这座皇城府在清朝初年就被废弃了。但它仍是成都市区的中心。整个成都城街道都向东北倾斜，但皇城却为标准的坐北朝南，城内街道都是正方向的，因此，四周街道到了这里，都得拐个弯。

光绪年间的“成都教案”中被毁，后于1904年重建，如今是成都市区保存较为完好的天主教堂。

站在西华门街上，首先映入眼帘的就是洁白的圣母像与她身后拜占庭风格的**大教堂**（圣母无染原罪堂），对称与重复的欧式窗户与十字架营造出肃穆的氛围。从大教堂北侧的教堂公署门口进去，一脚踏入传统的中式月门，恍惚间以为置身于川西园林民居，精致的天井四周是高大木柱撑起的走廊，纵横组成了三进院落。据说这108根金丝楠木是从邛崃山区采运而来，价值不菲。不过在传统的中堂位置，却是一座**小教堂**（耶稣圣心堂），由砖垒砌而成，装饰着欧式的圆窗。走廊往左是砖石结构的大教堂，外墙上开有拜占庭风格的高窗，镶嵌着彩色绘画玻璃，但外部一圈宽大的回廊仍是典型的中式风格。

如此中西合璧的布局，出自骆书雅神父之手。作为教堂的设计者，他应当是综合了欧洲教堂和四川民居的特点，因地制宜地建起了这座教堂。事实证明，中国传统的木结构建筑，同样可以营造出令人心生敬畏的宗教空间。

在进门处的墙上，有一幅平安桥天主堂平面结构图，据说整体布局构成一个“悚”字，体现了以“心”为约束的宗教神学特点。你可以去教堂对面的成都市房管局房产交易中心，登上高处的走廊，俯瞰平安桥教堂全貌，证实一下这个说法。

地铁1号线骡马市站下，向西南方向步行约10分钟即到。市区16路、54路、57路公交车可到。

不要错过

搞行为艺术的大熊猫与唐代遗址

自从这只叫“I am here”的国宝大熊猫“攀”上了IFS的顶层，人们都热衷于站在楼下找好角度拍一张戳熊猫屁股的照片，或者登上IFS顶层露台与熊猫的萌脸合个影。虽然IFS是成都国际金融中心，但它有一颗文艺的心，每隔一段时间，IFS的中庭、楼顶平台与露天广场都会有各种主题的路演和文化展览。当你走过露天广场的时候，记得也低头看一看，脚下的玻璃地板下面，有隐约可见的裸露地层，中间夹杂着地基青石等遗迹。它们是唐宋时期成都江南馆街街坊遗址（见110页地图），已被列入国家级重点文物名录。成都市相关部门正在对这一遗址进行整体提升，也许不久的将来，我们就可以更加清晰地欣赏到这片城市遗址的全貌。

上翔堂 教堂

（见106页地图；锦江区上翔街20号；门票 免费；8:00~18:00）上翔堂原名圣约翰堂，始建于1909年，原是中华圣公会西川教区主教座堂，但抗战期间遭日机炸毁。如今看到的这座气势恢宏的灰色现代风格建筑于2011年重建，同时保留了旁边一幢二层小楼（原主教府）以及几株银杏树。主教府现为成都市基督教陈列馆（周二 9:30~12:00和14:00~17:00），展出关于成都基督教发展历史的相关资料。

上翔堂每周有青年聚会、读经聚会、查经聚会等活动，如需参加可提前电话咨询（8662 7560）。

乘坐52路、55路公交车在顺城大街南站下，即能看到教堂高耸的钟楼。

大慈寺

寺庙

（见110页地图；锦江区大慈寺路21号；⏲8:00~17:00）“震旦第一丛林”大慈寺原名大圣慈寺，据宋代普济《五灯会元》记载，修建年代应该在公元3~4世纪的汉晋年代。公元618~622年，唐玄奘从长安到成都，在大慈寺受具足戒，最终踏上了西天取经之路。唐天宝十五年（756年），唐玄宗避难蜀中，敕书“大圣慈寺”匾额并赐田一千亩给大慈寺。鼎盛时大慈寺据说有96个院子共8524间房，僧人达到2万，更有无数宗教艺术文物。遗憾的是大慈寺所有建筑皆毁于明时战火，直到清同治六年（1867年）才重修了山门殿、弥勒殿、观音殿、大雄宝殿及藏经楼等建筑，“古大圣慈寺”石匾则是当时的四川按察使黄云鹄所书。

今天的大慈寺香火旺盛，但人们来这里更多是赏花喝茶。寺内遍植花木，春天绣球和紫藤相继盛开，夏天有荷花展，到了秋天，一树树银杏金黄，衬着红墙碧瓦，引来无数人拍照。寺内有禅茶堂，是一个小小的四合院，天井里种着桂树，树下露天茶座位置最佳，坐在这里喝茶，一抬头就可以看到旁边高耸的IFS大楼。随着太古里的兴起，大慈寺被喧嚣包围，却仍是闹市中的一方清静之地。等夜色降临，从寺院南门出去，一步就踏进了远洋太古里的流光溢彩之中。

地铁2号线春熙路站出来，穿过远洋太古里，可到大慈寺南门。4路公交车的公交站就在大慈寺正门。

远洋太古里

街区

（见106页地图；锦江区大慈寺路与南糠市街）与大慈寺为邻的远洋太古里，已经取代春熙路成为成都新的时尚地标。在琳琅满目的世界奢侈品店之间，分布着6座明清民居建筑，广东会馆化身时尚展览馆，笔帖式署与GUGGI并肩而立，欣庐、马家巷禅院、高宅、章华里7、8号院静静伫立，全球最大的无印良品旗舰店、Hermès亚太旗舰店、LV专卖店熙熙攘攘。在太古里购物是一种全新的体验，无数长廊与步梯将建筑物串连起来，上上下下，就算迷路也无所谓，哪个方向都会

★值得一游

寻访城市老建筑

推荐人：袁辰恺，成都城市微旅行发起人

用半天时间，寻找一座城市的记忆，这是近年在成都兴起的城市微旅行。发起人之一袁辰恺为读者设计了以下微旅行线路。

去人民公园喝茶是很多旅行者热衷的事情，你可知道这一片其实还隐藏着不少民国老建筑？人民公园西侧的**李家钰兄弟公馆**（见112页地图；方池街22号）就曾是川军将领李家钰的家，一幢青砖洋楼有着朱红大门框、拱形红窗和半圆形的露台、半六边形转角楼，经修缮后如今是四川省总工会的办公地（非请勿入），可以站在街上看看建筑外立面。人民公园东北侧的祠堂街是清代满城的喇嘛胡同，**《新华日报》旧址**（见112页地图；祠堂街38号）是新中国成立前中国共产党地下活动的重要据点，周恩来、邓颖超、董必武等风云人物都曾下榻此处，三层小楼从正面看是镶有褐色门框的白色建筑，但当你穿过拱廊看小楼的另一面又变成了清水砖建筑。

在繁华的春熙路北段和正科甲巷之间有一个**锦华馆**（见110页地图），是古时蜀绣刺线交易市场，长仅100米的巷子里还有一座中西合璧的基督教青年会，抗战时曾作为美国大使馆办公用房，1925年更名为青年会西式会所，成都最早的室内电影院也诞生在这里。再往北走到红星路，位于四圣祠北街17号的**基督教恩光堂**（见110页地图）是成都民国建筑中保存最完整的一个。它由西方传教士始建于1894年，在“成都教案”和义和团运动中两度被毁，后于1920年重建。建筑以青砖砌筑，内部木架作拱券。周六、周日有礼拜时非常热闹。

有吸引你目光的漂亮橱窗。

美食也是远洋太古里的主题之一。西餐、日式料理、东南亚餐厅，世界各国的美食在这里都能找到，当然，更少不了成都人引以为傲的火锅与川菜。一进太古里，面对如此众多的美食，再爽快的人估计也得犯会儿选择障碍症。

别光顾着吃，太古里的文化地标了解一下？全国第二家方所书店就开在太古里负一层，从店面设计到书籍的陈列，秉持方所一贯的生活美学理念，成都不少与文化、读书相关的活动都会在这里举行。逛街时也不要错过藏在街区里的21件雕塑，它们由海内外多位艺术家为太古里“量身定制”，以人、自然、文化为主题，往往会出其不意地出现在你的眼前。

地铁2、3号线春熙路站可直接进入太古里负一层。

华西坝近代建筑群　　历史建筑

（见106页地图；人民南路三段17号）隐藏于四川大学华西坝校区内的这组近代建筑群，前身是华西协合大学的办公楼。1910年，美国、英国、加拿大等国的基督教会联合在成都创办了华西协合大学，英国建筑师弗烈特·荣杜易主持修建了一系列中西合璧的校舍，它们顶着中式木结构大屋顶和斗拱飞檐，却又装饰着西方的烟囱、雉堞和圆窗等。2013年5月，华西坝校园中的八栋建筑被列入全国第七批重点文物保护单位名录。

从人民南路东侧古朴的砖砌大门进入，右手边是建于1921年的赫斐楼（现为第四教学楼），最显眼的是楼顶三重檐四角攒尖顶的方形塔楼，其第一层屋檐由12只石刻凤凰支撑。继续往里走，建于1919年的行政楼有更加夸张的五重檐四角攒尖顶方形塔楼。校园南面，建于1926年的攒尖顶钟楼矗立于半圆形荷花池前，历史上一度为成都最高建筑。钟楼两侧共有六幢教学楼，屋檐和脊上装饰着东方的麒麟、神龙以及西方的鸽子和神兽。每年毕业季，钟楼与荷花池都是毕业生最喜欢的取景地。

20世纪30年代抗日战争爆发之后，金陵

“蓉漂”诗人与成都

成都这座城市，自古至今，在诗人心目中是圣地一般的存在。“自古诗人皆入蜀”这句大白话，最早的出处可能无法考证，却道出了诗人们的心声。谈及到过四川的古代诗人，可以列出长长的一串清单来，初唐四杰中的王勃、卢照邻，盛唐诗人杜甫、岑参，中晚唐诗人白居易、元稹，宋代诗人黄庭坚、欧阳修、陆游……他们发自内心地吟颂成都的风土人物，不少句子至今仍是成都城市形象的官宣指定用语——“当年走马锦城西”“锦江春色来天地”“九天开出一成都”“岂信人间有蜀州”。不过，在成都旅居时日较久、用今天的话来说可以称为“蓉漂”的诗人，也许只有杜甫、薛涛和陆游了。

公元759年，杜甫为避安史之乱，弃官携家自陕入蜀，一到成都就被这里的风土人情所打动，写下了“喧然名都会，吹箫间笙簧。信美无与适，侧身望川梁”这样的诗句，他在亲友的赞助下，在城西浣花溪畔搭起了几间茅屋，暂

左图：杜甫草堂赏花观鸟；上图：崇州罨画池公园。左图：@视觉中国；上图：@视觉中国。

时安顿下来。这段“蓉漂”生活应当是轻松而惬意的，杜甫诗兴大发，这一时期写的诗竟占到了他作品总数的三分之一，其中描写成都的诗词就有200多首。

他写成都的自然风貌，“锦江春色来天地，玉垒浮云变古今”；他写季节的交替，“好雨知时节，当春乃发生……晓看红湿处，花重锦官城”；他偶与朋友诗乐唱和，“锦城丝管日纷纷，半入江风半入云。此曲只应天上有，人间能得几回闻”；他探访著名的古迹武侯祠，“丞相祠堂何处寻，锦官城外柏森森”；天气晴好时他推窗远眺，“窗含西岭千秋雪，门泊东吴万里船”……

数十年后，一位女诗人也在浣花溪畔住了下来。她叫薛涛，原是陕西长安人，少时因家庭变故入乐籍，做了官妓。才貌双全的薛涛在后世的名气不如同在成都居住过的杜甫，但在当时，她的境遇要比杜甫风光，是四川官员们的座上宾，出入幕府议事，与诗人白居易、张籍、王建、刘禹锡、杜牧等都有诗酬交往，还与诗人元稹谈过一场凄婉的“姐弟恋”。“水国蒹葭夜有霜，月寒山色共苍苍”“芙蓉新落蜀山秋，锦字开缄到是愁”“万里桥头独越吟，知凭文字写愁心”……她诗中写到的芙蓉花、万里桥等，都是当时成都的景观之一。

唐诗的盛世过去之后，接下来到了南宋孝宗乾道八年（1172年）十一月，剑门关前，古驿道上，一头毛驴驮着陆游入了蜀地，前往成都府赴任的他也不由得问一句“此身合是诗人未？细雨骑驴入剑门”。陆游是当得起诗人这一称号的，生性豪放的他在成都府治下的崇州住了整整8年，游山玩水，寻访名胜，挥笔写下“当年走马锦城西，曾为梅花醉似泥”“摩诃古池苑，一过一销魂”等脍炙人口的诗句。这短短的8年也是陆游一生中最难忘的洒脱时光，在他离开成都之后，还反复想起这里的情景，写出了《怀成都十韵》，“锦城一觉繁华梦”“江湖四十余年梦，岂信人间有蜀州”。而成都人也没有忘记这位诗人，为纪念陆游而建的崇州陆游祠据说是国内唯一一处纪念陆游的文祠。

武侯祠内的君臣地位

武侯祠还有个名字：汉昭烈庙，并且，这个名字的历史远远久于武侯祠。昭烈是刘备的谥号，由此可见，这里最早的主人是刘备，那丞相又是何时登堂入室，并喧宾夺主抢了主公的风头？

公元223年6月，刘备病逝于白帝城，8月，葬于成都南郊，也就是今天武侯祠内的惠陵，并建有“汉昭烈庙”，始称“先帝庙”或“惠陵祠”，近1800年来，刘备的殿和陵便一直在此，未曾挪位。而武侯祠是在诸葛亮去世70年后才建的，起初建在“少城”一带，南北朝时期迁至惠陵东南，虽与先帝庙挨得很近，但彼此依然井水不犯河水。明朝初洪武年间，蜀王朱椿见武侯祠的香火旺于先帝庙，有违君尊臣卑的传统，便下了“动迁”之令，从此诸葛亮“住”进了先帝家。

明末，汉昭烈庙毁于兵燹，仅惠陵无损，清朝康熙年间，正式建一祠两殿的君臣合祀祠庙，刘备殿在前，诸葛亮殿在后，形成今日的格局。从此，“武侯祠”和“汉昭烈庙”代表的便是同一处，但诸葛亮火爆的人气令其“后来居上”，渐渐地，“武侯祠”三个字的光芒盖过了“汉昭烈庙”。丞相本无意砸主公的场，无奈人心所向，主公在自己的地盘成了配角，就如三国故事中，诸葛亮出场虽晚，却最富魅力。

大学、金陵女子文理学院、齐鲁大学、燕京大学4所洋人所建的教会学校陆续西迁，与华西协合大学共处华西坝。中国的学术精英齐聚于此传道授业，包括顾颉刚、钱穆、陈寅恪、叶圣陶、冯友兰、蒙文通等，学生中也不乏名门之后，如袁世凯的孙女、黄炎培的子女、张澜的女儿等。华西坝发起成立的“东西方文化学社”吸引了罗素、爱因斯坦、泰戈尔等世界级大师加入其中。时光流逝，华西坝的这一段流金岁月也烟消云散，只留下这些建筑物，铭记着那段往事。

地铁1号线到华西坝站下，出来就是四川大学华西坝校区的东大门。

武侯祠 宗祠

（见106页地图；☎8553 5951；www.wuhouci.net.cn；武侯祠大街231号；门票 50元，人工讲解 100元/次起，语音导览关注微信公众号：成都武侯祠；⊙5月1日至10月31日 8:00~20:00，11月1日至次年4月30日 8:00~18:30）位于成都市区西南的武侯祠，虽为中国唯一的君臣合祀祠庙，但诸葛亮才是当仁不让的主角，他所辅佐的汉昭烈皇帝刘备反而成了陪衬。曾经的“锦官城外柏森森”，如今已被繁华闹市包围，但只要踏入武侯祠，心自然就会静下来，沉入一段波澜壮阔的三国往事之中。

武侯祠主要由惠陵、汉昭烈庙和武侯祠三部分组成，进门首先要看右侧的碑亭，亭内有一通唐碑，全称为“蜀丞相诸葛武侯祠堂碑”。该碑由唐代名相裴度撰写碑文，著名书法家柳公绰书写，石刻大家鲁建镌刻，故称**三绝碑**，距今已有1100多年，非常珍贵。

刘备殿、诸葛亮殿、三义庙排列在一条中轴线上，现存主体建筑为清康熙年间修复。**刘备殿**即汉昭烈庙，殿前梁柱上雕有贴金龙凤，殿内供奉着刘备和其孙刘谌的塑像，而他的好兄弟关羽和张飞则在东西偏殿“陪伴”刘备。东西两廊，有28位蜀国文臣武将塑像，应为清代所塑。如果你熟读三国，不妨一一对照雕像前的碑刻，看看是否与你记忆中的三国人物相符。

穿过刘备殿，便来到了光环盖过其主的**诸葛亮殿**，还记得《甄嬛传》中的果亲王允礼吗？殿前那块“名垂宇宙”的匾额便是他亲手所书。左右两侧的“攻心联”更为出名，也出自清朝名家之手。殿内，一代名相诸葛孔明端坐正中，羽扇纶巾，风度翩翩。大殿后壁嵌有石刻，东壁是当代书法家沈尹默书写的《隆中对》，西壁则是宋代民族英雄岳飞所书的《出师表》，其中就有“鞠躬尽瘁，死而后已”的名句。

纪念桃园结义的**三义庙**原先在提督街，1997年因城市改建迁入武侯祠，也算补齐了三国演义中的重要一节。

向西拐进小路，沿着夹墙可至**惠陵**，据称当年由诸葛亮亲选宝地，葬刘备与两位夫人于此，距今已有1800余年。墓前有清乾隆年间所立“汉昭烈皇帝之陵”石碑，其中“陵”字已风化不可辨。这里的夹道与杜甫草堂的红墙一样出名，红墙翠竹，光影斑驳，游人都喜欢在此拍照留影。西侧园林区有座**刘湘墓**，墓主刘湘是民国时期叱咤风云的大邑刘氏家族中的一员，在抗日战争中曾率领川军浴血奋战。20世纪中期，刘湘墓被改为北方园林风格的南郊公园，墓地被毁，如今的墓冢是近年重新修建而成的。

武侯祠最热闹的时候就是春节，一年一度的**大庙会**号称成都年味最浓的地方，届时会有三国灯会等各种民俗活动和民间小吃亮相。大年初一的游喜神方更是人头攒动，人们排起长队，去摸一摸那块刻有“喜神方”的大石头，以祈求来年健康喜乐。

锦里　　街区

（见109页地图；www.cdjinli.com）从武侯祠出来的人，都去了一墙之隔的锦里吧？这里的人潮似乎永远没有停息的时候。虽说锦里（意指锦工聚集之地）之名早在汉代就有，如今的锦里古街也像模像样地设有牌坊、汉肆和万里桥，建筑以清末民初四川民居风格为基础，但谁又真正是为了访古而去的呢，吃和买才是逛锦里的终极目标。

汉肆长不过百余米，两旁全是店铺，涂着黑脸的“张飞”叫卖着阆中张飞牛肉，茶楼前有川剧扮相的演员在招揽客人，美女在窗口表演着佛系泡茶，虽然有些纪念品一看就是义乌批发市场出品，但也能淘到不少正宗的四川手工艺产品。

与之并列的小吃街上，一个挨一个的档口全是特色小吃。既有传统的牛肉焦饼、黄醪糟、钵钵鸡，也有时下流行的烤鱿鱼、炸冰激凌等。不过，请适当控制自己的胃口，这些小吃只是前菜，等你走完小吃街，才发现老成都川菜馆、大妙火锅店正在前面等着你。

武侯祠横街“小拉萨”

初次来到武侯祠横街的人，可能会以为自己正身处拉萨街头。人们把这一带称为“小拉萨”，武侯祠横街就是“成都的八廓街”。

成都作为进藏门户，早在唐宋茶马古道商贸时期就是内地与藏区交流的重要枢纽。明清时期，西藏地区前往北京朝贡的马队，都会在成都停留休整。明嘉靖年间蜀王在城南修建了两座红色牌坊（即如今的红牌楼），以迎接前来送贡礼、做生意的藏族人。1954年通车的川藏公路就从红牌楼这里出城。高升桥路口算是川藏线的起点，高升桥以北的武侯祠横街、洗面桥横街一带，先后有西藏自治区人民政府驻成都办事处等机构入驻，西南民族大学距离此处也不远。渐渐地，这一区域就成为藏族人聚居的地方。

在成都的藏族人，除了企事业单位人员和学生，最主要的就是经商者。在长不过700多米的武侯祠横街上，就有100多家商铺，其中基本都是藏式风格的唐卡店、佛像店、藏毯店、藏药店、饰品店、藏餐馆和客栈宾馆，这条著名的“藏族街”已经成为成都一景。如果你从拉萨归来，说不定会发现这些小店中售卖的藏饰，比八廓街上的漂亮便宜。

夜幕之中的锦里，在一串串大红灯笼的渲染下，仿佛有了一点古时锦官城的繁华。新扩建的英雄三国城广场满是各种烧烤大排档，万里桥头的铜马车酒吧里，川剧折子戏与吉他民谣轮番上演。体验成都夜生活，不可错过锦里的夜。

永陵　　陵墓

（见106页地图；☎8778 9003；永陵路10号；门票 20元；⊙文物保护区和综合馆8:30~18:00，园林保护区 6:30~22:00）永陵的重见天日颇具传奇色彩，多年来它一直

晚唐宫廷宴乐图

区区一座前蜀王陵墓，为何在1961年就被列入第一批全国重点文物保护单位名录？永陵的价值在于它是中国第一座用科学方法发掘的帝王陵，同时为世人保留下一幅完整的晚唐宫廷乐图——二十四伎乐图。

王建（847~918年）本是唐朝将领，曾任利州（今广元市）刺史。公元907年，唐朝灭亡，王建据守成都称帝，国号大蜀，一代枭雄由此在成都留下一段往事。王建墓的发掘也颇具故事性，当年因为挖掘防空洞重见天日之后，有关部门迅速找来了时任四川大学历史系教授的考古学者冯汉骥主持发掘，英国汉学家苏立文也加入考古队伍，担任现场绘图工作，因此今天我们才得以见到科学而精准的墓室结构图。发掘过程中发现陵墓已遭盗挖，大量陪葬品被盗，墓主尸骸也惨遭损毁，但幸运的是哀册、谥册、谥宝等仍在，最终确定陵墓主人就是前蜀皇帝王建。

最令考古人员惊叹的是棺床上的二十四伎乐雕刻，绘刻了晚唐五代宫廷宴乐场景，其中舞者2人，乐者22人，据说他们手中的乐器有20种之多，不少都来自西域，今天已经失传。这组浮雕精美且完整，不但向观者展示了晚唐宫廷宴乐的场景，也从侧面证实了巴蜀音乐史的丰富多彩。

被视为司马相如与卓文君以琴相会的“抚琴台”，直到1942年，人们为预防日军轰炸在土台下开挖防空洞，才发现十四道石券下拱卫着的是五代前蜀的开国皇帝王建。永陵是国内迄今发现的唯一一座主体建筑建于地上的皇陵，不过气势恢宏的地面建筑早已被毁，**地宫**也曾被盗墓者光顾，仅留下一座石质棺床。这座精美的棺床是整个陵寝的精华所在，也是历代帝王陵中最精美的棺床。棺床为须弥座式，十二尊**抬棺力士**守护于棺床两侧，他们手扶棺床，身披铠甲，表情凝重，造型无一雷同。棺床三面有浮雕**二十四伎乐**，绘刻了晚唐五代宫廷宴乐场景。棺后的**王建坐像**是真品，坐北朝南，身着帝袍，腰系玉带，十分儒雅传神。在目前已发掘的诸多皇陵中，陵墓中设有帝王真容石像的独此一墓。

地宫外是根据唐代帝陵规制复建的永陵**神道**，安放有4位文臣武将与两对鞍马、獬豸，其中有一尊文臣石像是1971年在永陵附近发现的，你不妨看看哪一尊才是永陵的“原装正品”。

永陵旁有新建的**永陵博物馆**（综合馆 免费；⏲8:30~18:00），馆内的“前后蜀历史文化陈列”专题展示了五代十国及前后蜀的历史，还原了那个时代的成都社会生活。不过有部分文物是复制品，要欣赏永陵出土的玉大带、哀册、谥册、谥宝等珍贵文物，还请移步四川博物院。

市区48路、54路公交车经过永陵。从地铁4号线宽巷子站步行前往约需10分钟。

青羊宫 道观

（见106页地图；一环路西二段9号；门票 10元；⏲8:00~18:00）青羊宫被誉为“川西第一道观”。相传老子骑青牛出函谷关时，曾对关令尹喜说：“子行道千日后，于成都青羊肆寻吾。”青羊肆便是青羊宫的所在地。因此，每年农历二月十五（老子生日），观中都会举行盛大的庙会庆典。

青羊宫始建于西周，唐僖宗避难于蜀中，曾将此作为行宫，于是由官方出资进行了一番大修。可惜该宫于明末毁于战火，如今所见都是清朝康熙年间重修，但规模仍保持了当年的盛况。在周围一群高大的现代建筑衬托下，青羊宫的山门看上去比较朴素，进去之后沿中轴线依次是混元殿、八卦亭、三清殿。**八卦亭**是一座重檐八角亭，8根柱子雕有金色盘龙，基座上刻有八卦之象，亭中供奉的即是老子（太上老君）骑青牛出函谷关的法象。主殿**三清殿**供奉道教三圣像：元始天尊、灵宝天尊、道德天尊。但殿前一对清代雍正年间的铜羊更为出名，其中一只独角铜羊将十二生肖特征汇聚一身，形成了鼠耳、牛鼻、虎爪、兔嘴、龙角、蛇尾、马脸、羊须、猴颈、鸡眼、狗腹、猪臀共体的奇特长相，而它的头、角、胡须、蹄等部位早已被摸得锃亮。本地人相信这只怪羊是太上老君的爱物，能治百病，若身上有病痛，只要摸摸羊的相应部位就可以“手到病除”。

全木结构的**斗姥殿**是观内仅存的明代建筑，在它两侧有两座高台，分别是讲法台和降生台。再往后，是三官殿和唐王殿，供奉着道家的各路神仙。唐王殿东侧，有茶园和素食斋供信众小憩。

青羊宫东侧原为观内花园，因为传说有吕洞宾、韩湘子在此显示仙迹，于是在清康熙年间加修了一座**二仙庵**，由北向南分别是元辰殿、二仙殿和吕祖殿。值得一看的有二仙殿门楣上挂着的康熙手书匾额，以及吕祖殿中吴道子绘本吕祖石刻像。

青羊宫内遍植银杏，一到金秋，树树金黄，映衬着宫殿的碧瓦红墙，分外耀眼。

一环线上的公交车都会在青羊宫站停靠。

浣花溪公园 公园

（见106页地图；门票 免费；⏲6:00~22:00）关于浣花溪，最有名的诗句当属陆游写下的“二十里中香不断，青羊宫到浣花溪”，今天的浣花溪公园已经成为成都市区最大的湿地公园。

诗是这个公园的主题，漫步林间小道，不时会有一首古诗应景地替你抒情，更绝的是这里还有一条200多米长的“诗歌大道”，诸多经典诗词名句在你脚下铺展开来，道路两旁竖立着25位神态各异的诗人塑像。在诗歌广场上，还有一道“游人诗墙”，你甚至可以将自己的即兴诗作留在这面墙上。

公园中种植着桂花、海棠、银杏、芙蓉、红梅等花树，一年四季都有鲜花盛开。良好的湿地生态环境也引来了不少鸟儿驻足，“两个黄鹂鸣翠柳，一行白鹭上青天”绝不只是诗中的描述，在沧浪湖和万树山经常可以看到宝兴歌鸫、长尾地鸫、赤麻鸭等候鸟，白鹭、夜鹭、红头山雀等留鸟也是这里的长住“居民”。浣花溪公园这些年已经成为成都著名的观鸟地，天气晴好时总能看到手持超长焦镜头的摄影者在这里拍鸟。

> ☑ **不要错过**
>
> **满城尽披黄金甲**
>
> 成都的秋天，最绚丽的那段时光是属于银杏的。有了这一抹金黄做背景，吃饭喝茶晒太阳都有了更值得炫耀的理由。
>
> 去哪儿看银杏？最美的银杏观赏地在大学，1600多棵银杏令电子科大的校园变得文艺，同样美丽的是四川大学望江校区，每当银杏纷飞，便有一对对新婚夫妇携手来校园拍婚纱照。位于科华北路附近棕北小区的锦绣巷平时其貌不扬，但一到银杏季就华丽转身，完全印证了“锦绣”二字的真正含义。锦江边从锦里东路到锦里西路的这一段，60多株银杏齐刷刷地陪你坐公交，最是壮观。与宽窄巷子隔着几条街的奎星楼街上，咖啡馆前的银杏大气又文艺；文殊院、青羊宫和大慈寺里的银杏因有红墙做背景，禅意浓，韵味足。
>
> 秋天喝茶，一定得在金色的银杏树下。成都画院和杜甫草堂的银杏又大又美，树下喝茶，特别有文艺气质。市井味道的白果苑则藏身于繁华的后子门一带，院子里有几十株错落有致的银杏树，几乎每一个茶座，都可以霸占一树的金黄。

四川博物院 博物馆

（见106页地图；www.scmuseum.cn；浣花南路251号；门票 免费，讲解 30元/厅，语音导览 20元；⏲周二至周日 夏季 9:00~21:00，冬季 9:00~20:00）这两年，四川博物院的风头也许不如成都博物馆劲，不过其丰富的馆藏文物以及众多专题展厅，仍然是你了解巴蜀历史的首选。

博物院共10个展厅，进门就是二楼，建议先直奔**张大千书画馆**，这里展出的张大千作品数量堪称国内之最，其中有大师于1941~1943年在敦煌临摹的200多幅壁画中的精品，其他还有部分早期写意作品和其受敦煌壁画影响后风格改变的仕女图以及印章等。同层还有**巴蜀青铜器馆**，陈列有先秦巴蜀地区的青铜器，以冷兵器和礼器为主，其中，西周时的盛酒器**象首耳兽面纹铜罍**非常珍贵。**陶瓷馆**中的陈列品从新石器时期的大溪彩陶到清代作品应有尽有，自唐代开始造型便趋于复杂多变。

一楼的**汉代陶石艺术馆**主要展出汉代墓葬、画像砖、陶俑等文物，其中有一组**汉代说唱俑**，人物造型千姿百态，表情出神入化，还原了当时歌舞升平的宫廷生活，不过这里陈列的只是复制品，说唱俑的真品收藏于中国国家博物馆。

三楼的**万佛寺石刻馆**也值得细细欣赏，出土于万佛寺的南北朝造像和唐代造像雕刻细腻而精美，代表了中国南方最为出色的佛像艺术水平。**藏传佛教文物馆**收藏着许多藏地佛教文物，**四川民族文物馆**陈列有介绍四川省内藏、羌、彝、苗四个民族生活的各类工艺品。

博物院每天有两次免费讲解（⏲10:00、14:30），讲解时间为1小时。

市区19路、35路、58路、82路、151路公交车在送仙桥站下，就能看到博物院大门。

成都蜀锦织绣博物馆　　博物馆

（见106页地图；草堂东路2号；门票 免费，讲解免费需预约；⏲9:00~18:00，周末和节假日 9:30~17:30）四川是中国丝绸的发祥地之一，成都更是以蜀锦织绣出名，早在秦汉时代，这里便设有“锦官”管理蜀锦织造业，所以成都才有了“锦官城”的美名。博物馆不大，但是宝贝不少。在**丝绸之路地图**前，你可以完整地观看蜀锦是怎样沿着北方丝绸之路、南方丝绸之路到达东亚、南亚和欧洲的，这些蜀锦就是用手工染色丝线在提花织机上织出来的。厅中展示有不同时代的**提花织机**，其中一台出土于汉代的提花织机模型已有两千多年历史。清代蜀锦花楼木织机已经使用了两百多年，至今仍能“上岗”，你可以在现场欣赏到织工用它织造唐代方块园花锦的过程。历史展厅中陈列着**历代蜀锦经典纹样**，

未曾停歇的创意之城

自古以来，成都一直是一座创意满满的城市，成都人的聪明，可不仅仅用在吃喝玩乐上。金沙遗址出土的太阳神鸟金箔，就是出自古蜀先民之手的一个绝美的文化符号，寄托着古人追求光明的美好意愿。今天，这个符号已经成为中国文化遗产的象征。

四川古称“蚕丛”，是中国蚕丝业的发祥地之一。汉朝时成都便有织锦工场，织就的蜀锦图案丰富，花卉、瑞兽和云电纹都能织入锦中，其中的文字纹锦尤其独特，出土于新疆的国宝级文物“五星出东方利中国”锦护臂就是由这种文字纹蜀锦制成，有着鲜明的“成都造”印迹。

唐代成都是全国的造纸及印刷中心之一，元代费著所撰写的《笺纸谱》中就记述了成都生产的楮纸，“凡公私簿书、契券、图籍文牒，皆取给于是”。成都刊刻雕印技术一直领先于中国。世界现存最早的印本历书，是唐

左图：7322工厂文创园；上图：熊猫邮局。左图：何苗苗 摄。

僖宗乾符四年（877年）雕印及中和二年（882年）由成都雕印的，上面还保留有“剑南西川成都府樊赏家历”等字样。薛涛笺几乎算是最早的成都个人品牌文创产品，中唐时期，蜀妓薛涛在百花潭制十色小笺，以供吟咏，时谓之薛涛笺，亦名蜀笺。她设计的笺纸以10张为一叠，并加入芙蓉花末，染出了深红、粉红、杏红、明黄、浅青、铜绿等色彩，雅致无比，深受众人追捧。

商业发达的宋代，成都已经是西南地区蜀锦、绢帛、茶叶、纸张、书籍贸易的最大集散地，有“扬一益二”的美誉。雕版印刷和造纸术的成熟，以及金融流通的需要，最终催生了最为伟大的创意产品——交子。这种用雕版印刷出来、纸面上写有不等面额的纸张，是世界上第一种用于流通的纸币，同时也是世界上第一种具有防伪功能的纸币。交子是成都奉献给世界的礼物，如今，成都的文创机构已经设计出众多以“交子”为元素的纪念品，成为旅行者首选的“成都礼物”。

2018年夏天，随着“首届中国大熊猫国际文化周”的举行，成都创意再一次惊艳世界。大熊猫从来都是极好的文化创意载体，这种濒危动物一直是成都的象征之一，但将其作为文化创意的符号，应该还是在2008年汶川地震之后。第一家熊猫屋开在了成都城市会客厅宽窄巷子，拟人化的大熊猫公仔形象和各种熊猫周边文创产品从此风靡世界；一群艺术家则以卧龙大熊猫保护基地里一只劫后余生的站立大熊猫为原型创造出“Heart Panda”艺术熊猫形象，并与公益机构、艺术家、时尚品牌合作，为其手绘各种可爱而时尚的“外衣”，并将它带到了世界各地。2014年，又一只由艺术家设计的大熊猫“攀”上了IFS的顶层，成为成都的城市形象“代言人”。

如今，在这座城市里，分布着不少文化创意园区，它们的出现，共同构成了成都这座“文创之城”。

不少纹样的实物现在仅收藏于日本、英国、美国等地博物馆，好在近年来蜀锦织造博物院采取传统工艺，已经成功复制出完整的古代纹样蜀锦，如黄地对鹿纹锦、狮凤圆纹锦、四天王狩猎锦等。注意欣赏其中的文字纹，出土于新疆的国宝级文物“五星出东方利中国”就是由这种文字纹蜀锦制成。

成都蜀锦织绣博物馆位于四川博物院东南侧，沿浣花南路往南走，到草堂东路向东走约200米即到。

望江楼公园 公园

（见114页地图；www.wangjianglou.com；锦江区望江路30号；门票 文物保护区20元，园林区 免费；⏲8:00~18:00）因为望江楼建筑群被列入国家重点文物保护名录的缘故，望江楼公园被一分为二，园林休闲区可免费入内，想要凭吊唐朝女诗人薛涛或者登楼望江流者，就得花20元买张门票进去。

踏入文物保护区，满目皆是翠绿竹影，竹径深处，有**薛涛墓**与薛涛像。因为薛涛爱竹“晚岁君能赏，苍苍劲节奇”，自唐至今皆在园内种植佳竹，到现在已经有200余种竹子品种。这里同时也是国际竹品种（成都）登录园，竹陈列馆中介绍了世界各地的竹子和竹编工艺品。在**薛涛纪念馆**里，能看到更多薛涛的诗作以及她与同时代诗人的唱和。**薛涛井**建于康熙年间，传说薛涛曾在此地汲取井水，手制“薛涛笺”，此井自然非彼井，当年之附会，亦成今日之古迹。濯锦楼、浣笺亭、吟诗楼等建筑都寄托着后人对薛涛的怀念之情。

园中最著名的建筑当属望江楼，该楼又名**崇丽阁**，建于清光绪年间，阁名出自晋代左思《蜀都赋》中的“既丽且崇，实号成都”。楼高39米，雕梁画栋，檐角飞翘，历代文人到此莫不“望江楼上望江流”，锦江春色尽在眼中。楼旁还立有“四川最美拍摄点”标志，如今望江楼夕照已是摄影党必拍一景。

文物保护区有免费讲解（10:00和15:00），你可以在薛涛纪念馆门口找到讲解人员。

步行游览
从杜甫草堂到琴台路

起点：杜甫草堂
终点：琴台路
距离：4公里
需时：约6小时（包含游览时间）

当年诗人陆游走马锦城西，写下“二十里中香不断，青羊宫到浣花溪”的著名诗句，今天，你可以用步行的方式看遍城西几大著名人文景点，同享浣花溪畔的花香不断。

早上先去❶**杜甫草堂**（见64页），从青华路上的北门进，参观完从南门出，直走便是❷**浣花溪公园**（见77页）里著名的诗

歌大道。看过湖边水鸟，穿越这个成都最美丽的免费公园，东北一侧是❸**四川博物院**（见77页），张大千的敦煌壁画临摹作品值得一看。街对面的❹**陈麻婆豆腐**（见95页）是成都老派川菜馆，招牌菜当然就是麻婆豆腐。饭后消食不妨去逛逛❺**送仙桥古玩市场**，说不定能淘到喜欢的小玩意儿。沿博物院旁的浣花南路向南走到草堂东路后向东继续前行，去❻**成都蜀锦织绣博物馆**（见78页）欣赏中国四大名锦之一的蜀锦。参观结束后去，走过古意盎然的❼**望仙桥**，沿青羊横街走到头，过马路就看到了“川西第一道观”❽**青羊宫**（见76页）朴素的山门。旁边的❾**文化公园**内有十二桥烈士墓，是为纪念1949年12月7日被国民党特务秘密杀害的36位烈士而建。穿过公园，从东门出去就是琴台路，梨园❿**蜀风雅韵**（见103页）每晚准时上演川剧。琴台路南端就是司马相如抚琴、文君起舞的《凤求凰》雕像。

左图：蜀锦织绣博物馆。

穿过枇杷门巷，就步入园林休闲区。访古怀旧之后，最适合来此像当地人一样坐下喝杯茶。

35路公交车途经公园。

水井坊博物馆 博物馆

（见106页地图；www.sjfmuseum.com；水井街19号；门票 50元，6月30日至9月5日40元；⏲9:00~20:00）1999年，位于水井坊街的全兴酒厂在改建工程中意外挖出三座"晾堂"，分别属于近现代、清代和明代，同时出土的还有酒窖、灶坑和数百件陶瓷酒具等遗物，这一发现还原了成都600年的酿酒历史。现在，这片遗址上已经被原址保护起来并建起水井坊博物馆。

步入博物馆，首先看到的是**历史展厅**，主要介绍了成都和巴蜀地区的酿酒史，以及从宋代锦江春到明清时期全兴成的水井坊历史。需要购票进入的**遗址区**则由讲解员陪同讲解参观，一进去就能闻到浓郁的酒香，因为这座迄今为止国内发现的最古老、保存最完整的白酒老烧坊，至今仍在生产白酒。酿酒区内一座座黄泥小土包下埋藏着发酵用的粮食，酒厂工人就在你眼皮底下忙活着，可以看到600年前、200年前的酒窖遗迹和如今正在使用的酒窖同处一个屋檐下。蒸馏区内有挖掘出的蒸馏设备和现代模拟设备。展柜中陈列着从遗址上发掘出来的青花酒具瓷片，证明这片遗址是典型的前店后厂格局。储存区仅为展示之用，因这里的温度、湿度不符合存储要求，加上木结构的房子存在消防隐患，所有经蒸馏后的酒都会运到总厂去储存。参观结束之后有现场品酒环节，不妨尝一尝这令李商隐也感叹"美酒成都堪送老"的酒到底有何魅力。

整个参观过程约需1小时。最好上午前往，15:00后酿酒工人就下班了。因为夏季炎热不宜酿酒，6月30日至9月5日遗址区工人放假，看不到现场操作过程。

U37创意仓库 创意园区

（见106页地图；锦江区水碾河南三街37

成都手工艺的"四大名旦"

非物质文化遗产，一种无形同时无价的资产，千百年来，口传心授，代代相传。在成都的国家级非物质文化遗产中，蜀绣、竹编、漆器和银花丝并称"四大名旦"。它们都有着悠久的历史，代表了成都手工艺的精湛水平。今天，在锦里、宽窄巷子、文殊坊等地，都有蜀绣、竹编、漆器和银花丝的现场制作表演。

蜀绣 以线为墨，以针代笔，蜀绣是绘在丝绸上的工笔画。蜀绣又名"川绣"，主要流行于以成都为中心的川西平原一带，早在晋代就被称为"蜀中之宝"。传统蜀绣拥有超过100种针法，在千余年的传承中形成了针法严谨、片线光亮、针脚平齐、色彩明快的特点。在经历短暂的低谷后，成都蜀绣大师凭借"异色异型双面绣"的技法把蜀绣工艺推上了巅峰。今天，蜀绣已经成为时尚界的宠儿，在高级定制时装、手包、首饰等设计中被经常使用。

更是成为俯瞰城市美景的最佳观景地。

乘坐室外**观光电梯**一路上升，城市景致迅速变小，不到2分钟就到达位于208米高度的**室内观景平台**。这里同时也是艺术长廊，不定期举行各种文化展览。模拟飞行、竞技赛车等互动游戏很受小朋友欢迎。更上一层楼，即是高度为218米的环形**室外观景平台**，绕行一周，踩在悬空的玻璃地板上，可以无障碍欣赏脚下的城市风光。极目远眺，运气好还可以望到远处的雪山。当夜幕降临，脚下变幻出一片灯火璀璨。拍摄城市夜景，这里是不二之选。

位于213米高度的**339旋转餐厅**（☎8433 8339；自助晚餐 271元/位，午餐 188元/位；⏲11:30~14:00和17:30~21:00）提供产品丰富的自助餐，当然，更多人来这里吃饭只为欣赏风景，营造浪漫。

如果带孩子前来，不要错过附楼二楼的**拾野自然博物馆**（A座二楼；门票 88元，儿童68元；⏲10:00~22:00），馆内有2万余件展品，向孩子们展示了一个奇妙的自然世界。

市区27路、34路、49路、72路等多趟公交车可到。

文殊院

寺庙

（见106页地图；www.konglin.net；文殊院街32号；门票 免费；⏲9:00~17:00）文殊院是长江流域四大禅林之首，始建于隋朝，古名信相寺，明末因战火付之一炬。康熙年间由慈笃海月禅师发愿重建，民间传说他是文殊菩萨的应身，故此更名。这一圣迹也传到了皇帝耳朵里，康熙提笔写了"空林"二字赐给文殊院，所以文殊院还有个名字叫空林院。

今天人们看到的寺院建筑多为清代修建，沿中轴线一字排开五重大殿，与东西两侧的钟楼、斋堂、廊房等建筑浑然一体。五重殿宇所用的82根石柱全凭手工开凿，经当时四川提督首肯，在北城墙上拆了一个洞才运入城中。第一进殿为**山门**，由慈笃禅师建造，供奉弥勒菩萨及四大天王。第二进大殿为**三大士殿**，供奉观音、文殊、普贤三大士。**大雄宝殿**为第三进殿，殿中供奉有清代铜铸释迦牟尼佛坐像，佛龛中还供有从缅甸请回来的两尊玉佛。殿前铁栅门中央镶有一个铁皮福字，不知从何时起，人们相信摸了这福字就能健康平安，门前时常都有人排队等着摸福。大雄宝殿后有两株古杉树，相传正是当年慈笃禅师结茅修行之所在。第四进殿为**说法堂**，相传是古信相寺的遗址。康熙手书的"空林"二字就供奉于墙上。第五进殿为**宸**

☑ 不要错过

都市禅林

都市禅林不仅仅是指文殊院，它还包括文殊坊街区，以及周边散落的几座寺观。

文殊坊街区 为清一色的仿古建筑群，有成都名堂、少城小餐、洞子口张老二凉粉（见116页地图；文殊院街39号；人均10元；⏲8:00~20:00）等传统小吃店，张老二凉粉家的凉粉分为白凉粉、黄凉粉和豌豆凉粉，甜水面也是当地人爱吃的。刘氏竹编、蜀江锦院等非物质文化遗产手工坊也可以看看。金马街上的收藏品市场每周六开市，从钱币、旧书到古玩器物一应俱全，趁早去说不定能捡个漏。

古娘娘庙道观（见116页地图；青羊区西马道街93号；门票 免费）与文殊院仅一墙之隔，相传是刘备的家庙，如今已相当凋敝。道观茶馆市井气息浓郁，不妨坐下喝上一杯。

爱道堂（见116页地图；通顺桥街34号；门票 免费）始建于明末，古称"圆觉庵"，是四川历史上最早的尼众十方丛林。2002年年底，爱道堂重修后对外开放，寺内植被丰富，诵经声声，颇有大隐隐于市的感觉。

出爱道堂后继续往东，过街便是**金沙庵**（见116页地图；灶君庙街56号；门票 免费），这间小小的尼姑庵始建于清乾隆年间，曾供奉有一尊手捧金沙的千手观音。客堂保留清代风貌，庭院不大，但独守一份闹市中的清静。

经宝楼，全殿由48根高大的石柱支撑，楼内收藏着经书及名人字画，供奉有一粒从印度请回来的佛骨舍利和从南京报恩寺请回的玄奘法师顶骨舍利，平时不对外开放。

文殊院的素斋与茶一向出名，附设的**香园禅意体验区**（见116页地图），提供多种禅修体验，可以用素餐、品茶、抄经、听琴。

地铁1号线文殊院站下，需向东步行约5分钟可到文殊院正门。

课程

“智慧之旅”禅修营和寺院生活体验营　　禅修

（☎8693 0416；www.konglin.net；文殊院）文殊院每年会举行“智慧之旅”禅修营和寺院生活体验营两种对公众开放的寺院体验活动，前者在每年7月举行，后者在“五一”和“十一”期间各举行3天。禅修营课程安排较为轻松，而体验营是真正的短期出家，在3天的僧院生活中，将进行早晚功课、受八关斋戒、禅修、抄经、听佛学讲座、学习《十善业道经》和《二课合解》等活动。参加体验营期间，吃住皆在寺院。通过网站报名后，还得经过面试，有意者可提前2个月留意网站通知。

三川九味川菜体验馆　　烹饪

（见112页地图；☎186 2822 0722；锦江区宽巷子26号附2号2楼；⏲10:00～22:00）可跟随厨师学习宫保鸡丁、鱼香肉丝、回锅肉、麻婆豆腐、鱼香八块鸡等传统川菜，从备料、切菜到上灶掌勺的全流程，都有厨师现场指导。关注公众号三川九味可预订每天15:00的公开课，一次学习一道川菜。周末还有机会遇到国家级川菜大厨彭子渝现场讲解川菜历史。

博语小窝　　语言

（见109页地图；☎8555 5264，173 6002 4037；高升桥地铁站附近，成都A区写字楼1501；⏲周二至周日 10:00～21:00）开设藏语初级、中级课程，学费每小时50～80元，一对一指导的私教课每小时200元，课间提

步行游览

从大慈寺到九眼桥

起点：大慈寺
终点：九眼桥
距离：5 公里
需时：5 小时（含游览时间）

漫步城东，给自己一个下午，在高楼林立的时尚街区一路寻找老成都的记忆，穿梭于这座城市的古今之间。

从闹中取静的❶**大慈寺**（见71页）南门一步跨入喧嚣的❷**远洋太古里**（见71页），去“不只是书店”的方所转转。沿南纱帽街向南走到三圣街，右转是❸**龙王庙正街**（见90页），一排老旧平房中还有一座有着近两

百年历史的邱家祠堂，洋气的民谣餐厅和江湖菜秋金小炒和平共处。回到三圣街，再转入文化气息浓郁的❹**锐钯街**（见84页），新华文轩旗下的轩客会·格调书店锐钯街分店和老巷子❺**崇德里**都可进去看看，或者在这条街上的小众咖啡馆里买杯咖啡。向南拐入青莲上街，路过独立书店❻**无早书店**（见103页），可以进去看看小众书籍，❼**成都东门城墙遗址**就在附近。沿大安正街向东走到天仙桥南路，往北走到水津桥，过桥不用问路，沿着酒香味就能找到❽**水井坊博物馆**（见82页）。从博物馆出来，穿过兰桂坊，可以去仿古街区水锦界逛逛，❾**入云屋学舍**（见103页）售卖各种可爱的生活杂货。走过天仙桥路上的❿**爱情斑马线**，府河与南河会合处的⓫**合江亭**小巧玲珑。沿着江边走到⓬**安顺廊桥**，夜幕降临时分夜景最美。过桥是著名的⓭**九眼桥酒吧街**，就让你的脚步停在这醉人的灯红酒绿之中吧。

左图：九眼桥酒吧街上的球迷。

@视觉中国

成都的街道与方位

成都的厚重历史，从它的路名中就能看出几分端倪。春熙路得名于《道德经》中“众人熙熙，如享太牢，如登春台”之句；九思巷来源于《论语》中“君子有九思”；四圣祠街与孔子门下弟子有关，这里以前有子路、曾参、颜回、子由4人的祠庙；簧门街也有文绉绉的典故，古代士子考中秀才被称为“身入簧门，天子门生”。

大慈寺路、文殊院街、文庙街、白云寺街、静居寺路，不用说也可猜到是因为街上有同名的寺庙坐镇而得名，不过如今很多寺庙已经消逝，徒留118个因寺庙得名的街道。

成都历来有“扬一益二”的美誉，皆因史上商业发达，像骡马市街、牛市口、羊市街、糠市街、浆洗街、暑袜街、纱帽街等，都表明这些街市原来是因为经营某种商业活动而得名，所以，盐市口、海椒市街、米市街、肥猪市街的来历就不用说了吧。

成都街道名字有来历，街市方位也很有意思。简单来说，就是大城套小城，一环套一环，以天府广场为中心向外呈放射状，环与环之间的街道如毛细血管般细密分布。不用歪着脑袋看地图，成都的中轴线就是斜的，除了人民路主干道的下半段有着明显的南北走向，其他几乎所有道路都是斜着的，本该往正北去的道路最终都奔着东北或西北去了。迷路再正常不过，你以为你正朝着某个方向在走，走着走着却绕回了原点，因为，成都是圆的。

你还得注意的是，路、街、巷不是一码事，玉林东路和玉林东街只是离得很近，但绝非同一条，宽的是路，窄的是街，比街更窄的则是巷或支巷。路还分很多“段位”，一环路南一段和一环路东三段紧挨着，人民南路三段和人民北路一段相距甚远。当同一条主干道向外“无限”延展后，会被分割成一连串不同的名字。

供免费饮品、小食。想学点简单藏语可去这里。周六19:00有免费藏语电影放映。

绣兰道蜀绣体验馆 蜀绣

（见110页地图；☎130 8666 1155；大慈寺内；⏰周二至周日 14:00~17:00）大慈寺内的绣兰道蜀绣体验馆提供蜀绣DIY课程，交100元材料费就有专业老师指导。刺绣内容依季节变化，完成的作品能带回家。

节日和活动

“人日”游草堂 传统节日

农历正月初七，传说是“人日”，也就是人类诞生的日子，唐代时，高适在“人日”这天题诗寄赠杜甫，表达对朋友的思念，但高适往生9年后的人日，杜甫才读到这首诗，也写下一首诗与老友对吟。从此，高适、杜甫于人日对吟唱和成为诗坛佳话。之后，每年“人日”这天，文人墨客都要来杜甫草堂凭吊诗圣。这一活动已持续了1200多年，如果春节期间你正好在成都，不妨跟随浩浩荡荡的朝圣队伍去祭拜诗圣。

武侯祠大庙会 庙会

每年腊月二十八日开始，一直持续到正月十五日，地点在武侯祠与锦里。年初一游喜神方、三国主题的灯会是亮点，现场可欣赏民俗表演，品尝各种小吃美食，选购特色手工艺品。

成都双年展 艺术节

以支持和推动中国本土艺术发展为理念的成都双年展，自2001年开始举办，策展越来越成熟，影响力也不断加深。举办时间、地点、主题每届不同，是一场国内外知名艺术家共同参与的艺术盛会。

就餐

可能用整本书来介绍成都的美食都难以穷尽，成都美食50强的榜单如果要细分，可以列出川菜、小吃、西餐、火锅、串串、干锅、烧烤、夜宵等无数花样来，一样一样吃过去，胃和时间都要经受强大的考验。热门景点和繁华商业区密布的美食街和餐厅已经令人应接不暇，更何况名动江湖的那些小饭馆多数都隐藏于街巷之中，找起来需要花点时间，要是再算上各类网红打卡店……以下推荐也许挂一漏万，更多成都美食还要旅行者身体力行地发掘，这也是旅行的乐趣。

宽窄巷子周边

★冒椒火辣　　串串 ¥

（见112页地图；奎星楼街33号；人均50元；12:00~14:00，17:00~22:30）小方桌上一钵浸在红汤里的串串，四周摆满了装着爆浆兔腰、冒脑花、干拌千层肚的搪瓷小碟，排队阵势的火辣程度不输于味道，从最初的网红店到现在在玉林小区和太古里开了分店，这家串串馆的味道已经得到挑剔的成都人的认可。如果排队的人实在太多，可以去同一条巷子里的班花麻辣烫或成都吃客串串，这两家其实味道也很“巴适”。

金熊猫餐厅　　川菜 ¥¥

（见112页地图；8626 3288；宽巷子29号；人均84元起；10:00~21:30）宽巷子新开的一家川菜餐厅，位于一座清幽的四合院内，由曾经教过谢霆锋做川菜的大厨彭子渝亲自操刀，宴席菜单保留了诸多传统菜品和丰富的口味。人多可以点全套川菜宴席，人少可以选择“小口吃天府”地方名菜套餐（2人168元）。

方德跷脚牛肉　　川菜 ¥

（见106页地图；西安北路65号；人均30元；9:00~21:00）跷脚牛肉是乐山名小吃，吃的就是牛身上各个部位，有牛筋、肥牛、牛肉丸、牛脊髓等，都是小小一碗，汤可以喝，配上蘸碟极为下饭。

飞鸟鱼　　创意菜 ¥¥

（见112页地图；8669 1346；小通巷2号附18号；人均60元；11:00~20:00）藏式风格的就餐环境，在本地吃货中口碑不错。老板热爱旅行，自创了不少菜品，苦瓜红烧肉、茶香排骨、掌中宝和红烧牛脊髓值得一尝。餐厅有很好喝的梅子酒（10元），也可以来瓶高原青稞啤酒。

> **学好成都话**
>
> 虽然成都人很喜欢用普通话与外地旅行者交流，并且认为自己的普通话“拿得过勾（过硬）”，但学几句成都话，掌握几个成都人爱用的词组，还是很有必要。例如，“摆龙门阵”指的是聊天，动词一定要用“摆”才显得地道。又例如，去哪里“耍”，耍就是玩，玩开心了那就是耍巴适了，要是特别开心，就要说一句“巴适得板！”
>
> 在语言上与成都人套近乎并不难，窍门很容易掌握：多用第三声，尾音拖长一点，把“æ”音发成扁元音，将“zh、ch、sh”发音成“z、c、s”。别尝试教成都人学会“四是四，十是十”，四、十不分才是地道的成都味，如果把握不清楚，就干脆动手用指头来比画。夸人就说“巴适”，当别人说对不起，笑着回一句“不存在！”就算是表示不满，也可以娇嗔地来上一句“好烦（æ）哦”，保证“不得遭决”（不会挨骂）。

院8里·有院子的老川菜　　川菜 ¥¥

（见112页地图；6232 3925；黄瓦街53号；长发街24号附1号；人均80元；11:00~21:00）隐藏在少城小巷子里，院落不大，中庭接待散客，原木桌椅，提供传统川菜和小吃，也有仔姜三角峰和盆盆虾等江湖硬菜。

玉芝兰　　私房菜 ¥¥¥

（见112页地图；6249 1966；长发街24号附1号；人均400元；11:00~14:00和17:30~21:30）不拽一点怎能叫作私房菜？没有店招，想吃饭提前2~3天预订，由泡椒凤爪的发明者掌勺，食材绝对新鲜，餐具出自景德镇。必点菜如金丝面、鲜青黄豆粥，都是看似简单的家常菜，却最能于平淡中体现厨艺的最高境界。

成都人的美食街

这里所说的美食街，并非有块“某某美食街”的大招牌立在路口，但成都人知道，最好吃的串串或者火锅，必定就藏在这些小街上。

华兴街 是苍蝇馆子的聚集地，小小一条街上至少有超过5家上过排行榜的小店。在成都人的心目中，“苍蝇馆子”绝非贬义，而是一种爱称。每年更新的苍蝇馆子50强榜单更是必备美食攻略。华兴街煎蛋面、自力面馆和雨田饭店因为危房改建，都搬到了相邻的楼房底层，但味道还跟当年一样好吃，只是要多走几步路了。

科华路 有不少成都响当当的火锅、串串和小龙虾餐馆，最近大火的要数电台巷火锅，从下午到深夜门口都有人在等位。蓝色加勒比中的何师烧烤、钢管厂小郡肝串串都是经得起时间考验的美食。自贡好吃客和销魂掌则是江湖菜的代表。

芳草街 位于玉林小区不远处，“十步之内必有芳草”，不到百步就有一家串串店，而且都不是无名之辈，厕所串串、小郡肝串串、花串串、醉串串、蜀堰老妈砂锅串串，随便选一家都行。这里还有一家峨眉山豆腐脑，蒸牛肉豆腐脑和肥肠夹饼都是特色。

龙王庙正街 可能不到100米长，主打特辣自贡菜的秋金小炒、重油鲜咸的绝城芋儿鸡和有掂头成都市井火锅各有各的拥趸，共同点是一到饭点门口排队的人多得分不清是哪家的。有趣的是这条街上还有家走清新风的纯粹净地民谣餐厅，挺受年轻人欢迎。向东走出巷子，三圣街上肉香四溢，烧烤和干锅一家挨着一家，一到深夜更是热闹非凡。

四川香肠。

组织私房菜 创意菜 ¥¥

（见112页地图；☎158 8102 5102；泡桐树街9号；人均 70元；⏲10:30~21:00）据说老板曾是某家饭店的行政总厨，菜单是手写的，更多菜式最好直接请老板推荐，招牌菜有回锅肉和墨脱石锅汤。菜的分量较足。

无名冒菜 小吃 ¥

（西二道街19号附1号；人均 30元；⏲10:30~14:00）《舌尖上的中国》导演陈晓卿和美食作家殳俏推荐的冒菜馆，人多的时候小桌子就摆在街边，环境很“苍蝇”，但味道很好，除了辣冒菜外也有清汤可选。

廖老妈蹄花 川菜 ¥

（见112页地图；☎6237 7228；东城根南街5-7号、11号；人均 40元；⏲11:00至次日4:30）雪花清炖蹄花（27元）是成都夜宵界的名菜，猪蹄炖得酥烂，汤熬煮得白而浓郁，配

辣椒冰激凌。

上一小碟剁椒豆瓣蘸酱，辣与不辣自选；清爽小菜和宽面是最佳搭配。这条街上打着老妈蹄花牌子的店很多，味道差别不大。

贺记蛋烘糕 小吃 ¥

（见106页地图；文庙西街1号附8号；蛋烘糕 3元/个；⏲11:00～21:00）很平常的街头小吃，却从街头小摊发展成现在的好几家分店。馅料有20多种，甜、咸、辣各种口味都有，从传统的肉松、土豆丝、芝麻白糖到奇怪的老干妈肉松、榴莲味，任你选择。

春熙路周边

柴门饭儿 川菜 ¥¥

（见110页地图；☎8675 9777；太古里8栋1243B号，大慈寺南门外；人均 80元；⏲11:30～16:00和17:00～21:00）菜品走的是创新川菜，传统的樱桃肉端上来先用刀叉分餐，蒜泥白肉配上清爽解腻的青瓜，辣子鸡里煨进鲜香的花甲，富有新意。建议选择2楼阳台卡座，可以欣赏喷泉广场，字库塔就在眼前。

大小喜吃匠心集 川菜 ¥¥

（见110页地图；☎8755 8161；春熙路伊藤洋华堂5楼；人均 60元；⏲11:00～22:00）顺应成都川菜新潮流，汇合巴蜀各地特色菜品和小吃，例如江油肥肠、梓潼片粉、白马鸡汤、宜宾黄粑等，食材均从当地来，做法地道，分量较少，一个人也可以点上好几样菜。店面采用大量竹木和藤编元素，部分灶台还是全开放，可以现场观看厨师做菜。

秋金小炒 川菜 ¥¥

（见110页地图；☎6132 6862；龙王庙正街13号；人均 75元；⏲11:30～14:30，17:00～23:30）原名邱金小炒的这家店算是成都最早的一批网红店了，从当年八宝街的自贡菜小店发展到现在龙王庙正街的总店，菜品和味道仍然没变。辣到舌头跳的冷吃牛肉、爆炒黄喉、仔姜美蛙还是人气最旺的几道菜，双拼脑花豆腐和玫瑰桃胶则是调和辣味的佳品。

脑花面 小吃¥

（见110页地图；☎136 0825 2081；东糠市街3号小区底楼；脑花面 16元；⏰9:00~21:00）成都人有无数种吃脑花的方法，拿脑花来做面的浇头就是其中一种，并且非常好吃。这家店的脑花打整得非常干净，卤过之后再冒，没有一丝腥味。脑花与面一起放在大搪瓷杯里端出来，盖子上还放了小米辣、香菜和葱供客人自选，口味独特。牛肉面、干馏面和钵钵鸡味道也不错。

半山小馆 台湾菜¥¥

（见110页地图；☎8058 2730；IFS中心7楼；人均 80元；⏰11:00~22:00）位置极佳的台湾菜馆，就在IFS网红大熊猫旁边，三杯鸡、菠萝油条虾、卤肉饭都比较经典。窗外就是露天平台，在这里喝杯下午茶特别舒适。

冒牌火锅菜 小吃¥

（见110页地图；双栅子街11号；人均 30元；⏰10:00~21:00）这家店就是上过湖南卫视节目的"冒菜西施"所在的店，西施不易见着，还是专心吃吧。牛肉、千层肚是标配，有原味和鲜椒两种口味，超过两个人就餐的话适合点全家福（48~52元），该有的荤素搭配基本都齐了。

屋顶上的樱园 川菜¥¥

（见106页地图；☎8678 8498；东玉龙街37号3楼；人均 70元；⏰10:00~22:00）在楼顶花园中吃饭感觉不错（最好是难得的成都艳阳天），干拌猪肝、酸汤鱼、豆瓣鱼、老面馒头都是受欢迎的家常味道，还有老板自酿的橘子酒。附设的茶室别有洞天，还出售用成都作家的书籍设计的丝巾。

雨田饭店 川菜¥

（见110页地图；红星路二段20号1层附

川剧，成都的名片

川剧，是成都的一张城市名片。旅行者来到成都，多数都会去锦江剧场或悦来茶馆看一场川剧演出。不过，最初的川剧，还只是在街头巷尾表演的民间灯戏。明清"湖广填四川"，为蜀地带来昆曲、高腔、胡琴腔（皮黄）、弹戏等别派戏曲，它们逐渐与灯戏相融合，发展为独特的高腔唱腔，在清末时统称"川戏"，后称"川剧"。在清末民国时期的成都，川剧曾有过繁花似锦的春天，高腔戏班宴乐班等与其他声腔戏班组成的"三庆会"，以悦来茶馆为根据地，名角云集，群芳争艳，鼎盛时期，三庆会拥有演员300余人，每天在茶馆上演不同的剧目。

到了20世纪30年代，川剧表演出现了一些技巧性的演出，当时还只是比较简单的用油彩点眼、抹脸等技巧。在戏班的对台戏中，变脸技艺不断精化，渐渐成为川剧的一大特色。单说变脸技法，就有拭、揉、抹、

左图：川剧变脸；上图：川剧金猴闹春。左图：何苗苗 摄。

吹、画、戴、憋、扯，共八种。最高境界是“扯脸”，它是事前将脸谱画在薄薄的绸子上，再一张张贴在脸上，每张脸谱都由一根丝线系在演员服饰上。随着剧情的进展，在演员夸张动作的掩护下，一张一张地将它扯下来。变脸高手最快能在一秒半内变出3张脸来，最高纪录则是一场戏中“扯”出14张脸来。吐火往往与变脸一同表演，当主人公面对冲突或情感波折时，随着激越的音乐，他一甩头、一抬手、一转身，一张脸就千变万幻，脸色或青或红；演到高潮处，演员嘴一张，一股火焰冲口而出，衬着狰狞的脸谱，往往引来场下观众惊声尖叫。传闻吐火就是演员在嘴里包上煤油，吐到隐蔽的导火索上，但真正的方法是秘不外传的。

近年来，川剧艺术与其他地方戏曲一样式微，但凭借变脸、吐火、滚灯、踢慧眼、藏刀、空中飞人等绝活仍能吸引观众前往。它们被压缩成一出短短的折子戏，在精心设计的唯美舞台上演出，数十分钟过去，人走场散，热闹不再。

一度“消失”的悦来茶馆如今也“重出江湖”，继续做着传统的喝茶听戏营生。茶馆的门脸藏在锦江剧场的院子里，一楼大厅是听戏的场所，搭有一座小戏台，一池流水将茶客隔开，池上还有小巧的石桥相连。戏台左右两道门上，写着传统的“出将”“入相”。每周六下午，演员就从这里出来，上演一出出悲欢故事。如果赶不上周六的演出，也可以在晚上去旁边的锦江剧场看一场《芙蓉国粹》。在四川省川剧团剧场，仍然可以看到《易胆大》《巴山秀才》等经典剧目的演出。

兔头。

9号；人均 30元；⏲11:00～20:30）成都烧菜馆的代表，非常“苍蝇”的馆子。家常下饭菜价格亲民，红烧樱桃肉、荷叶粉蒸肉和臊子蒸蛋都是招牌菜，泡菜（1元）很招食客喜欢。

盘飧市 川菜 ¥¥

（见110页地图；☎8675 0609；华兴正街64号；人均 80元；⏲11:00～14:00和17:00～21:00）店名源自杜甫名诗《客至》，“飧”字读如“孙”，意指熟食，不过大家都念“盘餐市”。近年才重新装修过，店面高端大气，外卖窗口的卤鸭舌已经卖到了150元一斤，依然有人排队。卤菜拼盘每桌必点，这里的川菜多数不辣，外地旅行者可以放心点菜。

龙抄手春熙路总店 小吃 ¥

（见110页地图；成都市锦江区城守街63号；人均 20元；⏲9:00～21:00）抄手品种很多，你也可以品尝下担担面、甜水面、叶儿粑、蛋烘糕等其他成都小吃。小吃套餐适合旅行者一次性品尝多种成都小吃，也可以像本地人一样只点最地道的海味抄手，配一份蛋烘糕。

谢记肥肠鸡冷锅串串 火锅 ¥¥

（见110页地图；☎181 4815 2290；书院西街63号；小份肥肠鸡 78元；⏲11:00～14:00和17:00～22:00）重口味人士必须来的火锅店，一进去场面就非常火爆，点一锅肥肠鸡，肥肠与鸡肉混迹于红锅中，油重肉粑，特别入味。里面加的土豆、魔芋、青笋等素菜同样好吃。冷锅串串是自己选好交给老板，烫好端上来，味道已经很足，可以直接吃，当然不怕辣的还可以蘸着干碟吃。

武侯祠周边

阿热藏餐 藏餐 ¥¥

（见109页地图；☎8557 0877；武侯祠大街234号附1号；人均 100元；⏲9:00～21:30）

藏式装修，服务员都是藏族姑娘，提供的藏餐也非常地道，特色菜是混合了牦牛肉、土豆和油饼的阿热盖被和康巴羊排，主食可以试试带有白果甜味的松茸捞饭，记得先点一份牦牛酸奶。

永记汤圆面馆 小吃¥

（见109页地图；武侯祠东街13号；人均10元；6:30~22:00）一家老字号，为“郭汤圆”的后人所开。招牌是五味汤圆（8元5个），一碗汤圆5种口味。另一招牌为干素椒面（大碗/小碗 10/8元），花椒的香麻味很浓郁。

锦城印象 火锅¥¥

（见109页地图；6565 9992；武侯祠大街19号耍都；人均100元；11:00至次日2:00）成都本地的老牌火锅，味道略平和，较适合外地旅行者。菜品新鲜，自制午餐肉、双层肥牛、极品毛肚、签签牛肉等上桌率极高。

钦善斋 汤锅¥¥

（见109页地图；8505 3333；武侯祠大街247号；人均80元；10:00~14:00，17:00~21:00）就餐环境很好，小桥流水相伴，以药膳汤煲为主，配上清淡小菜，是不吃辣者的福利。凭市内任意景区门票可享95折。

杜甫草堂周边

陈麻婆豆腐 川菜¥¥

（见106页地图；8731 7216；青华路10号附近10号；人均60元；11:00~21:00）一道麻婆豆腐，便是川菜麻辣鲜咸口味的最好体现。当然，也可以点宫保鸡丁、鱼香肉丝等传统菜，或是水饺、抄手等成都小吃。位置就在四川博物院对面，很好找。

国土乡村菜馆（六扇门） 川菜¥¥

（见106页地图；6135 9711；浣花北路8号国土宾馆内；人均90元；11:30~14:00，15:30~21:00）曾经是国土宾馆的食堂，名声在外后有了一个大气的名字，但菜还是那些菜，口味以辣为主，麻辣脊髓、干煸鳝鱼、红烧青蛙都是必点菜，怕辣可以再点份毛巾馒头和川西粑粑菜缓和一下。

蜀九香火锅酒楼 火锅¥¥

（见106页地图；8701 6811；一环路西一段160号；人均100元；24小时）成都人对蜀九香的态度是：好吃，但不是非吃不可。在众多分店中，以百花潭桥头这家呼声最高，不仅口味服务样样称心，周边环境也最为惬意。吃到扶墙而出时，可以沿河散散步，看看两岸的美丽夜景。店里还出售火锅底料，可以带两包回家。

四川大学周边

曾哥烧烤 烧烤¥

（见114页地图；135 5868 6841；一环路南一段9号凯悦新城一楼29号；人均50元；17:30至次日3:00）成都烧烤技术哪家强？来这家吃了再发言。曾哥烧烤有4道必点的烤串：玉米、腰花、尖椒排骨、五花肉，尤其是五花肉，外焦里嫩，油而不腻。这里越夜越火爆，深夜来更加热闹。

自贡好吃客 火锅¥¥

（见114页地图；8553 0621；科华北路101号；人均70元；11:30至次日1:00）“自贡”代表着川菜界辣的巅峰，能让不吃辣的人闻风丧胆，千万别逞强，跳水美蛙一招鲜，微辣也已非常挑战你的抗辣能力，姜丝、泡海椒、藤椒的组合后劲很足。冷吃兔、冷吃牛肉也是必点品，在一盘辣椒中寻找肉丝的感觉很爽。

双流老妈兔头 川菜¥

（见114页地图；一环路南一段7号附8号；兔头7元/个；9:30至次日3:00）成都人一年能啃掉2亿个兔头！你若没在这里吃过兔头，何言来过成都？兔头分五香和麻辣两种口味，戴好一次性手套撕扯吧。双流老妈兔头在成都有很多分店，大多可以提供打包抽真空服务（加收1元）。如果你喜欢吃兔头，建议你去趟“原产地”（双流县清泰路85号）品尝最地道的老妈兔头。

天府掌柜

川菜 ¥

（见107页地图；☎6518 4799；锦官驿街1号水璟唐街8栋1号；人均 50元；⏲10:30~22:30）门口一只功夫熊猫掌柜坐镇，门内装修也有不少熊猫元素，菜品以创意川菜和小吃为主，熊猫形状的流沙包非常可爱，水煮鱼、芋儿辣子鸡味道不错。

吃喜牛肉串串

串串 ¥¥

（见107页地图；☎8666 9774；武侯区科华北路60号，沸城一楼；人均 70元；⏲11:30~23:00）装修比较清爽，锅底也是走的清爽路线，衬托出牛肉签签的肉质新鲜。牛肉品种很多，有麻辣牛肉、黑胡椒牛肉和20多种包菜牛肉，包浆豆腐（12元）也是特色。烤脑花（12元）、烤兔腰（18元）等重口味的菜用喜庆的盖碗端上来，尤其适合摆拍。

何蒸肉

川菜 ¥

（见107页地图；莲花北路49号；人均30元；⏲11:00~13:30，17:00~20:30）想吃地道的苍蝇馆子，来这就对了，菜是真便宜，以“蒸”为名的主打菜都只要15元。粉蒸肉很糯，咸烧白看似很肥的五花肉，却一点不腻。特色菜还有热窝鸡、家常豆瓣鱼、韭菜爆黄喉等。

玉林小区周边

玉林串串香总店

串串 ¥¥

（见115页地图；玉林街26号附23号；人均 60元；⏲11:00至次日4:00）成都串串香的鼻祖，本地人已经见异思迁，但对旅行者来说还是可以去尝尝。沸腾的红汤辣度适中，串串品种很多，烫完了数签签。这家是总店，味道保持得不错。

重庆谢记老火锅

火锅 ¥¥

（见115页地图；☎6580 9993；芳草街1号附29号；人均 70元；⏲11:00~22:00）传统的九宫格老火锅，口碑一直很好，坊间传闻老板是以前甲A全兴队的魏群。要点就点全牛油原味锅底，招牌菜有极品鲜鹅肠、鲜毛肚、极品鲜黄喉、谢记排骨、金佛山方竹笋等，菜品分量稍小，喜欢可以点双份。尽量在17:30之前去。

天添饭店

川菜 ¥

（见115页地图；☎8557 4180；玉林东街16号；人均 40元；⏲11:00~14:30和17:00~21:30）多年来屹立不倒的“苍蝇馆子”，如今的环境怎么说也算个小酒楼了，但价钱依然实惠公道。仔姜兔和石锅老豆腐是特色，其他各种家常炒菜也很美味，美味杏鲍菇、松鼠鱼都值得一试。

龙虾一绝

川菜 ¥¥

（见115页地图；玉林西路71号；人均100元；⏲11:00至次日1:00）虽然成都的小龙虾餐馆越来越多，但这家还是值得一去，干煸、鱼香、麻辣等多种口味的龙虾做法与其他店不太一样，小份78元，火爆黄喉、香辣鹅唇、油泼鲫鱼也是特色菜。

皇城坝牛肉

清真 ¥

（见106页地图；肖家河街2号；人均 40元；⏲11:30~14:00，17:30~20:00）肖家河街是平民餐馆的天下，这家清真餐馆的菜式其实很普通，只有各种牛肉，但味道浓郁，萝卜牛肉汤、牛杂汤必点，鲜嫩的粉蒸牛肉也很受欢迎。

青年火锅

火锅 ¥¥

（见115页地图；☎6213 5646；白云街2号附近6号；人均 80元；⏲16:00~22:00）又是一家排队排到伤心的店，不过斜对面就是著名的小酒馆，可以打发点时间。该火锅店由老式居民楼改建而成，房间较小，桌位很挤，不过传统的九宫格火锅味道很过瘾。

全记广州大排档 粤菜 ¥¥

（见115页地图；8515 7949；芳草街瑞升花园瑞升南街5号；人均 70元；11:00~22:00）吃辣太多，想换个口味？来这家成都比较正宗的粤式大排档，一定不会失望。糖水、点心地道，白斩鸡、鱼头煲中规中矩。不过店面位置在内街，不太好找。

祖母的厨房 西餐 ¥¥¥

（见115页地图；8555 3856；人民南路四段22号；人均 110元；10:00~22:00）成都老牌西餐馆，总店在科华北路，但倪家桥地铁口的分店更便利些。店内装潢为温馨的田园风格，菜品齐全，牛排、比萨、意大利面都有，也有咖啡与下午茶。烤土豆皮是招牌菜。

岷源仔姜王 火锅 ¥¥

（见115页地图；8511 1760；玉洁西街4号附近5号；人均 80元；10:30~22:00）仔姜和美蛙是川菜的另一种绝配，别看汤色不是太红，但味道绝对超辣，也可以点份黄辣丁拼一锅。吃完肉，再加点青笋、豆腐等素菜，味道更好。

天府熊猫塔周边

康二姐串串香 串串 ¥

（见117页地图；130 1823 1143；中道街99号附32号；人均 45元；11:00~21:00）号称是成都最“拽”的一家冷串串店，每年冬天都会放假，“老板带全体员工去马尔代夫度假”的传说至今仍在都市流传。店外的人行道和店后的小区过道都摆着小方桌，但仍然人满为患。串串又麻又辣，牛肉和掌中宝必点，可蘸油碟或干碟，后者辣度更重；同样好吃的还有冒脑花和鸭舌。

干海椒抄手 小吃 ¥

（见117页地图；189 8008 3015；建设路71号八二宿舍一区21幢三单元1楼；人均20

四川小吃串串。

元；⏲11:30~13:00和17:00~19:00）吃碗十几块钱的抄手也要排队拿号？是的，这就是网红店的脾气。抄手味道确实不错，除了招牌菜干拌抄手，还有竹荪鸡汤、松茸、虾仁等多种口味，但拥挤的店堂和额外花费的时间，还是需要食客一定的忍耐度。

牛水饺 小吃 ¥

（见117页地图；☎6986 8992；建设路71号八二宿舍一区23幢三单元1楼2号；人均15元；⏲9:00~20:00）其实这家小吃店就在干海椒抄手附近，饺子皮薄肉多，有红油味、酸辣味、紫菜藤椒味、炖鸡味的，味道不输网红店；其他小吃还有三大炮、散子豆花、甜水面等，老板态度很好。

蟹蟹大排档 海鲜 ¥¥

（见117页地图；☎133 3094 0714；成华区祥和里54号；人均 70元；⏲11:30~14:00，16:30~24:00）能在美食众多的祥和里街上脱颖而出，这家店凭的是两样：一是菜品，爆炒花甲、爆炒蛏子皇、藿香蟹和黑胡椒蟹融合了海鲜的鲜与川菜的辣，蟹蟹面也是必点，味道十足；第二点就是极富个性的店老板，爱写毛笔字，爱与客人互动，有他在，等位的时间也不那么枯燥了。

三哥田螺 川菜 ¥¥

（见117页地图；北书院街6号；人均 100元；⏲17:00至次日4:00）很小的巷子，很破的店面，嫌价格太贵？入口的美味立马堵住你想抱怨的嘴。炒田螺（40元）、烧脑花（35元）是特色菜，口味很重，但越辣越开胃。深夜食客最多，夜宵拼酒的不二之选。

金麒麟兔火锅 火锅 ¥¥

[见117页地图；☎136 4803 3088；猛追湾东路5号（近猛追湾游泳池）；人均 80元；10:30~24:00]成都人对于吃兔子的热爱，在这家店尤其能够体现。餐厅环境非常一般，但并不影响食客大口吃肉，这家的兔肉本来就比其他兔火锅大块些，兔腰、兔肚和午餐肉一起煮在锅里，蘸上干碟吃，味道很"赶口"。

牛华八婆麻辣烫 串串 ¥¥

（见107页地图；☎8550 8559；天仙桥南路43号东方时代商城1楼；人均 65元；⏲10:30至次日3:30）上过《舌尖上的中国》的乐山牛华八婆麻辣烫如今开到了成都，还是原来的锅底和辣椒干碟，还是原来的味道。秘制牛肉必点，干拌千层肚必点，油炸串串里的五花肉和天味香肠必点，软滑解辣的甜品焦糖豆花必点……

马路边边麻辣烫 串串 ¥

（见107页地图；☎6876 9093；成华区建设支巷1号附17-19号；人均 50元；⏲10:30至次日2:00）店面还原了上个世纪老成都的市井模样，墙上贴着小虎队的海报，既有传统苍蝇馆子的感觉，又干净整洁。建议点一个经典锅底再配原味碟，才算是原汁原味的老成都街边麻辣烫。除了食材新鲜的各种串串，冒菜也是一大特色。饭后还有各种童年零食解辣。

饮品

在成都，吃与喝可以平分秋色。阳光好的时候去喝茶，这一碗茶，可以在公园里，可以在寺庙中，也可以在小巷深处。逛街累了，随便找一家咖啡馆或者甜品店，都能有一个舒适的位置坐下来享受片刻的悠闲。到了晚上去泡吧，去听现场音乐，来一次不醉不归，才算没有辜负成都的夜。

宽窄巷子周边

★鹤鸣茶社 茶馆 ¥

（见112页地图；人民公园内；茶 12元起）民国时便建起的百年老茶社，最佳茶馆文化体验地之一。梧桐树影婆娑下，木方桌、小竹椅，老虎灶上的铜壶正"咕咕"冒着热气，买上一盏茶，自行拿个热水瓶，寻张桌子坐下，看风景或是摆龙门阵。要不然，叫位掏耳朵的师傅好好享受一番。意犹未尽的话，花钱便能看四川特有的长壶表演，倒茶人挽着茶壶离你数尺远，扬臂运腕，“雪花盖顶”，开水便滑出一条优美的弧线冲注进茶碗里，滴水不外溢。

成都画院 茶馆 ¥

（见112页地图；☎8625 8169；下同仁路支矶石路口；茶 15元起；⏲9:00~17:00）如果要评选成都市区秋季的最佳喝茶地，成都画院必定名列三甲。掩映在两株繁茂银杏树后的百年川西四合院，也是成都市美术馆的所在地，在这里喝茶的好处是可以享受院子里的安静，以及展室里的艺术家画作，秋天还有满地的银杏落叶陪伴。

恺庐 茶馆 ¥

（见112页地图；宽巷子11号；茶38元起；⏲10:00~23:00）宽窄巷子里为数不多的百年老宅，西洋风格的门头出现在无数人的宽巷子照片里，外面永远人声鼎沸，进去却是别有洞天，坐在小院里，喝杯清茶，看书、聊天都很“巴适”。

白夜 酒吧 ¥¥

（见112页地图；☎8669 5671；窄巷子23号；人均 80元；⏲11:00至次日1:00）女诗人翟永明的酒吧，原来在玉林小区，现在进驻窄巷子，一样有酒也有诗与艺术。绿树掩映的老院落白天更像茶馆或文艺沙龙，不定时举办展览、讲座和朗诵会。晚上的酒吧氛围极佳，20:30~24:00有歌手驻唱。

白果苑茶园 茶馆 ¥

（见112页地图；西华门街36号；茶 15元起；⏲9:00~21:00）闹市里少有的安静茶馆，传统的石桌竹椅盖碗茶，最妙的是园子里有几十株银杏，夏天绿荫一片，清凉无比，秋天又是满园金黄。茶馆还提供家常饭菜，火爆腰花、韭黄肉丝、麻婆豆腐都适合下饭。

厘途·Little Travel 咖啡馆 ¥

（见112页地图；☎137 7888 2797；斌升街24号附1号；人均 50元；⏲9:00~21:00）简洁清爽的INS风格，分为几个隔间，每一处的装饰各有不同，咖啡与甜品都有着好听的名字和用心的摆盘，拍照效果很好，随时都能看到美女互拍或自拍；当然味道也是一流，开放式的操作台和老板耐心的介绍都让人感觉舒服。

成都人的“茶道”

成都人爱喝茶是出了名的，据《成都通览》记载，清末成都的516条街巷中便有茶馆454家，而今日的成都有多少家茶馆更是难以统计。成都人喝茶没有什么特别的讲究，茶具一般是朴素的盖碗，茶叶最好是本地产的花茶，再配上一盘白味瓜子，就可以消磨一天。盖碗茶具相传是四川节度使崔宁之女在成都发明，三件一组，盖为天，碗为人，托为地，一碗茶便是一个小天地宇宙。记得品茶时别急着将盖子拿掉，正确的喝法应该是左手托盘，右手抓盖轻“刮”茶面，撇开浮起的茶叶，接着就口品饮，茶香弥漫。在一些传统老茶馆，茶具组甚至有着“暗号”的功能，例如在茶盖上放置小东西代表暂离，若把茶盖立于茶碗旁，则是暗示堂倌钱没带够得赊账；最后离开前，别忘了把茶盖朝上放进茶碗里，昭告你的离去。

要说讲究，成都人讲究的是喝茶的地方，最好有风景，还要能晒到太阳。当地深度游策划人傅寒告诉作者：“开在居民社区或公园里的茶馆更接地气，价格也很亲民。可以去文殊院一带体验，例如成都会馆后门的无名街头茶馆、古娘娘庙道观内的院坝茶馆；浣花溪公园、望江楼公园、青羊宫内的树林下坝坝茶馆等也都具有很高人气；出太阳的日子，北门大桥至太升桥一带的锦江两岸，不少茶馆都有露台，聚满了本地茶客。至于那些文艺清新范儿、过度设计视觉系和装修考究的功夫茶楼，并非本地特色，请绕道。”

太古里大慈寺茶馆。

NU Café纽咖啡 咖啡馆 ¥

（见112页地图；☎8669 6675；奎星楼街55号，明堂门口；人均 25元；⏲9:00~23:00）巨大的落地玻璃窗外是4株巨大的银杏树，一到秋天，树下的几桌咖啡位就非常抢手。店堂内永远坐着正在讨论各种创意的年轻人，咖啡馆的初衷就是为他们提供工作的空间，20元一杯的自助美式咖啡很适合久坐的游人。

莲花府邸 酒吧 ¥

（见109页地图；☎8553 7676；武侯祠大街231号附12号；人均 50元起；⏲10:00至次日2:00）锦里最大的一家酒吧，因超女快男而火，谭维维、郁可唯都曾在此驻唱过，再加上位于锦里这样的游客必到处，简直没有理由不火。白天可以喝茶，欣赏古筝表演；晚上就是酒吧，酒很一般，听歌就很爽，运气好也许会碰见明星。

春熙路周边

悦来茶馆 茶馆 ¥

（见110页地图；华兴街锦江剧院内；茶20元起；⏲9:00~24:00）这里是川剧著名班社三庆会的旧址，始建于1909年，然后以茶肆的形式成为川剧票友们聚会的地方。一楼大堂有个小戏台，周六下午可以一边喝茶一边听川剧。

星巴克 咖啡馆 ¥

（见110页地图；☎8626 2508；远洋太古里；咖啡 20元起；⏲9:30~22:00）全国第三家星巴克“黑围裙店”，身穿黑围裙的店员都有着“COFFEE MASTER（咖啡大师）”头衔。提供巴拿马康特里斯庄园、夏威夷卡乌、秘鲁琼塔利、马拉维·赛博农场的4款咖啡豆手冲咖啡，可以现场欣赏店员泡咖啡的手势，价格要比普通的星巴克咖啡贵20~30元。

鹿角巷The Alley 茶¥

（见110页地图；☎8522 1501；南纱帽街61号；人均 22元；⏰10:00~22:00）来自台湾的网红奶茶店也开到了远洋太古里，店内装修有不少鹿角元素，招牌饮品是鹿角奶茶，颜值和味道都还不错，奶香醇厚。

她和他高空露台 Coffee House 咖啡馆¥¥

（见110页地图；☎8674 0200，133 4099 7750；文学巷下东大街216号；人均 60元；⏰13:30~22:30）一间高层小公寓改成的小清新咖啡馆，无敌的城市风景是它最大的卖点，阳台位可以俯瞰城区风光，咖啡和果茶也因此略贵。因为在小区里面，最好电话预订，老板会下来带路。

YECLIP黄色回形针咖啡 咖啡馆¥

（见110页地图；☎6488 4118；锐钯街43号；咖啡 33元起；⏰8:00~20:00）明亮的黄与白色调，小黄鸭和黄色回形针装饰着小小的店面，就一位咖啡师在里面忙碌，招牌夏日限量冰滴咖啡装在扁平玻璃瓶里；还有独创的辣椒咖啡、甜椒拿铁1号等，辣椒与咖啡的奇异组合，配一碟轻乳酪蛋糕刚好。

别有 ANOTHER SPACE 咖啡馆¥

（见110页地图；☎6198 9845；玉成街14号新3号；咖啡 48元起；⏰12:00~22:00）藏在热闹的太古里旁边，却能闹中取静，装修风格与餐具器皿很搭。提供咖啡与酒，分类较细。调制鸡尾酒都以“别有”命名，颜值和口味都不错；冷萃咖啡和巧克力芝士蛋糕味道比较受欢迎。

四川大学周边

绘咖啡 咖啡馆¥

（☎8145 3695；锦官驿街1号水璟唐10栋1号；人均 45元；⏰10:00~22:30）开在一座四合院里，庭院中花草茂盛，春秋时节坐着喝杯咖啡特别舒服。店内陈列着各种咖啡豆，单品咖啡口感不错，也有一些自创的花式咖啡，原味拿铁是青花盖碗与咖啡的组合，很受欢迎。

画厨 咖啡馆¥

[见114页地图；☎8627 2713；科华街5号附1号（川大花园南苑东北门）；人均 40元；⏰09:00~23:00]水泥墙面与灰白黑的主色调，营造出安静的氛围。以烘焙面包与咖啡为主，也提供早午餐，下午适合坐在窗边位喝杯咖啡，推荐冰滴耶加、桂香拿铁配红丝绒蛋糕。晚上主要是吃饭，牛排、蘑菇面包汤都不错。

隔壁子 酒吧¥

（见114页地图；☎8543 3111；九眼桥酒吧街太平下街145号；人均 50元起；⏰20:00至次日2:00）音乐不错，是九眼桥街上最火爆的一家酒吧。最大的噱头还是电影《观音山》拍摄地的招牌，门口就悬挂着老板与范冰冰的合影。音乐演出21:00点开始。

拾光 甜品¥

（见114页地图；科华路5号；人均 30元起；⏰13:00~23:30）成都本土甜品店的代表，怀旧的装修风格，很适合小坐。过人之处自然是味道，初次尝试的话，必点榴莲忘返（32元）或龙眼椰果冰（29元），如果你点的甜品与榴莲有关，店家会送上口香糖。

UID CAFÉ 咖啡馆¥

（见106页地图；☎8665 3818；水碾河南三街U37创意仓库6栋1楼；咖啡 20元起；⏰10:00~22:00）LOFT风格的咖啡馆，哈雷机车、缝纫机和复刻版牛仔裤强调着老板对美式复古文化的热爱。拿铁和卡布奇诺很正宗，同一个园区的BAKER STREET工作室为它供应蛋糕（42~68元），主人对原材料太执着，价格虽高但值得。

W.M.CAFE白胡子咖啡 咖啡馆¥

（见114页地图；☎186 8255 1910；锦绣街9号；咖啡 20元起；⏰9:00~21:00）开在以

银杏树著称的锦绣巷里，可想而知秋天生意会有多好，光顾者都为银杏而来，临街靠窗占位还请趁早。这家咖啡总体偏淡，岩熔咖啡和柳橙冰咖啡点单率较高。

咸集精酿啤酒馆 酒吧 ¥

（见106页地图；☎8441 4437；水碾河南三街U37创意仓库7栋；人均 50元；⏲10:00至次日4:00）其实这是一家酒店，底楼是小酒馆，装修风格走简洁风，主要提供国外精酿啤酒，品种很多，也可点各种小食。2、3楼为客房，住客喝酒打折。

啤酒窝酒吧 酒吧 ¥¥

（见114页地图；☎8145 0722；锦绣街34号附7号；人均 70元；⏲14:00至次日2:00）店主是一位比利时小伙子，主打比利时精酿啤酒，也能喝到俄罗斯啤酒、老挝啤酒等。服务员以外国人居多，附近大学生喜欢到这里来练英语口语，你也可以。

贰麻酒馆 酒吧 ¥¥

[见117页地图；☎8171 7179；猛追湾滨河路118号（天府熊猫塔下）；人均 70元；⏲12:00至次日3:00]河边的露天酒馆，一抬头就能看到灯光闪烁的天府熊猫塔，院内植物葱郁，中央一棵通天树屋是DJ打碟的地方，再配上四面可旋转机械臂超大显示屏，当音乐响起，就能体会到什么叫720° 环绕立体声。更赞的是酒水，创意十足，熊猫酒仙、"西瓜"特调、晕茶，这些名字其实都是自酿的低度酒。

果树甜品 甜品 ¥

（见117页地图；☎187 8001 7300；祥和里路165号；人均 30元；⏲13:00~24:00）店面非常小，总共仅4张桌子，装饰风格为简洁的黑白色调。招牌是榴莲沉香，上面看着是西米露，请深挖，下面"沉淀"着很大一坨榴莲，让爱榴莲的你大呼过瘾。漂浮着樱花大冰球的冰酿·花姬和芝士焗土豆等甜品口感都不错。

玉林周边

★小酒馆 酒吧 ¥

（见115页地图；☎8515 8790；玉林西路55号；⏲19:00至次日2:30）一首《成都》，竟然让原来在音乐界早已成名的小酒馆，变成了新晋网红店。其实，小酒馆一直是成都原创乐队和地下音乐的根据地，只是现在来拍照的人实在太多，想占个视线好的位置很不容易。玉林店主要应付打卡的旅行者，要看表演还是去芳沁店与万象城店，演出资讯能在微信公众号"成都小酒馆"中找到。

音乐房子 酒吧 ¥

（见115页地图；☎8557 4366；玉林南路15号玉林生活广场3楼；啤酒 30元起；⏲20:00至次日2:00）中国选秀节目的造梦工厂，走出的最大明星是张靓颖，《时间都去哪儿了》的演唱者王铮亮也在这里驻唱过。酒吧一直坚持现场音乐演出，23:00~24:00气氛最好，以翻唱流行歌曲为主，适合安静听歌。

三叶草西餐酒吧 酒吧 ¥

（见115页地图；☎8523 6158；人民南路4段15号；啤酒 15元起，鸡尾酒 40元起；⏲9:30~24:00）成都老牌餐吧，客人以外国人居多，也算是这家店的特色。白天吃西餐，晚上品酒，鸡尾酒品种很多，周四至周六有弹唱表演。

懒人精酿啤酒馆 酒吧 ¥¥

（见115页地图；☎185 0282 2295；玉林西路165号附近6号；人均 70元；⏲18:30至次日2:00）美式酒吧装修风格，主打现酿生啤，口味有很多花样，例如咖啡、黄瓜、草莓、养生IPA等，深夜偶尔有现场驻唱表演。

✪ 娱乐

成都看演出的地方很多，首选当然是欣赏一出川剧折子戏，而去东郊记忆看一场小型话剧或听听乐队的现场表演也不错。许多演出能在票务网站上取得折扣票。

锦江剧院 川剧

（见110页地图；☎8662 0019；华兴正街54号；票价150~280元；⏲20:00~21:30）每天晚上有《芙蓉国粹》川剧演出，以爱情故事串联川剧绝技，"变脸"是演出中的高潮。可直接到剧院门口售票处购票，大部分青年旅舍也可以代购。

蜀风雅韵 川剧

（见106页地图；☎8611 1025；琴台路文化公园入口；票价140~320元；⏲20:00~21:30）在梨园里看川剧是不是更能入戏？那就去文化公园内的蜀风雅韵，从形式到感官都沉醉在一出出表演中，手影戏、变脸、吐火、滚灯等传统绝技能博得你阵阵掌声。乘坐成都景区直通车购票可享一定折扣。

购物

谈及代表成都的礼物，川剧脸谱、剪纸、竹编、蜀绣等手工艺品在锦里和宽窄巷子都能买到；郫县豆瓣、牛肉干、竹叶青茶叶、腊肠等土特产同样可以在各大四川特产店一站式购买，火锅底料其实可以在你喜欢的火锅店里购买，店家一般都有自制火锅底料出售；熊猫的各种周边产品，熊猫邮局在宽窄巷子里最多最可爱。成都的书店与生活杂货店多而美，最宜精挑细选。

方所 书店

（见110页地图；纱帽街8号远洋太古里负1层M68-70；www.fangsuo.com；⏲10:00~22:00）全国第二家方所书店，400平方米的占地面积让广州的首店有点汗颜。严格来说，它不只是一家书店，其中的美学理念无处不在，走进去像山洞也似城堡。选书水准很高，艺术设计类图书和外版书较多。店内也有服饰、植物、生活用品等专柜，还会不定期举办各种高质量的演出和讲座。

格致书馆 书店

（见106页地图；天府广场四川科技馆4楼；⏲10:00~21:00）成都目前最大的国学书店，古籍、人文方面的图书比较齐全；布置雅致，提供茶饮，有多处可以安静看书的场所，窗外可以看到毛主席像和天府广场。

散花书院 书店

（见116页地图；文殊院金马街B5-1-62B；⏲10:00~22:00）挺"在地"的一间书店，图书侧重成都本地文化和旅游，店家自主设计、挑选的成都明信片图案别致，价格不贵。宽窄巷子、成都博物馆都有分店。

MUJI 生活用品

（见110页地图；远洋太古里；⏲10:00~22:00）特意跑成都来逛MUJI，真的有必要吗？这是全球最大的MUJI旗舰店之一，有大陆首家Café & Meal MUJI的低盐、少油、无添加剂的清淡派料理，以及诸多"过了这村没这店"的独家产品。4层楼的店面，装修独具风格，买不买都值得一逛。

蜀江锦院 手工艺品

（见112页地图；宽巷子46号附1号）如想购买手工蜀锦可到这里，虽然价格稍贵，但品质有保障。成都蜀锦织绣博物馆内有分店。

一针一线锦华馆 手工艺品

（见112页地图；宽巷子25号）一针一线属于汶川地震后的羌族帮扶计划公益项目，这里出售各种羌绣产品，包括包包、抱枕、衣服、围巾甚至家具，制作者都是汶川、理县、茂县等地的羌族妇女，她们的传统刺绣技艺，加上融入现代元素的设计，产品风格不俗。

入云屋学舍 手工艺品

（见107页地图；☎177 4322 4233；锦官驿1幢水璟唐3栋；⏲10:00~18:00）小隐于闹市的杂货铺，出售明信片、布艺、搪瓷器皿、瓷器等富有怀旧韵味的生活杂货，也提供布艺、插花、茶艺等课程。

无早书店 书店

（见107页地图；青莲上街5号附1号；

景区公共交通

对旅行者来说非常有用的有两种景区公共交通，一种是串联起主要景点的旅游观光巴士，一种是市区往返景区的直通车。

旅游观光巴士

文博观光线(12元，当日无限次乘坐；8:30~18:00，滚动发车)宽窄巷子长顺街口服务中心发车，途经锦里、武侯祠、青羊宫、杜甫草堂，终点为金沙遗址博物馆。

熊猫直通线(19.8元，当日往返；8:00~18:00，滚动发车)直达北郊大熊猫基地。

景区直通车

(☎400 082 1717; www.cd917.com)联通了市内与周边的重要景点，在武侯祠、宽窄巷、IFS(春熙路)、杜甫草堂、大熊猫繁育基地、金沙遗址博物馆等都有乘车点。天府广场负一层有门店，可前往咨询。关注微信公众号**成都景区直通车**可查询及在线预订所有线路及景区门票。

⏲周一至周五 14:00~22:00，周末 12:00~22:00)Rosabooks网站的线下实体店，成都本土的独立书店，精选国内外独立出版物。2楼售书，1楼经营杂货。旁边新开设无早食堂，提供简餐。

岩羊手工礼品店　　手工礼品

(见109页地图；高升桥北街高华二街33号；⏲周一至周六 10:00~22:00)英国老奶奶Rachel开设的小店，致力于销售贫困山区、少数民族地区或身有残疾的手工艺人的产品，包括绣品、羊毛玩具、手工饰品等。

闻酥园　　食品

(见110页地图；大慈寺路，大慈寺北门对面；⏲10:00~20:00)成都的老字号糕点铺，最地道的伴手礼。麻饼全城最好吃，甜度适中、外酥内绵，千层酥、蝴蝶酥、蛋黄酥和肉松卷也都很畅销。

藏饰用品街　　工艺品

(见109页地图)武侯祠横街和武侯祠东街上有琳琅满目的藏族工艺品店，所卖的东西类似拉萨八廓街，适合擅长讨价还价、又不太计较真伪的人。

ℹ 实用信息

媒体

紧跟潮流、信息全面的**《成都商报》**对于居住者和旅行者都适用。

新推出的成都生活美学杂志**《天府文化》**，在追逐潮流和发掘传统之间保持平衡。

Chengdoo Citylife，英文版的城市生活资讯月刊，在一些青年旅舍、酒吧和咖啡馆可以免费取阅，或在杂志网站(www.chengdoo-magazine.com)下载PDF版。

医院

城西就诊可去**四川省人民医院**(见106页地图；☎8739 3999；一环路西二段32号)，城东可去**成都市第二人民医院**(见110页地图；☎6783 0666；锦江区庆云南街10号)，距春熙路很近。

邮局

去**熊猫邮局**(见112页地图；少城路43号，人民公园地铁站D1出口；⏲9:30~21:00)寄一张盖有熊猫邮戳的明信片，这里也有各种熊猫周边纪念品可买，隔壁还提供各式熊猫饮品。如果需要寄包裹等其他邮政服务，可绕到背后将军街上真正意义的**邮政支局**(⏲9:00~17:00)。

暑袜街邮政支局(见110页地图；暑袜街和华兴街交叉路口；⏲8:30~18:00)的前身是"大清邮政成都分局"，办理邮寄业务的同时，还可以顺便欣赏清末巴洛克风格的建筑，券门圆窗仍是当年的模样。

中心城区（二环内）索引地图

1 中心城区（见106页）
2 武侯祠周边（见109页）
3 春熙路周边（见110页）
4 宽窄巷子周边（见112页）
5 四川大学周边（见114页）
6 玉林小区（见115页）
7 文殊院周边（见116页）
8 天府熊猫塔（见117页）

A
B
C
D
1
2
3
4
5
6
7
中环路
一品天下
蜀汉路
蜀汉路东
西南交大
二环路
九里堤
九里堤南路
北站西二路
沙湾路
金沙路
锦
一环路
武都路
抚琴西路
永陵
永陵路
白果林
21
26
西安路
西大街
江汉路
宁夏街
槐树街
青龙街
西南财大
清江东路
草堂北路
中医大省医院
宽窄巷子
骡马市
东城根街
27
31
24
41
23
光华村街
青华路
人民中路
西华门街
杜甫草堂
10
7
19
通惠门
38
人民公园
成都博物馆
11
14
草堂路
3
百花潭公园
6
34
芳邻路
锦里西路
小南街
天府广场
20
人民南路
龙腾路
大石西路
大石东路
29
锦里中路
锦江宾馆
南
滨江中路
临江中路
双楠路
双元街
武侯祠
南郊公园
武侯祠大街
华西坝
洗面桥横街
高升桥路
高升桥
洗面桥街
洗面桥东一街
15
红牌楼
广福桥街
肖家河北街
肖家河街
30
13
农冠庙
省体育馆
永丰路
玉林北路
玉林东路
玉林中路
玉林南路
佳灵路
长益路
太平园
倪家桥
九粉大道
紫荆路

0
200 m
E
F
G
H
1
2
3
4
5
6
7
火车北站
驷马桥
驷马桥路
府青路
八里庄路
八里庄
李家沱
人民北路
解放路
府青路
文德路
43
17
二友路
沙
府青路
新区路
人民北路
16
江
前锋路
星辉路
马鞍西路
马鞍北路
马鞍东路
大安西路
文殊院
北大街
大安中路
河
建设北路
建功路
文殊院
红星桥
32
文武路
太升北路
大安东路
建设路
锣锅巷
成华公园
建设南路
12
红星路
建设南新路
8
德盛路
玉沙路
太升南路
36
顺城大街
岳府街
新华大道
天府熊猫塔
成华大道
成华大道
市二医院
37
总府路
一环路
二环路
新华公园
大慈寺路
玉双路
4
春熙路
远洋太古里
玉双路
双林路
东风路
双庆路
红星路
东大街
双桥路
水碾河路
33
东门大桥
2
纱华路
双桥路
河
40
42
9
1
滨江东路
35
22
临江东路
牛王庙
万年场
新南门
39
锦东路
新南路
致民路
双桂路
18
5
28
磨子桥
牛市口
顺江路
二环路
一环路
东大路
锦
沙
科华北路
望江楼公园
锦绣路
江
25
河
龙兴大道
静康路
东湖公园

中心城区

重要景点

成都博物馆 D4
杜甫草堂 B4
天府熊猫塔 F4
宽窄巷子 D4
人民公园 D4
文殊院 E2
武侯祠 C5
永陵 C2
远洋太古里 F4

景点

1 iBOX F5
2 U37创意仓库 G5
3 成都蜀锦织绣博物馆 B4
4 大慈寺 F4
5 华西坝近代建筑群 E6
6 浣花溪公园 B4
7 青羊宫 C4
8 上翔堂 E3
9 水井坊博物馆 F5
10 四川博物院 B4
11 四川科技馆 D4

住宿

12 背包十年青年旅舍 E3
13 好久不见青年旅舍 C6
14 浣花黉台 B4
15 金陵路4号国际青年旅舍 D6
16 懒骨头铂泊客 E2
17 老宋国际青年旅舍 F2
18 朴院禅文化精品酒店 E5
19 维家斯安商文化酒店 C4
20 西姆酒店 D4
咸集设计酒店 （见2）
21 笑脸里·好久不见青年旅舍 C3
22 熊猫夫人青年旅舍 E5
23 隐栖堂酒店 A3

就餐

24 陈麻婆豆腐 B3
25 吃喜牛肉串串 E7
26 方德跷脚牛肉 C3
27 国土乡村菜馆 B3
28 何蒸肉 G6
29 贺记蛋烘糕 D4
30 皇城坝牛肉 C6
31 老夏老火锅 C3
32 马路边边麻辣烫 G3
33 牛华八婆麻辣烫 F5
34 蜀九香火锅酒楼 B4
35 天府掌柜 F5
36 屋顶上的樱园 F3

饮品

UID CAFÉ （见2）
咸集精酿啤酒馆 （见2）

娱乐

37 锦城艺术宫 E4
38 蜀风雅韵 C4

购物

格致书馆 （见11）
39 入云屋学舍 F5
40 无早书店 F5

实用信息

41 四川省人民医院 B3

交通

42 新南门车站 E5
43 北门汽车站 F2

武侯祠周边

武侯祠周边

景点

1 锦里 C2

活动、课程和团队游

2 博语小窝 A4

住宿

锦里客栈 .... （见1）

3 梦之旅国际青年旅舍 B2

4 蒸汽旅舍 D2

就餐

5 阿热藏餐 C2

6 锦城印象 D1

7 钦善斋 B2

8 永记汤圆面馆 B2

饮品

9 莲花府邸 C2

购物

岩羊手工礼品店 .... （见2）

10 藏饰用品街 B3

春熙路周边

0
200 m
A
B
C
D
1
2
3
4
太升南路
兴隆街
28
暑袜北一街
永兴巷
隆兴街
慈惠堂街
12
栅子街
双岳府街
27
市二医院
3
提督街
华兴上街
14
23
华兴正街
梓潼桥正街
红星路
干槐树街
惜字宫南街
武成大街
总府路
17
华兴东街
16
如是庵街
暑袜街
中新街
4
春熙路北段
正科甲巷
福字街
北顺城街
春熙路西段
11
10
红星路
26
大慈寺路
2
24
北纱帽街
东安南路
东大街
8
9
25
玉成街
1
联升巷
城守街
春熙路
22
19
21
东顺城街
锦
学道街
走马街
中纱帽街
东风路
20
南纱帽街
13
5
天仙桥北路
天仙桥滨河路
均隆街
督院街
7
东大街
东升街
三圣街
义学巷
江
锦兴路
红星路
15
6
磨房街
清安街
王家坝街
镗钯街
东大街
东门大桥
18

春熙路周边

景点

1 成都江南馆街街坊遗址 B3
2 大慈寺 C2
3 基督教恩光堂 D1
4 锦华馆 B2

活动、课程和团队游

绣兰道蜀绣体验馆 .... （见2）

住宿

5 博舍 C3
6 崇德里·驻下 B4
7 拖板鞋青年旅舍 B3

就餐

8 半山小馆 C3
9 柴门饭儿 C3
10 大小喜吃匠心集 B2
11 龙抄手春熙路总店 B2
12 冒牌火锅菜 C1
13 脑花面 C3
14 盘飧市 B1
15 秋金小炒 B4
16 谢记肥肠鸡冷锅串串 C1
17 雨田饭店 C1

饮品

18 YECLIP黄色回形针咖啡 B4
19 别有 ANOTHER SPACE C3
20 鹿角巷The Alley B3
21 她和他高空露台CoffeeHouse D3
22 星巴克 C3
23 悦来茶馆 B1

娱乐

锦江剧院 .... （见23）

购物

24 MUJI C2
25 方所 C3
26 闻酥园 C2

实用信息

27 成都市第二人民医院 C1
28 署袜街邮政支局 A1

0 200 m
A
B
C
D
1
2
3
4
5
青龙街
老东城根街
东城根下街
红墙巷
东马棚街
西马棚街
槐树街
长顺下街
中同仁路
二道桥街
东门街
奎星楼街
小通巷
实业街
长发街
17
18
羊市街
商业后街
长顺中街
栅子街
下同仁路
泡桐树街
19
22
西安中路
宽窄巷子
26
支矶石街
西御河沿街
20
8
宽巷子
6
27
21
13
窄巷子
28
商业街
五福街
5
平安巷
9
24
30
井巷子
多子巷
仁厚街
窄巷子
西胜街
桂花巷
25
西华门街
柿子巷
长顺上街
斌升街
3
7
金河路
东胜街
东城根上街
包家巷
金家坝街
29
将军街
方池街
1
人民公园
蜀华街
人民西路
包家巷
小南街
11
祠堂街
4
人民公园
16
23
东城根南街
14
文和路
西御街
君平街
2
15
10
12

宽窄巷子周边

景点

1 李家钰兄弟公馆……B4
2 明堂创意工作区……B1
3 少城视井文创园区……C4
4 《新华日报》旧址……C5
5 平安桥天主堂……D3

活动、课程和团队游

6 三川九味川菜体验馆……B3

住宿

7 城市客栈……A4
8 钓鱼台精品酒店……A3
9 佳俯少城客栈……B3
龙堂客栈……（见6）
10 四号工厂……B1
11 探索西部青年旅舍……C5

就餐

12 飞鸟鱼……B2
13 金熊猫餐厅……B3
14 廖老妈蹄花……C5
15 冒椒火辣……B1
16 缺一门火锅……C5
17 玉芝兰……C2
18 院8里·有院子的老川菜……C2
19 组织私房菜……B2

饮品

NU Café纽咖啡……（见2）
20 白果苑茶园……D2
21 白夜……A3
22 成都画院……A2
23 鹤鸣茶社……C5
24 恺庐……B3
25 厘途·Little Travel……C3

购物

26 蜀江锦院……A2
27 一针一线锦华馆……B3
28 三联韬奋书店……B3

实用信息

29 熊猫邮局……C4
30 旅游服务中心……B3

四川大学周边

景点

1 四川大学博物馆 C2
2 望江楼公园 D3

就餐

3 曾哥烧烤 B1
4 双流老妈兔头 C1
5 自贡好吃客 A3

饮品

6 W.M.CAFE白胡子咖啡 A4
7 隔壁子 C1
8 画厨 B4
9 啤酒窝酒吧 A4
10 拾光 B4

玉林小区

景点

1 院子文化创意园区 D3

住宿

2 7小时青年客栈 C3
3 S设计师酒店 E3

就餐

4 锦城印象火锅酒楼 C3
5 龙虾一绝 B2
6 岷源仔姜王 C3
7 青年火锅 C2
8 全记广州大排档 B3
9 天添饭店 B3
10 重庆谢记老火锅 C1
11 玉林串串香总店 D2
12 祖母的厨房 E3

饮品

13 懒人精酿啤酒馆 B1
14 三叶草西餐酒吧 E3
15 小酒馆 C2
16 音乐房子 C4

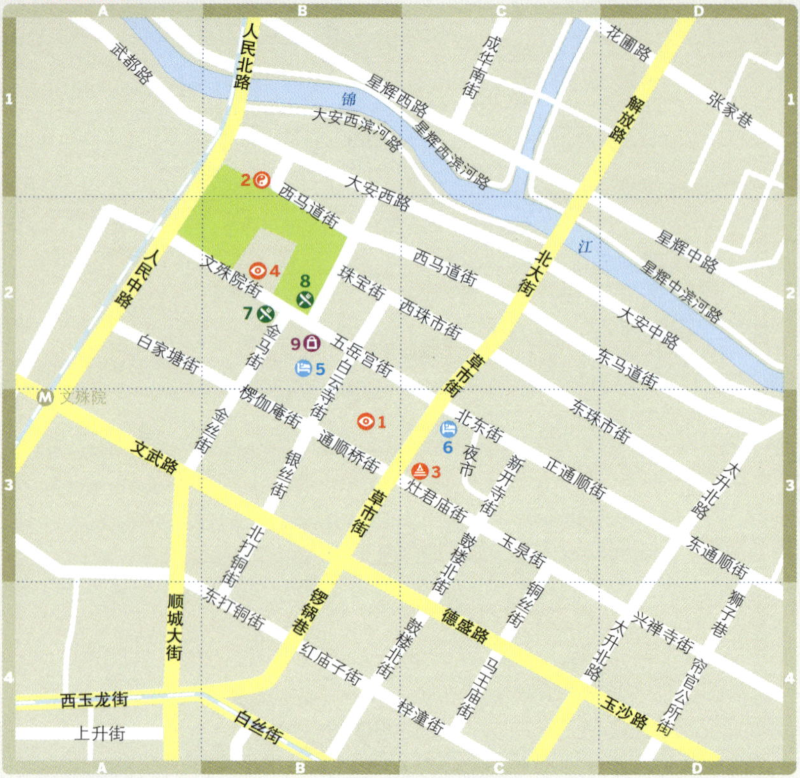

文殊院周边

景点

1 爱道堂......B3
2 古娘娘庙道观......B1
3 金沙庵......C3
4 文殊院......B2

住宿

5 圆和圆佛缘客栈......B2
6 缘来客栈......C3

就餐

7 洞子口张老二凉粉......B2
8 香园禅意体验区......B2

购物

9 散花书院......B2

天府熊猫塔

天府熊猫塔

景点

1 天府熊猫塔 C2

住宿

2 成都梧桐国际青年旅舍 D1

就餐

3 干海椒抄手 D1

4 金麒麟兔火锅 D1

5 康二姐串串香 B3

牛水饺 .... （见3）

6 三哥田螺 A1

7 蟹蟹大排档 D4

饮品

8 贰麻酒馆 C2

9 果树甜品 C4

在路上

本书作者：何苗苗

原本对古建筑和石窟艺术并不太感冒和了解，却被这片区域密集分布的历史遗珍圈了粉，入了坑。

进一步了解我们的作者，见255页

建川博物馆中国壮士群雕广场。

何苗苗摄

西部和南部

这片土地向西向南牵扯着成都，与热闹市区若即若离。它文化深厚，却常被游人忽视，或者说，它更适合“不走寻常路”的旅行者。

金沙遗址将三千余年前古蜀文明的盛世高调呈现，陈家桅杆庞大的祠堂建筑群静立于清幽的乡野。鹿野苑的石佛，新津观音寺的古建、壁画和雕塑，皆因艺术技法出众而为深巷醇酒。“蜀身毒道”西出成都通往印度，夹道群山中的浩瀚石窟群，伴你走近南方丝绸之路上的唐代佛国。你可以到融于山水之间的知美术馆，试着领悟建筑设计大师隈研吾“让建筑消失”的设计理念；也可以到中国竹编之乡道明竹艺村，看看陆游《太平时》一诗中的意境如何幻化成真。

当然，这里的主题并非都这么古老庄严。想要挑战“高处不胜寒”？海拔3000米的西岭雪山最宜拾阶赏景和极限户外；若雅好民国风韵，安仁古镇的老公馆群与博物馆聚落沉淀了百年时光；或许你只想找个安静的地方打发时光？川西特色的铁像寺水街容纳了精致餐饮与格调店铺，在小桥流水旁喝杯茶、散散步，没有比这儿更巴适的了。

☑精彩呈现

何时去

➡ **3月至5月** 春天的号角在新津吹响，桃红梨白后，杜鹃在西岭雪山星火燎原。

➡ **7月至8月** 夏季的西岭雪山气候凉爽、鲜花遍野，用淡季的票价避暑赏花，岂不快哉？去天台山玩水纳凉，夜晚一不小心就闯入萤火虫的世界。

➡ **10月至11月** 白岩寺和罨画池的银杏铺天盖地。

➡ **12月至次年2月** 去西岭雪山滑雪场和花水湾温泉体验冰火两重天。

★西部和南部亮点（见124页）

① 金沙遗址博物馆 ② 建川博物馆 ③ 邛崃石窟
④ 西岭雪山 ⑤ 新津观音寺

交通

➡ 地铁2号线西可至郫都区，地铁4号线西可至温江。成蒲铁路连接了成都西站、温江、崇州、大邑、邛崃和蒲江。新津是成绵乐铁路上的一站，继续前往眉山、乐山很方便。

➡ 成都去往西、南各区县的滚动班车大多从茶店子客运站和新南门车站发出。各区县间也有频繁的班车和公交车往来。

➡ 成都景区直通车可带你往返各大景区来个“一日游”。

如果你有

➡ **半天** 可以在鹿野苑石刻艺术博物馆、陈家桅杆或新津观音寺之间三选一。不想把时间花在路上，就先参观金沙遗址博物馆，再去城南的铁像寺水街走走。

➡ **1天** 喜欢大自然，就去西岭雪山一日游；喜欢乡野，可以去崇州的罨画池和道明竹艺村。

➡ **2天** 把两天时间都留给安仁古镇。或者一天去寻访邛崃石窟，一天到平乐古镇及周边游山玩水。

金沙遗址博物馆出土玉金器。

当地人推荐

简读金沙遗址

姚菲　成都金沙遗址博物馆副馆长，央视《百家讲坛》金沙遗址主讲人。

如果没接触过古蜀文化，参观时如何进入状态？

金沙遗址是考古博物馆，与武侯祠、杜甫草堂等景观型博物馆不同，它的文字描述和寓意感知都是紧紧依托于出土文物和考古学史料的，因此听讲解非常重要。就拿太阳神鸟来说，它丰富的内涵足以说上一个小时，因此我们将它的介绍整理成了针对普通受众、青少年、专业人士等六个版本，讲解员会对不同的听众选择相应的解说词，以便达到最好的效果。同时，微信公众号和讲解器也可以收听统一版本的免费讲解。

如何了解金沙遗址？

可以看看金沙遗址的主题纪录片《金沙迷雾》，它讲述了金沙遗址发现、发掘的故事，并逐一解读太阳神鸟、黄金面具等代表性文物的内涵。再就是《金沙之光》或《金沙之谜》两本入门书籍，前者揭示了古蜀金沙人对太阳崇拜的由来，后者则用揭开一个个谜题的形式，解读了金沙遗址出土的代表性器物。

除了太阳神鸟和金面具，还有哪些具有特殊意义的展品？

有几件器物我要特别提到。一是“青铜立人像”，它头上的帽子与太阳神鸟的太阳芒纹金沙遗址博物馆穹顶。

饰如出一辙，手势则与三星堆大铜立人像手势相同，说明了三星堆与金沙遗址有着共同的原始宗教信仰和类似的仪式规范。二是“十节玉琮”与“四节玉琮”，“十节玉琮”是一件来自长江下游良渚文明的“进口产品”，而“四节玉琮”则是古蜀先民吸收外来文化而创造出自我特色的典型器物。它们不仅代表了两地之间的文化交流，也为我们留下了饶有趣味的疑问。

同为古蜀国都邑遗址，三星堆遗址和金沙遗址有什么相同点和不同点？

三星堆文明先于金沙文明，但两个遗址出土文物在造型、材质、图案和纹饰等方面都具有明显的相同点，一看就属于同一文化现象。最大的区别就是金沙遗址出土的大多是精美的小件文物，但三星堆的却可以看到重器，比如高三四米的青铜神树和大型青铜人面像。

不要错过

最佳古迹

- **邛崃石窟** 南丝绸之路上，规模庞大唐代石窟造像。（见146页）
- **陈家桅杆** 现存规模最大的川西祠堂建筑群，始建于清乾隆年间。（见134页）
- **新津观音寺** 艺术造诣极高的明代古寺，古建、壁画、雕塑被誉为“三绝”。（见137页）
- **罨画池** 始建于唐代的官署园林，诗人陆游曾在此驻留。（见135页）

最佳休闲地

- **铁像寺水街** 逃离闹市，来这里体验成都慢生活。（见132页）
- **道明竹艺村** 精湛的竹编技艺加上时髦大胆的设计，原来村庄可以这么文艺。（见136页）
- **观音阁老茶馆** 百年历史的老茶馆，斑驳的岁月铺满每个角落。（见136页）
- **花水湾** 游人专属的温泉度假小镇。（见143页）
- **平乐古镇** 可在街巷间寻古，也可到周边探险。（见147页）

最佳博物馆

- **金沙遗址博物馆** 尽数展现古蜀国的黄金年华。（见130页）
- **鹿野苑石刻艺术博物馆** 南方丝绸之路的石刻精品就藏在这乡村田野中。（见137页）
- **建川博物馆** 20多座博物馆几乎收藏了抗日战争到当今社会的国家经历与百姓心路。（见140页）

西部和南部亮点

❶金沙遗址博物馆

古蜀王国的都邑，成都建城史的开端。从发现之日起，一时止步的三星堆文明便找到了接续的踪迹，古蜀文明再次放射耀眼的光芒。精美与神奇是金沙最隆重的献礼，“太阳神鸟”在三千年后的今天成为成都的徽章和中国文化遗产的标识。而薄如蝉翼的“黄金面具”是如何铸造出来的，“十节玉琮”又是如何跨越千里从长江下游的良渚文明来到蜀地？还有更多的谜团等待解开。

❷建川博物馆

尽管“100个博物馆”的目标现在只完成了1/4，这里已是超乎想象的宏大。与建筑规模呼应的是它丰富的馆藏主题，从20世纪30年代抗日战争到当今时代，国家历经的内外战争、自然灾难和其他重大事件都在这里徐徐展开。其中那些被忽视、被遗忘的人与事，都被用心地、凝重地拾起。

❸邛崃石窟

邛崃石窟听起来似乎有些陌生，但它的

袁亮 摄

© 视觉中国

左图：金沙博物馆；
右图：建川博物馆的“猪坚强”。

确来势不凡。年代远至唐始，规模曾用“千亿万佛”形容。力士遒劲，“飞天”飘逸、菩萨婀娜妩媚，内容生动富有情节。石刻造像成片成群，石窟密布错落有致。或临江静峙，或绝壁挺立，将唐代石刻艺术精华附丽至今。

❹ 西岭雪山

千年前，杜甫于草堂写下“窗含西岭千秋雪，门泊东吴万里船”。如今古船已逝，而“西岭”仍在与成都相距不足60公里的地方矗立着。春夏秋三季白雪不覆山，怒放的杜鹃、绚烂的野花与漫山红叶会如期而至。冬季的西岭属于滑雪爱好者，雪地里撒欢后泡个温泉，日子就是这么“巴适”。

❺ 新津观音寺

新津观音寺的山门里大有乾坤，明代的楼堂、壁画和雕塑，艺术造诣之高堪称稀世珍宝。毗卢殿阴暗的墙壁上，依据佛教《圆觉经》所绘的菩萨，曹衣出水、吴带当风；观音殿内三大佛教圣地的全景浮雕繁复且精巧；飘海观音足踩鳌头，人物与场面的雕塑线条流畅轻盈，让眼前的情景活了起来。

何苗苗 摄

建川博物馆日本侵华罪行馆。

邛崃石窟花置寺造像。

夏季的西岭雪山。

新津观音寺清静慧菩萨壁画。

何跃贵摄

★ 最佳景点

安仁古镇

木制楼阁与灰砖大宅交错，有轨电车“叮当”作响，这就是安仁，一个浓缩了川西近代百年风云的小镇。民国是安仁最出彩的时期，来自安徽的刘氏家族在此写下“三军九旅十八团，营长连长数不完”的辉煌传奇，并留下数量庞大的公馆群。经过历史的淘洗，残存的27座老公馆在规划后重获新生，和最大的民间博物馆聚落共同构筑了今日的“博物馆小镇”。

安仁面积不大，但若想细细品味最好留宿一晚。一天逛老街与刘氏庄园，晚上找个老公馆住上一晚或到安仁戏院看场电影；另一天则留给展馆众多的建川博物馆。

见151页地图；成都大邑县安仁镇

刘氏庄园

刘氏庄园是刘文彩及其兄弟修建的家族府邸，占地面积达7万余平方米，是国内最大的地主庄园之一。民国时期，从安徽迁移而来的刘氏在此发迹，同一家族中出了两把“枪杆子”和一个“钱袋子”——这个家族里有人带领川军奋勇杀敌，也有高调的致富者盖起一栋栋奢华的建筑群。虽然如今院落、内室不全然是当年真实样貌，但中西合璧的川西民国建筑群与华美的门头雕刻仍值得一看。百年历史的刘氏祖居可读家族史，奢华的老公馆中仍能窥见当年富豪之家的排场。珍品馆现藏有大量家具、摆饰、生活用品，其中象牙雕刻与太平天国时期的紫檀木座椅尤为出众。

安仁古镇街景。

©视觉中国

亮点速览

➡ 建川博物馆东西两侧的**中国老兵血手印广场和中国壮士群雕广场**极富视觉震撼力，前者是由3000多名抗战老兵血手印组成的钢化玻璃碑林，后者由219位抗日将士集结成阵，同样是国共合作的作品，毛泽东和蒋介石并列于雕像的中间位置。

➡ 听见铛铛声，驶过来的是仿造民国时期上海有轨电车设计的“铛铛车”（往返 20元/人），连接了民国风情街、刘氏庄园、刘文辉公馆等景点，不妨乘着它来次时光穿越之旅。

建川博物馆

建川博物馆不是一个馆，而是由20余座博物馆组成的聚落，分成抗日战争、红色年代、民俗与抗震救灾四大主题，是目前中国规模最大的民间博物馆，也是座不断“成长中”的博物馆。馆主对战争中的不同群体皆有关注，**正面战场馆**讲述了国民党军队在对日战争与滇缅战场上的惨烈与悲壮；**不屈战俘馆**记述了被历史忽略的“抗俘”人生最后的光辉。**川军抗战馆**透过装置艺术、模型与文物让曾发生在这块土地的历史跃然眼前。博物馆群中最令人揪心的是**5·12－6·12震撼日记馆**，略显挤压的空间里，摆放着那次灾难中坍塌的房屋、被砸毁的车辆、逝者的遗物等，不时有当年的新闻影像出现。记录知识青年上山下乡运动的**知青生活馆**也是一个时代热潮的缩影。

安仁老街

石板路、电车轨道、民国公馆、旗袍店，看着像是影视基地，不过可别拿老眼光看待“古镇”这两个字，安仁是不一样的。半个多世纪前，刘氏家族在此留下数量庞大的公馆，这些建筑随时代的推进没有牺牲在推土机下，相反，新的文化被带入，迄今仍保存着的27座老公馆大多获得新生。而更可贵的是，这些新鲜的文艺气息并没有冲淡本属于它的民国乡绅味道。树人街、裕民街和红星街是老街的核心区域，十几座老公馆、戏院与曾经的安仁中学皆位于此。如今部分公馆被改造成了免费博物馆开放参观，有些成了画廊、书店，还有些成了精品客栈。

商周太阳神鸟金饰。

西南城区和近郊

西南城区和近郊包括二环外的金沙遗址、铁像寺水街和黄龙溪古镇，以及市区旁边的郫都、温江、崇州和新津，交通十分便捷。如果你有半天到一天的空闲时间，来这儿休憩、踏青或是寻古皆可。

金沙遗址博物馆

[见131页地图；☎8730 3522；www.jinshasitemuseum.com；微信公众号：金沙遗址博物馆；金沙遗址路2号；门票 70元；🕗5月1日至10月31日 8:00~20:00，11月1日至次年4月30日 8:00~18:30，提前1小时停止售票。周一闭馆（1、2、7、8月及法定节假日除外）]2001年2月8日，成都西北金沙村内，一个建筑工地准备开挖地基，却意外挖出深埋三千余年的金沙遗址——继三星堆后，又一古蜀王国都邑。

宗教祭祀是金沙遗址的特色，60余处遗迹中出土的文物多为祭祀礼器。遗迹馆直接建在原址祭祀坑上，沿步道深入遗址，如同亲临考古现场。11号遗迹坑曾出土了数以吨计的象牙，上下堆叠为8层，并掺杂着大量玉器、铜器、金器等。博物馆为保护象牙而采用回填措施，现在露出地表的象牙堆积不过是冰山一隅，黄土之下依然沉睡着无数尚未挖掘出的象牙等物品。如果无法想象，就抬头看看影片，里头播映着考古发掘过程的影像及相关纪录片。

陈列馆共有五个展厅。第一展厅“远古家园”和第二展厅“王都剪影”介绍了金沙时期的生态环境和社会生活场景。第三展厅“天地不绝”展示了众多祭祀区出土的金器、石器、玉器、象牙、卜甲等文物，双手做抱物状的精巧青铜立人像和庞大的祭祀物象牙正是揭开金沙祭祀谜题的关键。第四展厅“千载遗珍”最为精彩，镇馆之宝**太阳神鸟**和**黄金面具**都收藏在此。前者“四鸟绕日”的图案已成为中国文化遗产标志，也是成都的城市

西南城区和近郊

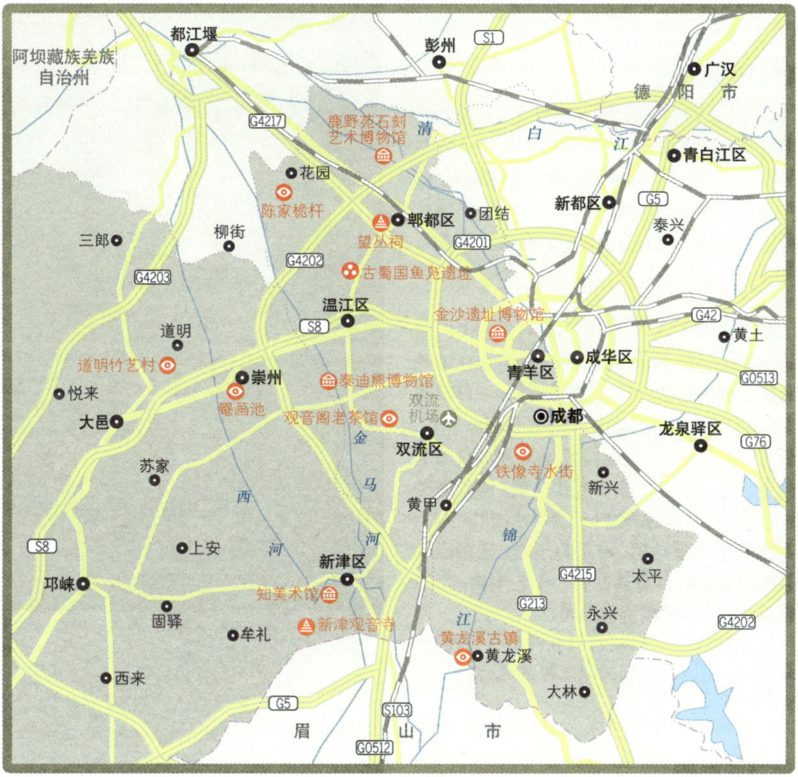

“图腾”；而更能体现金沙文明与三星堆文明关联性的黄金面具看似沉重，实际仅46克，三千余年前的人们是如何做出如此精致的器物，至今仍是个谜。该厅陈列的其他30多件文物也都是金沙遗址的精品，比如**十节玉琮**，它年代较金沙文明更早，属于余杭一带的良渚文明，证明了古蜀国并非传说中那样“不与秦塞通人烟”。第五展厅“解读金沙”则是介绍了古蜀国文明的发展脉络。

如果参观完还觉得不过瘾，可以在负一层的4D影院观看一场名为《梦回金沙》（20元）的“四维”（第四维来自动感特效座椅）影片，片长15分钟，约每隔1小时循环播放。

节日和活动

透过博物馆微信公众号提供的免费导览，能进一步了解各展厅的重点展品。旅行者还可预约博物馆多种类型的社教与文化活动，其中每月第一个星期二的**馆长讲解日**由3位馆长对博物馆的不同主题轮流进行讲解，可提前关注报名。

金沙太阳节于每年春节期间在金沙遗址博物馆举行，届时不仅门票半价，还有重磅的临时文物展以及历史文化主题的灯会、演出等活动，此外还可逛花市、品美食，活动一直持续至3月初。

到达和离开

地铁7号线金沙博物馆站和地铁2号线一品天下站是距离博物馆最近的地铁站。金沙遗址博物馆有3个门，讲解服务只能从金沙遗址路上的南门与青羊大道上的东门获得。乘坐成都景区直通车购买门票有折扣。

铁像寺水街

想感受蜀风水韵的情调，又不想到宽窄巷子、锦里挤破头，位于城南的铁像寺水街可能会更符合你的期待。肖家河缓缓流淌，两岸川西风格的仿古建筑、吊脚楼与极具设计感的新式建筑交会融合，一座座石桥、水榭、牌坊、戏台将这里营造成闹市中的一片诗意乐土。

趁着现在人还不多，不妨花上半天时间去享受一下真正的"慢生活"。你可以在古戏台旁的**陈锦茶铺**（茶 15元/杯起）来一杯盖碗茶，也可以去**浣月茶美学**（☎180 8108 3973；铁像寺水街2-4号北楼），在花与禅的氛围下体验传统茶道。想来点现代气氛，回澜塔旁边的**艺朗·马格啤酒馆**（铁像寺水街2区1号）有很棒的鲜酿啤酒、音乐和小吃。成都图书馆的**散花书院**本身就如同一个艺术馆，二层提供了阳光满屋的阅读空间。

离铁像寺水街最近的地铁站是1号线世纪城站，出站后可到天府二街东站公交站乘203B路公交车前往。

黄龙溪古镇

免费 黄龙溪曾是古蜀王国的水上要道，距今有2100多年历史。经过几次改造与扩建，如今小镇已"焕然一新"。虽然镇上的仿古建筑和小桥流水总让人感觉"似曾相识"，但成都边上的好位置仍使它游人如织。

古镇分为两个区块，穿越入口的**老龙门**与气势恢宏的**龙潭广场**，便来到依傍着溪水的**仿古小区**，每到夏天这儿就成为孩子们的戏水天堂。想看真正的古镇，就得继续往里走。上河衢区域保留了6条明清时代的青石板老街和"一街三庙"的景观。其中**镇江寺**与**潮音寺**不大，**古龙寺**有着近千年的黄桷树和清代全木戏台。寺内的**三县衙门**因历史上黄龙溪地处华阳、彭山、仁寿三县的"三角地带"而设，是清代的"联合办事处"。

解码古蜀文明

2018年10月，第二届中国考古学大会在成都举行。会议期间公布的多项考古发现和研究成果，再一次清晰梳理了巴蜀文明和成都平原的城市发展脉络。

早在夏商时期，四川盆地已经出现了高度发达的青铜文化。1986年考古学家在广汉三星堆遗址发掘出青铜神树、青铜面具等大批珍贵文物，由此揭开了古蜀文明神秘面纱的一角。2001年成都金沙遗址重见天日，它的发现和成都市区商周时期大型船棺的出土，以及在成都平原范围内发现的十二桥遗址、新津宝墩遗址、温江鱼凫村遗址、郫县古城遗址、都江堰芒城遗址、崇州双河遗址等，共同勾勒出成都平原三千余年城市文明的发展线路，一段完整的古蜀国文明发展历史就此清晰地展现在世人面前。这些发掘结果表明，就在长江上游，就在成都平原，存在着一个拥有高度发达的文化和城市的文

左图：三星堆青铜龙柱形器；上图：古蜀文明玉琮。

明起源中心，它的存在，恰好证实了中华古代文明“多元一体”的推测。此外，它也说明古蜀文明并非孤立存在，而是与中原文化始终保持着紧密的联系。

对于古蜀文明的探寻与研究从未停止，考古界普遍的观点是，三星堆遗址和金沙遗址都是商周时期古蜀文明的重要遗存，它们在时间上有相互衔接和延伸的关系。在三星堆青铜文明高度昌盛时期，金沙遗址的统治者可能只是古蜀国中的一个部族，当三星堆文明衰落之后，金沙文明才逐渐兴盛并最终取而代之。

金沙遗址和三星堆遗址出土的文物都以青铜器和金玉器为主。专家认为，这些青铜器都是有特殊用途的礼器，在一次次重大祭祀仪式之中，向古蜀人的诸神表达着崇拜和祈求。比较两处的出土文物，人们发现，它们的类别和造型非常相似，但从规格和工艺上看，金沙遗址的文物像是升级版，更小更精致。

三星堆出土的青铜器主要为高大的青铜立人像、佩有金面具的青铜人头像和硕大的青铜纵目人面像等，其铸造之精美，证实三千余年前的中国不仅能铸造青铜雕像，而且拥有同时期世界上最大的青铜雕像。这尊青铜立人像高约180厘米，头戴皇冠，双手握有权杖。之后金沙遗址出土的青铜立人像，其双手握物的造型与三星堆遗址的青铜立人像完全一致，但高仅20厘米，头部所戴皇冠形似太阳光芒，更加精致。此外，金沙出土的铜鸟、铜眼泡、铜铃等小型青铜器与三星堆祭祀坑出土的青铜器也基本相同，铸造工艺一脉相承，只是规格有所减少。与三星堆遗址相比，金沙出土了更多制作精良的金器。当时黄金在中原的地位并不高：诸侯用金，君王用玉。只有古蜀人，将黄金铸成至高器物用于祭祀，其中太阳神鸟金箔于2005年正式成为中国文化遗产标志。

不要错过

打卡最美书店

书店，是每座孤独城市的出口。虽然近些年来实体书店和纸质书遭遇寒流，但相关统计数据表明，成都全市书店接近3500家，数量位居全国第二。以下这些书店虽然不在城中心，但超高颜值也能吸引人们专程前往。

钟书阁（天府大道北段1199号银泰中心4层；⏲10:00~22:00）曾入选2017年中国十大最美书店，店内空间被分为几大区域，入口处是蜀地元素的“竹林”书架，进门左侧是红色砖墙围成的一个个小空间，布满顶天立地的书架，沿空中步行栈道穿行，的确有徜徉书海的感觉。阅读座椅散布于玻璃落地窗旁，既安静又有开阔的视野。

文轩BOOKS（府城大道中段88号九方购物中心1层；⏲10:00~22:00）这家书店完全颠覆了其前身新华书店的传统形象，超过10,000平方米的店面，以“森林阅读”为设计理念，专门开辟的阅读空间由台湾诚品书店的著名设计师李玮民设计，天花板悬挂着朵朵白云，柔和的灯光打在舒适的桌椅上。附设的儿童绘画馆中，精美的绘本书籍摆放在可爱的动物书架上。1楼至2楼的阶梯空间不定期举行各类书籍文化主题活动。

言几又凯德天府店（天仁路388号凯德天府4楼；⏲10:00~22:00）成都最早的言几又书店，到现在仍是本地文艺青年打卡地之一。除了书店区，也有画廊、咖啡区、文创产品区和舒适的公共阅读区，会不定期举行各种艺术及读书分享活动。

食宿

整个景区绕上一圈约半天，仍来得及回成都。但若想悠闲地游玩，景区内住宿很多，90元左右便有不错的标间。下河街的**大院坝**（☎8569 6253；下河街65号；标单/双180/160元；❄📶）是一座真正的川西大院，院内有一棵百年橙子树。

镇内食物选择很多，小吃与农家菜都有，一根面和黄辣丁是当地特色。镇江寺旁的**其香居茶馆**（正街91号；喝茶 10元起）为寺庙经营，地势较高，适合喝茶赏景。

到达和离开

成都新南门车站每天有频繁的班车（15元；7:50~18:10，滚动发车；1小时）发往黄龙溪古镇，茶店子客运站也有滚动班次前往。回程班车最晚18:00。客运站离景区不到1公里，步行即可。

温江

4000年前，古蜀文明已在此生根发芽，三国时诸葛亮在这里兴修水利，今日之富饶早有先人为其铺垫。陈家桅杆是今日温江最值得专程前往的景点，古建筑精美，并且游客尚未蜂拥而至。

景点

陈家桅杆 宗祠

（见131页地图；寿安乡天鹅村；门票 10元；⏲9:30~17:30，每月最后一个周二闭馆）陈家桅杆即寿安陈氏宗祠。桅杆与清朝科举制有关，若家族中有考取功名者，便可在大门前左右对称树立两根桅杆，中举人便在桅杆上套一个斗，中进士便套双斗，该宅门前所立两根为双斗石桅杆，可以想见昔日主人的身份和地位。

始建于清朝乾隆年间，扩建于同治年间的陈家桅杆是现存规模最大的川西祠堂建筑群，分成宗祠、住宅、园林、书院四部分。**翠柏山房**是当初的书房和私塾，“修身养性”与“面壁思过”和谐共处于同一屋檐下，一座同治时期满汉双文圣旨石碑褒奖了陈氏家族奋力护驾的事迹。**忠孝祠**院内的天井下，一座龙头石拱桥精巧别致。**大花厅**的木雕在整个宗祠中最具艺术价值，每一块封檐板上都有着不同的神秘文字符号。旁边的**爱吾庐**是保存最为完好的古迹，石刻与砖雕都值得细细推敲。

从成都市区乘地铁4号线在南熏大道站D口出站后，乘762、763路公交车到万春公交站，再换乘W24路公交车到陈家桅杆站下。下车后前行，右手边第一个巷子进去走到底便是。如果算上从成都一路过来所花费的时间，单程约需2小时。

泰迪熊博物馆 博物馆

（见131页地图；微信公众号：成都泰迪Bear博物馆；温江区金马国际体育城中央商业公园；门票 60元；⏲周一至周五 10:00~17:30，周六和周日 10:00~18:00，提前1小时停止售票）对于泰迪熊迷来说，这是个童叟皆宜的地方。博物馆3层的9个场馆里共有大大小小1000多只泰迪熊。它们有的以拟人化的形象呈现出西游记、三国演义等中国传统文化故事中的场景，有的演绎世界七大奇迹，有的则化身为鱼美人、维纳斯、大卫等艺术形象，甚是诙谐。

从成都坐地铁4号线到涌泉站下，换乘761或347路公交车即到泰迪熊博物馆。

就餐

离成都如此之近，你完全不必在此住宿，但一定要吃好了再回。**天佑祥万春卤菜**（☎8261 2866；天乡后街近春江路；人均 55元）在成都食客中的地位非常高，卤蹄髈、卤排骨、卤肥肠糯而滑，卤耳朵咬起来嘎嘣脆。

到达和离开

温江距成都市区约16公里，成都北门汽车站、昭觉寺汽车站和成都东站汽车客运站都有滚动班车去往温江客运中心（15元；1小时）。地铁4号线南熏大道站位于温江区中心地带。从温江客运中心或南熏大道站可前往区内各景点。

古蜀国鱼凫遗址

李白在《蜀道难》中写道："蚕丛及鱼凫，开国何茫然。"这里所说的蚕丛和鱼凫是古蜀国的两位帝王，一个教民养蚕，一个教民捕鱼。至于令诗人茫然的开国建都之地，终于随着1996年于温江发现的鱼凫遗址而逐渐清晰。该遗址是鱼凫部落生活的地方，属距今4000年左右的新石器时代。遗址挖掘出完整的城墙1300米，城池呈新月形，出土了大量陶片和体形较小、打磨精美的石斧、石凿、石锛等物，创下川西平原新石器遗址发掘之最。现在文物多已陈列于四川博物院，遗址处仅存一条沿古城墙铺就的石板路和一座具有纪念意义的石碑。从温江客运中心坐W25路公交车在报恩村下即可。

崇州

"江湖四十余年梦，岂信人间有蜀州。"令南宋诗人陆游念念不忘并多次写入诗中的蜀州，就是今天的崇州。这里有古老的川西园林，也有文艺的新式村落，且都与陆游有关。**街子古镇**（见201页）也位于崇州境内，你可从崇州客运中心乘306路公交车前往，但与都江堰一并游览更方便。

景点

罨画池 园林

（大东街54号；门票 8元；⏲夏季 8:00~18:00，冬季 8:30~17:30）罨画池是位于崇州市中心的一处官署园林，包括罨画池公园、崇州文庙和陆游祠三个部分。公园始建于唐代，是典型的川西园林，园中建筑则大多为清朝所建。红墙金瓦置于清秀山水之中，加上早春的腊梅或深秋的银杏，你便明白它的名字——罨（读音同"掩"）画，一幅色彩鲜艳的画。

建议从文庙所在的南门进入，正向参观。**崇州文庙**建于明代，清初重修，是四川境内保存最好的四座文庙之一。棂星门是全国

★值得一游

记录光阴的老茶馆

晨光中，小镇老人齐聚，或喝茶或打牌或卷烟；老虎灶上，烧开的水冒出阵阵白烟；墙上"文革"时期的"红色标语"已经有些斑驳。**观音阁老茶馆**（彭镇马市坝街23附1号；茶 10元；⏲4:30~18:00）的每个角落，都宛如一幅老电影的画面。

老茶馆距今有上百年历史，原本属于集体所有的供销社系统，而后由现在的老板承包下来。茶馆仍维持着古老的样子，青砖灰瓦木结构，老旧的桌椅上坐着来自街坊的老茶客，他们总戏称，这里是老成都茶馆的"活化石"。

每天7~10点是茶馆最热闹的时光，也是光影最好的时刻，经常能见到老茶客的烟斗与摄影者的长枪短炮隔着桌子"对峙"的画面。若时间充裕，便坐上一天，或许哪个茶客会拿来川剧金钱板演上一场，又或者与茶客、老板聊聊，只要你开口问，他们便有讲不尽的故事说与你听。

成都石羊客运站每天有车到彭镇（7:50~17:00，滚动发车；8.5元；1小时），下车后向南步行3分钟就到。

仅存的五叠檐牌楼式木结构门，之后戟门、大成殿沿中轴线层层递进。每年春秋两季及孔子诞辰日（9月28日）前后，文庙都会举行隆重的祭孔大典。

陆游两任蜀州通判，并在这里写下大量描绘川中风景的诗歌。昔日陆游的书房——**问梅山馆**如今成了本地人打麻将、喝茶的场所。为纪念陆游而建的**陆游祠**是典型的川西民居四合院，据说也是国内唯一一处纪念陆游的文祠。院内展出了这位诗人的生平和他的诗作、手迹等，还有崇州最大的传世可移动文物——治平炉，这是北宋时期的祭器。

从崇州客运中心站乘101、205路公交车，或从崇州火车站乘坐208路公交车均可到达公园。

道明竹艺村 村落

（☎8239 6288；微信公众号：道明竹艺村；崇州市道明镇；免费；⏲24小时）道明镇是川西平原上的竹编之乡，也是国家级非物质文化遗产"道明竹编"的传承地，这里的村民几乎世代都依靠编织竹篮、草帽等手工艺品为生。精湛的手艺加上新鲜的设计，如今这个小村已被打造成竹编主题的生态美学村落。原生态的环境、新颖的建筑和多样的活动场所值得你停留大半天，并爱上这里的"慢生活"。

小村面积不大，但建议到游客中心拿一张地图跟着走，所有的看点一目了然。**竹编博物馆**（门票 20元；⏲9:00~18:00）更像一个竹制品艺术馆。展示着构思精巧又美观实用的生活用品，甚至有用竹子编制的鱼缸。**遵生小院**中有多种竹编手工互动体验活动可参与。**丁知竹**展示的是中央美院学生和道明竹编传承人共同创作的作品，标新立异的产品令你大开眼界。走累了就到**第五空间**休息一下，这里有高颜值的卫生间，以及上网、充电等公共服务。此外，村中还有书院、美术馆等，不定期举办沙龙、讲堂、艺术展等文化活动。

外观俯瞰成"8"字形的**竹里**（☎181 2339 0653；人均 100元，别墅 1980元/4人）是道明村的标志性建筑，它的设计源自陆游《太平时》一诗的"竹里房栊一径深，静愔愔。乱红飞尽绿成阴，有鸣禽"。圆形的青瓦房与竹林、树木、远山、田野相得益彰，内部更是曲径通幽。不过这里不能入内参观，逢暑期或周末食宿都需提前3~5天预订。

竹艺村中有几家经营小吃和住宿的小店，环境都不错。若想住一晚，独门独院的**青旅无间**（☎180 1069 8360；铺 49元，标单 98元起）的多人间带空调和独立卫生间，标间性价比也很高。

从崇州市西门乡村客运站乘崇州至道明的班车（3.5元；7:20~17:30，滚动发车；20分钟）在竹艺村三岔路口下，往左边的岔路直行约1公里即到。返程需要回到三岔路口等过路班车。从崇州市区打车到道明竹艺村单程40元。

就餐

鼋画池公园北门右转约50米的小东街路口，**乐山尹记钵钵鸡**（小东街8号；人均 20元；⏲10:00~22:00）有麻辣和藤椒两种口味可选，怕辣可以就着蹄花炖饭和鸡汤饭吃，是解馋的不二之选。

到达和离开

成都茶店子客运站（15元；8:00~19:30，滚动发车；1小时）和成都东站汽车客运站（19元；8:10~18:30，约30分钟1班；1.5小时）都有班车前往崇州客运中心站。

从成都西站乘城际列车（二等座 12元；20分钟）到崇州站性价比更高。

鹿野苑石刻艺术博物馆

（见131页地图；☎8797 6835；郫县新民场镇云桥村；门票 50元；⏲9:00~17:00）鹿野苑石刻艺术博物馆是诗人钟鸣创建的私人博物馆，专注于南方丝绸之路范围内的佛教石刻艺术。这里陈列了200余件汉代至唐宋的石刻造像，镇馆之宝是唐贞观年间一块释迦说法造像碑，以及几尊精妙的五代时期菩萨造像。不同于大多数寺庙所看到千篇一律、正襟危坐的佛像，这里陈列的单体佛像姿态万千，你会发现佛也可以很俏皮。

和展品一样精彩的，是设计师刘家琨主导的建筑与布展。隐蔽的选址确保了鹿野苑的清幽。展馆内不设照明，全靠各种缝隙光、天光和壁面反射光打亮"裸展"的藏品，营造出置身石窟的感觉。设计师还把都江堰的活水引入馆中，形成循环，调节温、湿度，环保的同时极富视觉感染力。虽然开放参观的两个展馆不大，一二个小时就能走完，但细腻的光影变化很可能会令你自然而然地慢下脚步。

前往博物馆，可以从成都犀浦火车站坐动车到郫县西站，换乘P16或P49路公交车至净菊站后，顺着路牌步行15分钟就到。

望帝与丛帝

"庄生晓梦迷蝴蝶，望帝春心托杜鹃。"很多人都是从李商隐这两句诗中知道望帝的。望帝名杜宇，是2700多年前古蜀国继蚕丛、柏灌、鱼凫后的第四代国王，望帝杜宇晚年禅位给丛帝开明，退隐青城山，传说他死后化为杜鹃鸟，啼声凄怆，因此留下"德垂揖让"的千古佳话和"杜鹃啼血"的美丽传说。传说中古蜀国各代国王对蜀地的发展均有不同贡献，望帝教民务农，而丛帝率众治水。其实先有丛帝治水，才有李冰修堰，而后人因都江堰只记住了李冰，编制治水方略的丛帝却被忽视了。

望丛祠（见131页地图；☎8792 2648；望丛中路；免费；⏲夏季 8:30~18:00，冬季 8:30~17:30）便是为望丛二帝设的祠堂，也是中国唯一的一祠祭二主的祀祠。祠堂始建于南北朝，毁于明末，清代道光年间重修。丛帝陵和望帝陵分别位于祠堂两侧，都是坐西向东的朝向，陵前墓碑是1919年所立，陵上古柏为清朝道光年间所植。每年农历五月初五端午节这天，望丛祠都会举办赛歌会，既是祭奠两位先帝，也是川西坝子农民田间竞唱山歌习俗的另一种延续。

望丛祠距离郫都区客运中心很近，坐360路公交车两站就到。郫县博物馆也在望丛祠的园林内，可一并参观。

新津观音寺

（见131页地图；新津永商镇；免费；⏲7:30~17:30）坐落在新津九莲山麓的观音寺，在中国建筑史和佛教发展史中均具有不可忽视的地位。史学大师顾颉刚曾赞叹其有古建筑、壁画、雕塑三绝，建筑学家梁思成所著的《梁思成全集》第三卷中也提到过这里。

虽为寺庙，但其前身是东汉末年道教创始人张道陵所设24个教区之一。转为佛教场所是在南宋淳熙八年（1181年），初建时有殿宇

新津国际梨花节。

一百零八重，后因元末战乱被毁，明朝在原寺废墟上重建十二重殿宇，明末清初再度难逃兵燹，直到清康熙年间将其复兴和修缮。

观音寺内所有建筑皆为单檐歇山式。山门为蜂窝状的如意斗拱，是清代建筑独有的风格。两座主要殿宇分别为四柱三间的**毗卢殿**，和六柱五间、地位更胜一筹的**观音殿**，两殿四角柱的柱首均向内收，斗拱为五斗三升，而斗拱高度为柱长的1/5是明代建筑的“烙印”。

有“镇寺之宝”之称的是毗卢殿内左右两壁的7幅明代壁画，内容有十二圆觉菩萨、二十四诸天及十三个供养人像。尤其是右手边最后一幅**清净慧菩萨**壁画，画中薄如蝉翼的轻纱，以及轻纱下丰润的肌肤都堪称一绝。观音殿的看点是明代塑像，包括46尊神态各异的罗汉。观音像下有一个镂空石雕芙蓉花，雕刻极其复杂、精致。殿的背面是3位菩萨所在地五台山、峨眉山、普陀山的全景浮雕，尤以普陀山**飘海观音**泥塑堪称神奇，该像高2.48米，悬塑于空中，仅靠足踩的鳌头与后壁相连，你感觉它“站立不稳”，它却躲过了“5·12”之劫，不可不谓之奇迹。观音身体前倾、手持净瓶、裙带飘扬，被专家视为“东方维纳斯”。

注意两座大殿殿内均不可拍照，工作人员和遍布各个角落的摄像头随时监督着你。

节日和活动

每年3月，“千树万树梨花开”在观音寺附近的**梨花溪**准时上演，粉白色花瓣漫天飞舞，展露春的盛况，这也是新津国际梨花节举办的时间。梨园内有很多吃河鲜的农家乐，同样是梨花开满青堂瓦舍。

到达和离开

成都石羊客运站（12元）、茶店子客运站（13元）、成都东站汽车客运站（14元）和新南门车站（16元）都有频繁的班车发往新津。新津返回成都的末班车在19:00点左右。在新

知美术馆。

津客运站广场坐517路公交车到观音寺路口下，再步行约1公里即到。

大邑

大邑这个名字你也许并不熟悉，但这里的景点个个出挑。27座老公馆为安仁守住了民国的雅韵，建川博物馆收藏了中国近代的百年史。离成都市区不过50公里的西岭雪山也在大邑，夏天滑草，冬季滑雪，玩累了就下山泡个温泉。还有新场古镇、川王宫等知名度不高，但保有本真的古迹可以探访。

到达和离开

成都茶店子客运站和石羊客运站都有滚动班车（20元；1.5小时）发往大邑。大邑客运中心（西岭大道166号）有发往成都茶店子客运站（18元；6:00~18:20，客满发车；1小时）和石羊客运站（19元；7:00~17:00，每30分钟1班；1.5小时）的班车，也有发往都江堰（16元；7:40~16:50，每40分钟1班；1.5小时）、崇州（8元；7:20~18:00，每20分钟1班；30分钟）和邛崃（7.5元；7:20~18:00，约30分钟1班；30分钟）等地的班车。

成都西站每天有多班城际列车（二等座18元；30分钟）开往大邑。101、102路等多趟公交车连接大邑火车站和大邑客运中心。

不要错过

知美术馆

看完古建筑，不妨再看看新面孔。就在离观音寺不远处，一座极具东方美学的现代建筑融于山水之间，这便是来自世界著名建筑设计大师隈研吾的作品——知美术馆。美术馆的外墙将传统的四川瓦片串联悬挂，如同漂浮空中，并依靠水面的倒影来连接周围的树木与天空，达到了隈研吾“让建筑消失”的设计理念。**知美术馆**（见131页地图；微信公众号：知美术馆；免费；10:00~17:30，周一闭馆）不定期举办艺术展，可从微信公众号预约参观和直通车前往。但即便只参观建筑本身也是一种享受。从新津客运站或观音寺乘522路公交车在老君山站下，往老君山方向步行约500米即到。

安仁

这座始建于唐朝，取“仁者安仁”之意为名的小镇，距成都市区只有1小时车程。保存完好的地主豪宅与27座老公馆尽显民国雅韵，国内无双的民间博物馆群细说近代历史的重要章节，小镇因此获得了“百年安仁，馆藏中国”的名号。

要细细走完安仁古镇所有景点，最好在此住一晚。上午先去刘氏庄园，然后参观建川博物馆，傍晚就去老街溜达，找个老公馆住住。第二天在建川博物馆捡漏后可以直接坐车转道去西岭雪山。如果想从成都出发当

盖棺未定论的刘文彩

刘文彩，字星廷，清光绪十三年（1887年）出生于大邑县安仁镇。1949年刘文彩去世，财产全部充公，他的公馆成为阶级斗争的活教材，在"文革"期间开放参观，接受人们的"唾弃"。刘文彩到底是怎样一个人？有这样两种说法：

一种是当年政治宣传版本：刘文彩是川西地区集官僚、军阀、恶霸、地主于一身的反动人物，横行乡里，作恶多端。他住在豪华的地主庄园里，过着骄奢淫逸的日子，残酷剥削当地农民，逼得乡邻家破人亡。在当年一系列广为流传的故事中，让人印象最深的就是人乳滋补、水牢、收租院。

另一种是民间故事版本：刘文彩是个大地主，拥有近万亩土地，还有过5个老婆。可他又被当地乡民称为"刘大善人"。他在安仁镇上修街道、修铺面，收取微薄租金，提供给无房住的乡邻。他出资修建"文彩中学"（安仁中学的前身），据说每天都要上工地监督，检查修建质量，后来又花重金聘请最好的老师来任教，还减免贫困生的学费，从不干涉学校的教学活动。

如今，传说中的水牢被翻案为鸦片库，曾经站出来"揭露迫害"的老人也已矢口否认自己当年的证词，还有人站出来回忆过去参与的对刘氏庄园的"改造"。刘文彩的后人更曾专门著文，称目前刘氏庄园中"所有展品依然全部都不是他家的东西，解说词也依然是'极左'年代用过的那些陈词滥调"。

天来回，那就坐最早的班车，但建川博物馆内只能有选择地进行参观。

景点

刘氏庄园 故居

（见151页地图；☎8831 9959；门票40元，含刘氏祖居、老公馆和珍品馆；⊙9:00~17:00）刘氏庄园由刘文彩与兄弟的公馆群组成，占地辽阔，是国内最大的地主庄园之一。参观从**刘氏祖居**开始，这座始建于清道光初年的院子历经多次改造扩建，形成现在的规模，细细参观一圈如同读了一回刘氏家族的发迹史。

庄园中的建筑属**老公馆**规模最大，布局也最复杂，它是刘文彩一家人的居所，各个卧室中最奢华的自然属于地主本人，每位姨太太的地位和受宠程度也能从其规模、布局中窥见一斑。该馆内还有1965年为配合阶级斗争宣传集体创作的著名泥塑《收租院》，群雕共有人物114人，曾被称为"中国美术界的原子弹"。刘文彩的形象在今天已经褪去了政治色彩，但这组雕塑似乎让你重新找回了教科书中恶霸形象的记忆。

珍品馆中陈列了大量瓷器、玉器、银器、象牙雕刻、家具等，皆是昔日刘氏庄园的所有物，无论是十三层象牙佛塔、九层透雕云龙纹带座象牙球，还是来自日本的豆青梅花纹六角鸣壶，工艺之精细精美显而易见，该馆还有一套太平天国时期的紫檀木座椅。

穿过安惠里老街，就来到了**刘文辉旧居陈列馆**（见151页地图；门票20元）。馆内大多数房间被辟为刘文辉的个人生平介绍，从军阀走向革命阵营，此人一生也堪称传奇。老街上还有**共品钱币博物馆**（见151页地图；门票30元），展示了自夏商时代至现代社会的各种钱币、债券、股票等。

建川博物馆 博物馆

（见151页地图；☎8831 8000；通票100元，3日有效，单馆20元，电瓶车10元；⊙9:00~17:30）建川博物馆是由20多个大小不一的博物馆组成的聚落，也是目前中国建设规模最大、展览面积最大、收藏内容最丰富的民间博物馆。它由多位国内建筑师担纲设计，完整而客观地收藏了中国自抗日战争之后的重大事件。馆主樊建川是狂热的近代历史文物收藏者，其目标直指100个博物馆。

要想把展馆全走遍，即便走马观花也要半天。若时间有限，可以买单馆票参观，正面战场馆、不屈战俘馆、川军抗战馆与5·12—

大邑刘氏庄园博物馆。

6·12震撼日记馆颇有意义。或者去园内东西两侧看看极富视觉震撼力的装置艺术**中国老兵血手印广场**和**中国壮士群雕广场**。

进入抗战主题系列后，**中流砥柱馆**主要介绍中国共产党领导的新四军、八路军的十四年抗战史。难得的是，馆主没有忽略国民党军队在这场民族战争中的作用，**正面战场馆**便是为这段历史而设。逐级而上的两边是阵亡国民党将士的照片墙，进入展厅你可以详细了解国民党率领的22次正面战场大会战，以及10万远征军在滇缅战场的一段血泪史。这里还陈列了黄埔军校的课本、同学录及当时使用过的课桌、椅子等，包括中国最早的时尚杂志《良友》上刊登的抗战将士的封面。**不屈战俘馆**和**侵华日军罪行馆**以大量照片提醒人们战争的残酷性和人性、尊严不可侵犯。这一系列还有为纪念抗战期间援华美军而设的**飞虎奇兵馆**和纪念川军群体的**川军抗战馆**。

博物馆群中最令人揪心的是**5·12—6·12震撼日记**，略显挤压的空间里，摆放着那次灾难中坍塌的房屋、被砸的车、逝者的遗物等，不时有当年的新闻影像出现。该馆对面有一个猪圈，喂养着一震成名的"猪坚强"。附近还有一个免费参观的**"5·12"抗震救灾纪念馆**，每天10:30和14:30提供免费讲解。

中国瓷器展你可能见多了，但带有浓重红色基调的**瓷器陈列馆**罕见，这里的瓷器多为人民公社、工农兵主题，甚至还有"贴满大字报"的景德镇瓷器。**红色年代章·钟·印陈列馆**里100多个钟指着不同的时间集体嘀嗒着。**红色年代生活用品陈列馆**、**镜面馆**、**知青生活馆**同属于红色年代主题系列。

其他值得参观的博物馆还有：记录邓小平一生语录的**邓公祠**，以中国航空工业为主题的中航工业**航空三线博物馆**，纪念中国长漂先驱的**长江漂流纪念馆**。你也可以在**国防兵器馆**中了解古代兵器和近代战争使用的手枪、机枪、步枪、迫击炮等，那里还有一排坦克正在等待接受你的检阅。

安仁老街 街区

树人街上的刘元琥公馆现在是茶馆和国内首个素人画廊，不时有非职业画展在此举办；刘元瑄公馆改造成了老电影博物馆，镇馆之宝是生产于1895年的“德国克虏伯手摇式电影机”；高明轩公馆转型为明轩书栈。古街上的这些公馆前都有二维码标志，用手机扫一下，就能阅读相关影像文字资料。

红星街最古朴，一溜排开的门板，开着一些药酒铺、裁缝店，阳光晴好的午后，街边便会摆起麻将桌，街上整齐的红灯笼，它真能把你带回过去。新落成的民国风情街二期集合了各种建筑元素，还有从江西原幢搬迁至此的徽派建筑。民国范儿十足的安仁书院环境非常宜人，购书、阅读、喝茶皆安逸。

食宿

老街外面的住宿比较便宜，80~100元便可以住标间。如果钱包充裕的话，可以选择住老街上的公馆体验风情。老街上餐馆也很多，特色是肥肠血旺和藿香鲫鱼，很多菜被冠以地主的名头，每家的味道、价格类似。建川博物馆内也有茶园、餐厅，可喝茶也可就餐，但价格比较贵。

明轩书栈 客栈 ¥¥

（见151页地图；8831 7331；树人街15号；标单/双 288/408元；）70多年的老房子，如今改造成以书为主题的客栈，仅10个房间，房间名书卷气十足：朝花、夕拾、雅舍、沉香、淞雲……床与家具偏复古，周末的房价要比平时贵100多元。

工农兵旅馆 客栈 ¥¥

（见151页地图；6124 1165；建川博物馆内；标双 128元，四人间 218元；）切合建川博物馆的红色主题，这家旅馆并不豪华，但适合愿意整天泡在博物馆里的人，走累了可以回房间休息下。房间简单、干净，四人间是高低铺，凭博物馆门票可享受七折优惠。

德门仁里 酒店 ¥¥

（见151页地图；8822 8872；微信公众号：德门仁里精品酒店；民国风情街2期4号楼；标单/双 288元；）更具“现代感”的民国主题酒店，公共空间现代、大气，房间的装修复古且精致，酒店每天有水果或点心赠送，还有亲子娱乐空间。前台服务耐心有礼，通过微信公众号订房有九折优惠。

游血旺 川菜 ¥

（见151页地图；树人街56-58号；人均30元；11:00~20:00）开了50多年的老店，店门口悬挂着四川电视台推荐的横幅。特色菜自然是肥肠血旺（小份28元），新鲜的猪血煮好后，加入肥肠，淋上麻辣鲜香的调料，食欲就此打开。位于红星街拐角处的刘血旺也是与游血旺齐名的老字号。

黄记绿豆花 小吃 ¥

（见151页地图；树人街1-3号；豆花 10元，藿香鲫鱼 48元）一碗嫩滑的清水豆花，加一碟香辣酱，蘸着吃，你可以自主掌控辣度。藿香鲫鱼（48元）也是安仁的特色，可以一尝。

娱乐

安仁书院 书店

（见151页地图；8826 9590；民国风情街2期；10:00~20:00）这里是集书店、茶艺、咖啡和艺术生活为一体的休闲空间，浓郁的民国风格加上四川省图书馆分馆的“加持”，好比是民国版的“新华书店”。一层前厅为书籍借阅和售卖空间，后厅则是非常私密的茶座包间。二层的阅读空间更为明亮宽敞，还定期举办名人讲堂、图书推介会、读书会等文化活动。

《今时今日是安仁》 体验剧

（见151页地图；6781 2626,189 8193 8689；树人街82号杨孟高公馆；票价 380元；20:15~21:30，周一休息）不同以往的是，这出公馆实境体验剧分别以安仁古镇的杨孟高公馆、刘元琥公馆、刘元瑄公馆和陈月生公馆4个场地构建4个故事空间，用四大主题诠释四种年代的公馆生活。观众随着演出的进行跟着演员移动场地，代入感极强。

到达和离开

成都茶店子客运站每天有滚动班车（7:30~19:10，约30分钟1班；15元；1小时15分钟）发往安仁，回程的车同样半小时1班，末班车为17:10。或者在宽窄巷子（9:20）和武侯祠（10:00）坐景区直通车前往安仁。结束这里的行程后，也可以在**安仁客运站**（见151页地图）坐17路公交车前往新场古镇。

当地交通

11路公交车（6:30~18:20）连接起安仁客运站、安仁老街、刘氏庄园、建川博物馆和大邑客运中心，但公交停靠站距离景点门口还需走上一小段。从安仁客运站坐三轮车前往这些目的地要5~8元，步行时间约需半小时。

复古的有轨电车（20元；10:00~16:30）连接起刘氏庄园和安仁老街，可来一场怀旧之旅。

西岭雪山

（见121页地图；400 028 9695；8830 9080；www.xiling.cn；微信公众号：西岭雪山；门票 120元，鸳鸯池索道 往返/单程 120/70元，日月坪索道 往返 80元，讲解 60~120元；9:00~18:00）别对“雪山”两个字眼太较真，你会愿意赐予它一个感叹号。雪山向来缺氧，这里却是天然氧吧，春赏杜鹃夏避暑，秋赏枫红冬滑雪。早在唐代，诗圣杜甫已为它写过最好的文案：“窗含西岭千秋雪，门泊东吴万里船。”在四川的多座名山中，西岭雪山在户外界颇不受重视，却备受成都人的青睐。

若不想花3小时爬山，就让**鸳鸯池索道**（往返/单程 120/70元）带你到山腰，再从这儿能搭免费接驳车往滑雪场。滑雪场海拔2200米，夏季为滑草场（80元/小时，120元/2小时），还有攀岩、全地形车和滑索等项目可玩。绚烂的野花在映雪湖边绽放，湖中倒映着对岸**商业美食街**的欧式建筑，营造出“假装在欧洲”的场景。每年12月至次年3月，西岭成为真正的雪山，滑雪的人潮便会涌入。滑雪可按小时或按天算（平时/周末与节假日 120/160元/小时，360/400元/天）。不会滑雪也没关系，这里有很多雪地游乐设施，如雪地滑车、雪上飞碟、狗拉雪橇等。从滑雪场继续上到**日月坪**的索道（往返 120元）还需40分钟，11月后此区便会逐渐变为银白世界。沿山顶栈道步行约1.5小时可到达**阴阳界**，东部盆地气候和西部高原气候两种不同气流在此邂逅，运气好便能欣赏到晴空万里与云蒸霞蔚同时出现在你左右两侧的奇妙景象。若天气不好，到了滑雪场便没有必要继续向上了，否则你只能在厚厚的迷雾中找寻那云深不知处。

西岭雪山还有个入口在**前山**（门票 30元），暂时没有班车可到，只能在西岭镇找面的前往（单程 50元）。前山以山水为主，可步行约1小时至五彩瀑布。调研时，五彩瀑布至阴阳界约15公里的栈道已经修好，但尚未开放。若有从阴阳界下前山的计划，建议提前致电景区咨询。

食宿

夏季是西岭雪山的淡季，但暑假的周末价格还是会上涨两到三成，到了滑雪季往往翻倍。住宿主要集中在3个区域，西岭镇和景区门外都以农家乐为主，淡季价格80~200元不等。山上的酒店多集中在滑雪场周边，条件普遍不错，价格也更高。**映雪酒店**（8830 2199；日月坪索道下站；淡季标双330元起，含双早；）规模较大，夏季常有不错的促销，他们同时经营位于山顶日月坪的首峰别苑（日月坪索道上站；淡季标双 450元起，含双早；），适合早上看日出和云海，但有高反者慎选。

活动

泡温泉

西岭雪山脚下的**花水湾**是一个温泉度假小镇，聚集了十多家四、五星级酒店。通常住酒店就可以享受免费温泉，不住酒店光泡温泉得花120元左右。准五星级的**第一村**（☎6838 0001；温泉南街138号；标双499元起；❄📶🅿）和准四星级的**锦泰温泉度假酒店**（☎8827 2803；标双 358元起；❄📶🅿）都很受欢迎。若想省钱，就住家庭客栈，100多元就有干净标间，客栈手中都有打折温泉票，从50~100多元不等。

从成都、大邑发往西岭雪山的班车（9元）会经过花水湾，爬完雪山后来这个漂亮的小镇泡个温泉，解解乏，很“巴适”。

到达和离开

成都茶店子客运站每天有2班车（33元；9:00、9:30；2.5小时）直达西岭雪山，每年12月至次年2月的滑雪季，新南门车站还会增开班车，可提前查询。你也可以从大邑客运中心乘开往“滑雪场”班车（15元；8:30、10:30、13:30、15:00；1.5小时）到景区门口。若是没赶上，还可以从大邑先坐车到西岭镇（9.5元；7:00~18:00，滚动发车；1小时），再包车（单程50元）到景区。

从西岭雪山回成都的班车每天14:00和15:30各有一班，但人满即走，最好提前等候。去大邑的班车时间不定，通常是抵达景区后过10分钟便返回。比较保险的办法是在景区停车场找返程的小车回西岭镇（10~15元/人），然后转班车到大邑（9.5元；7:00~18:00，滚动发车；1小时），再从大邑回成都。

新场古镇

新场古镇始建于东汉，旧称“清源市”，是茶马古道上的历史名镇。虽然名气并不响亮，但镇上依然是老居民，依然很生活化，有着难得的清静。

古镇建于清朝雍正年间和民国时期，建筑多为青瓦木穿斗结构。南河从古镇旁流过，古镇里也有一条小河道，一座座小桥连接两岸，河道两边绿意盎然。上下正街是古镇最

新场古镇街景。

热闹的街道，但二堰河西街和太平正街保存得最为原始。上正街上有座**璧山寺**，大雄宝殿与观音殿隔河相望，大雄宝殿左右两侧分别有单孔和双孔拱桥连接起两边的临水民居。下正街上的**刘成勋公馆**开放参观，三大会馆中仅存的广东会馆已成为民居和商铺。你很难忽略掉门面华丽的李氏古宅，它建于民国，历时4年多才完工，翘角粉墙和檐柱、拱门的雕花都非常精致。下场口的**九洞桥**历史可追溯到清朝同治年间，但现在你看到的青砖九孔拱形桥年龄不过半百。在古镇入口外还有**百年历史影像馆**（门票 10元），讲述了100多年前加拿大人在四川行医办学的历史。

镇上有些小型旅馆，但很少人在此住宿。长济桥附近的**川居雅阁**（☎8835 3053；太平街20号；标单/双 80元；📶❄）是同等价位中较好的，旁边就是古镇美食最集中的地方。距离镇口不远的**周血旺**（太平横街与太平正街路口；人均 40元）是当地有名的“苍蝇馆子”，周末总有周边市民专门开车过来尝鲜，肥肠血旺和麻油鸭是招牌。有各种冻糕、馒头的**孔婆婆叶耳粑**（1元起）摊位前始终有本地人在排队。

从大邑客运中心坐10路公交车（3.5元；40分钟）在新场镇站下即到。在下车的十字路口有17路公交车（6元；8:00~16:30，约25分钟1班；1小时）前往安仁。

川王宫

（川王村五组51号；免费）蜀郡太守李冰因治水有功，被蜀人尊称为“川王”，川王宫便是明万历年间为纪念李冰而建，后演变为儒、道、佛三合一的庙宇。正如大门上的对联所述：“放下担子入此门不分三教，站稳脚跟到这里都是一家。”

川王宫共有四进院落，院中大部分木建筑都是1926年重建的——既在“文化大革命”时因作为虎跳河水文站学校而得以保存，又没有在近代遭到“破坏性”开发。供奉李冰的川王殿最小，但香火最旺。最后的三清殿正中并排供奉着孔子、太上老君和释迦牟尼像。建筑内部分彩画和民国时期的涂鸦依稀可见，水上凉亭的建筑样式也很别致。

★值得一游

白岩寺赏秋

（金星乡玉金村；免费）白岩寺是川西平原少有的藏传佛教寺庙。寺庙被两峰环抱，依山而建，橙黄的寺壁、红色的琉璃瓦，共同映衬着精美的白塔群和转经长廊，山道两旁挂满五色经幡。

平时这里人烟稀少，但一入秋便有大批成都人在每个周末来赴银杏之约。每年11月底，通往寺庙的台阶被银杏聚拢成壮观的金色隧道，相传寺庙周边90余株参天银杏为明朝时栽种，古寺第二道山门处有一株“九子银杏”，9株银杏同根而生，据说已有上千年历史。

从大邑县坐12路到达悦来镇，然后换乡村面包车（6元）到白岩寺山下，再爬山上去便到了。lp

川王宫离新场古镇很近，可以在新场镇公交站所在的十字路口西北角，乘发往邮江的小面包车（3元；15分钟）在川王宫下车。但面包车坐满发车，车次时间不固定。搭三轮电动车前往单程10元。

邛崃

邛崃是巴蜀四大古城之一。虽然现在临邛古城早已不是2300年前秦惠文王所建的城市，文君故里却将这位西汉才女的生活点滴流传至今。邛崃也是南方丝绸之路西出成都的第一站，唐代佛教文化的传入为这里留下了众多的石窟造像。还有白沫江边的平乐古镇，山水萦绕的天台山可以造访。

ℹ 到达和离开

邛崃距成都市区约80公里，成都新南门车站（27元；7:30~18:50，约40分钟1班；2小时）和茶店子客运站（27元；7:00~19:30，滚动发车；1.5小时）均有班车直达邛崃市旅游客运中心。邛崃市旅游客运中心回新南门车

★值得一游

蒲江飞仙阁

如果对精美的巴蜀石窟意犹未尽，还可到蒲江继续寻访。唐宋年间的摩崖石刻已在公路边无人问津地矗立了1000多年。**飞仙阁造像**位于蒲江二郎滩，山体两面的酸性红砂石极易风化，但因挖岩成窟形成了保护层，加上盘根错节的树藤抓牢了岩石，故历经千年仍风貌如初，还抵抗了汶川大地震的破坏。在所有92龛、700余尊摩崖造像中，唐代造像占70%以上，造像内容主要有西方三圣、华严三圣、毗卢遮那佛、观音、弥勒、释迦牟尼等，还有部分道教和西域文化内容。这些造像雕刻生动、形态各异，虽年代久远，有些造像面部轮廓已显模糊或断裂，但大多色泽艳丽，仪态万千。在碧云峰半山腰有一尊大的石刻，是飞仙阁八景之一的漏米婆婆半身造像，为明代所凿。

看过摩崖造像，再逐级上山，便是飞仙阁，据传汉代就有，是汉莫介将军修行飞升之处，坊间也有传闻南宋魏了翁在此得道成仙。不过如今所见当然都是新修的，价值不大。

抵达飞仙阁最便捷的方法是从成都西站或邛崃站乘城际列车到朝阳湖站，飞仙阁距离朝阳湖站不到2公里，步行或打三轮车（5元）前往皆可。若乘班车前来需先坐到蒲江，从蒲江客运站前坐3路公交车到桫椤湾下，再换乘到石象湖的小面包车（7:30~17:30，约30分钟1班）在朝阳湖镇下车，朝"西蜀甲秀"牌坊的方向走1公里就到。从蒲江客运站打车到飞仙阁单程30元。

站的末班车是18:10，回茶店子客运站的末班车是19:00。也可以从邛崃前往大邑（9.5元；7:10~18:00，30分钟1班；50分钟）。

从成都西站乘城际列车到邛崃（二等座25元；约40分钟）性价比更高。邛崃火车站距离邛崃市旅游客运中心仅有1.5公里，打车一口价5元。

邛崃石窟

邛崃石窟是成都境内现存最集中、规模最大、保存最完好的石刻分布区，包括花置寺、磐陀寺和石笋山3处摩崖造像。邛崃石窟多为方形龛，构图繁复，造像形体丰满，面相端庄，是中晚唐时期四川石窟艺术中的精华。可以邛崃为中心游览，游3处石窟加上市区景点，一天就够。

◎ 景点

花置寺摩崖造像 石窟

花置寺摩崖造像位于距市区11公里的**竹溪湖景区**（门票 10元），入园直行到湖边，乘渡船（往返 8元）过湖上山便到。造像始凿于唐（798年），开凿的石窟据说有"千亿万佛"之巨，现仅存10龛。第4、5龛合称千佛崖，雕有巴掌大的佛像共1745尊。"文革"期间，当地村民几乎一夜之间就凿去了一千多个佛头，现在的佛头是后来修复的。

从邛崃市旅游客运中心坐1路公交车到白鹤中学下，这里到竹溪湖还有5公里。建议在竹溪湖路口等三轮车，先到磐陀寺，再到竹溪湖（15元）。从竹溪湖出来只能搭顺风车，或致电三轮车师傅来接。

磐陀寺摩崖造像 石窟

竹溪湖景区外3公里的**磐陀寺**现存石窟3龛。最精美的是中间的西方净土变龛，唐代建筑风格的亭台楼阁和人物造型惟妙惟肖。旁边的千佛龛中，千余尊佛像的佛头同样是经过修复的。石窟之间还摆放着一些残破的明清佛像。从石窟继续上山便是磐陀寺，寺内有明构大殿一座，内有翻新过的明朝"西方三圣"佛像和模糊的佛教故事壁画，入内参观需找管理员开门。

磐陀寺可与花置寺一同游览，到达方式见上。若到达时发现山门紧闭，可绕到天王殿后面从小路上山。如果想继续前往石笋山，可在返程路上的西桥西站下车，前行过大桥路口等去大同的车即可。

石笋山摩崖造像　石窟

石笋山位于大同乡景沟村西北，当地人称大佛沟。33龛唐代造像分为南北两段，雕刻在长120余米、高40多米的绝壁上。第14龛弥勒佛是北段最大的一龛，高逾7.5米，弥勒佛的手掌是后来修复的，与身体有些不成比例。第20窟维摩问疾图是石笋山的代表性石窟。由于地势险要，石笋山只于每年5月至9月开放，其中南段造像仅在农历六月十九观音菩萨生日前后可参观。

在邛崃市旅游客运中心外的广场上乘前往大同的小面包车（6元；6:20~17:30，约15分钟1班；40分钟），下车后需乘摩托（往返30元）前往。但山路崎岖，建议在夏季的好天气出行。

食宿

邛崃住宿选择不多，大多是百元上下的小宾馆。若不挑剔环境，住在客运站附近最方便。2018年开业的**文君故里印象酒店**（☎8880 3311；凤凰大道800号；标单 258元起，含双早；🛜❄🅿）是文君文化的主题酒店，房间面积大、设施新，富含文化气息。

奶汤面是邛崃名小吃，即用新鲜猪骨、猪蹄和鸡肉炖出奶白色汤加入煮熟的面条，再配以佐料即成，它常跟钵钵鸡搭配在一起。东街的**渔桥炖鸡奶汤面**（浦口路8号）和**正宗老字号奶汤面**（东星大道1号附11）都很有名。

平乐古镇

早在汉景帝时（公元前150年），平乐古镇就已形成集镇，是南方丝绸之路上的重要驿站，将古镇一分为二的白沫江也曾百舸争流，商贾繁盛。当然，如今你所看到的古街、古树、古桥、古戏台、古民居的历史远没那么久远。

即使有山有水，平乐古镇本身的景色也还是乏善可陈，倒是可以走走白沫江两岸的老街巷，一些民国时期的建筑，老茶馆、杂货铺、药材铺、修配铺等仍在描摹着小镇的生活。七孔**乐善桥**建于清朝咸丰年间，是四川现存最大的古代石拱桥，它的两侧便是古镇“最古”也最热闹的地方。碳市巷的**竹编一条街**以“瓷胎竹编”为主题，可以欣赏手工艺人现场制作竹编。**八店街**口的王氏打铁铺，依然用传承百年的打铁技艺为古镇居民打制各种生活用具，兴乐桥下的**黄金堰**是夏季戏水消暑的小天地。夜景主要在乐善桥和附近灯红酒绿的酒吧街，夏季有专为游客而设的纸船、河灯许愿和娱乐活动。

若时间充裕，还可往镇外去。过乐善桥向西北走1公里，有片长10公里的**芦沟竹海**（门票 15元），有竹林也有古造纸作坊遗址，可在售票处租自行车（10元）骑进去或在古镇租三轮摩托游览（80元）。4公里外的**金华佛山**上有唐宋摩崖造像，三轮车往返需30元。古镇东北14公里的花楸山则以

☑ 不要错过

邛崃市区拾遗

若在邛崃转车，市区也有几处景点可以逛逛。临邛古城的北门城楼在明城门遗址上复原而成，从此进入的北街还存有一丝古意。过东街后则是由步行街、民俗广场和文君故居组成的步行街，民俗广场上有一个发掘于此的汉代排水沟和古城历代城址的局部。最大看点是文君故居里的文君井，据考证为汉代古井，井口仅两尺宽，井腹却宽几丈，深三五米，相传就是当年司马相如和卓文君开设“临邛酒肆”的遗址。“文君井”三字则为清雍正果亲王墨宝。

邛窑是中国古代著名民间瓷窑之一，跨东晋、隋、唐、宋4朝，尤以“邛窑三彩”为四川青瓷的代表。调研期间，位于市区以东5公里的邛窑遗址公园已开放参观，里面有一些古窑包遗迹、作坊遗址和现代化文创商店。遗憾的是邛窑遗址博物馆并未对旅行者开放，只有邛窑临展馆内有少量文物展出。

另辟蹊径

骑自行车去平乐

从邛崃到平乐古镇的自行车“高速路”，是一条全封闭的自行车专用道。它起于邛窑遗址公园，止于平乐古镇游客中心，全长12.5公里。路上设有6个观景台和3个服务驿站，提供自行车租赁、维修和餐饮、医疗服务。边骑边玩一个半小时就能到达平乐。

清代川西民居**李家大院**闻名。大院环境幽静，百年历史的家具保存良好，可以在客运站门口找面的过去，包车80元往返。想寻求刺激，就去距古镇2公里的**川西竹海峡谷景区**（8878 1110；门票40元；8:30~17:30），这里新打造了高空玻璃栈道、高空吊桥、悬崖餐厅和铁道式攀岩及徒手攀岩项目。可在古镇停车场乘旅游环线巴士直达景区（5元/人）。

食宿

古镇上的住宿以私人旅馆为主，夏季普通房间平时约120元，周末则在150元或以上，但条件不尽人意。要想找些清静的住处建议到白沫江西岸。大部分私人旅馆开空调要加收10元，最好事先确认。

沿街餐馆林立，丰俭由人，小吃主要集中在骑龙街上段和闫巷街，乐善桥西岸的河边大排档经营高消费的河鲜和炒菜。特色美食包括奶汤面、烧血旺、石磨豆花、老腊肉、笋子虫等。

木石山居 精品酒店 ¥¥

（8880 8686；闫巷街24-26号；标单/双 299元起，含双早；）这家2018年开业的精品酒店位于古镇的中心，步行2分钟就到兴乐桥和黄金堰。客房装修古朴、精致，卫生间干湿分离。公共区域犹如一座木与石的艺术馆，开放式的走廊可观古镇景色，顶层的大露台是喝茶小憩的好地方。

花间雅阁 客栈 ¥

（139 8208 1858；江西街102号；标单108元起；）跟大部分私人客栈相比，这家算是性价比较高的。小院绿意盎然，老板人很热情，房间干干净净，楼上有个小小的露台。有些房间的淋浴龙头不太好调。

喵呜客栈 客栈 ¥

（187 2842 0821；标双160元起；）客栈是位于白沫江西岸的一座小院，老板猫狗双全。客房不多但布置温馨，夏天可以在院内烧烤，适合家庭出游。

到达和离开

成都新南门车站有直达平乐古镇的班车（33元；7:30~13:30，约1小时1班；2小时），平乐古镇返回成都的末班车16:30发车。也可以先到邛崃，从邛崃前往平乐古镇的班车（5元；6:30~18:40，15分钟1班；30分钟）在邛崃市旅游客运中心的广场上车。或者在客运站对面的“市客运中心南”公交站乘304路（邛崃至夹关）公交车，在平乐客运站下车（5元），班次同样频繁。从平乐回邛崃的末班车是18:40，邛崃回成都末班车为19:00。

暑假期间，平乐古镇客运站或有发往天台山的班车，可提前咨询客栈老板或客运站。

天台山

（8923 5009；门票65元）天台山距邛崃市区约42公里，是夏日的亲水胜地。在溪流、浅滩、瀑布的伴随下上山，越往上景色越好，过正天台之后是最精华的一段。其中**十八里香草沟**（另收门票15元）开发了许多玩水的项目，可以划船、溯溪、溪降，还有网桥、浮桥等游乐设施。你可以选择徒步登山，也可坐观光车到不同的地点下，观光车是阶梯式收费，从山脚坐到正天台（终点）23元，从正天台继续登顶还需2~3小时。

天台山号称是亚洲最大的萤火虫观赏基

地，每年6月至9月（7月至8月尤佳）的夜晚，都有机会在水边的林间或草丛里看到"星光斑斓"的景象，如同身处童话世界。据说夏季雨后的傍晚在肖家湾一带邂逅萤火虫的几率最大。

夏季的天台山能让你玩得很尽兴，冬季就黯然失色了。若执意要来，如何上山就是一道难题（观光车得满6人才发车），走上去得花上四五个小时。

食宿

天台山上可供食宿的农家乐很多，旺季（7月和8月）的价格通常在200元以上，冬季大多数农家乐停业。半山腰的**邛崃有美朔光精品酒店**（☎8880 0813；马坪村10组32号；标间 旺季/淡季 380/100元；❄），2018年开业，设施和服务都很好，提供Wi-Fi，还带游泳池。

到达和离开

天台山的旅游旺季是3月至10月，在此期间成都新南门车站每天有数趟直达天台山的班车（40元；7:30~13:30，约1.5小时1班；3小时），暑期班次增加，淡季停发。天台山回新南门车站的车也同样只在旺季有。你也可从邛崃去天台山（13元；7:50~13:50，约2小时1班；1.5小时），暑假时班车会增多。返程若错过末班车，可以在公路上等私家车，价格几乎和班车一样。

蜀身毒道由此过

公元前122年，张骞在西域发现自印度输入的蜀布和筇竹杖，说明四川与印度间早有道路相连，这便是今日俗称的"南方丝绸之路"，也因当时印度被称为"身毒"，而被唤作"蜀身毒道"。从成都出发后，古道岔分为灵关道、五尺道和永昌道，前者经邛崃、雅安、西昌、会理渡金沙江进入云南，再从保山通向缅甸、孟加拉和印度地区。临邛古城是南丝绸之路出成都后的第一个重镇，平乐古镇则是重要的古渡口和驿站。

古道遗址在平乐古镇以南1公里的骑龙山上，穿越木制牌坊，走完一段石板阶梯，古驿道便于眼前展开。据地方志记载，始建于秦汉时期的灵关道起初是由鹅卵石铺成的，到宋元年间，后人又在路面上加铺了一层石板，于是就有了如今鹅卵石路面与石板路面交替延伸的情形。

西部和南部索引地图

1 安仁（见151页）

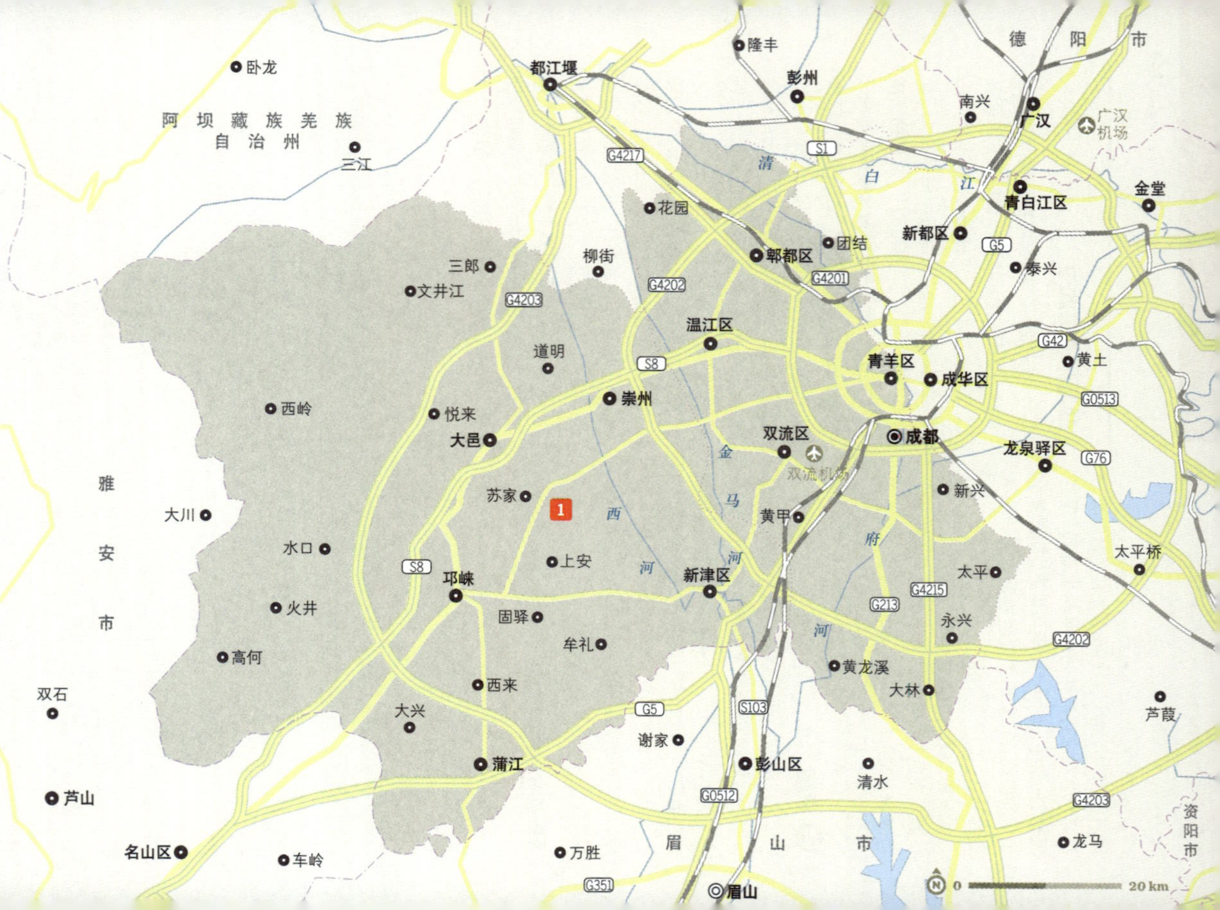

安 仁

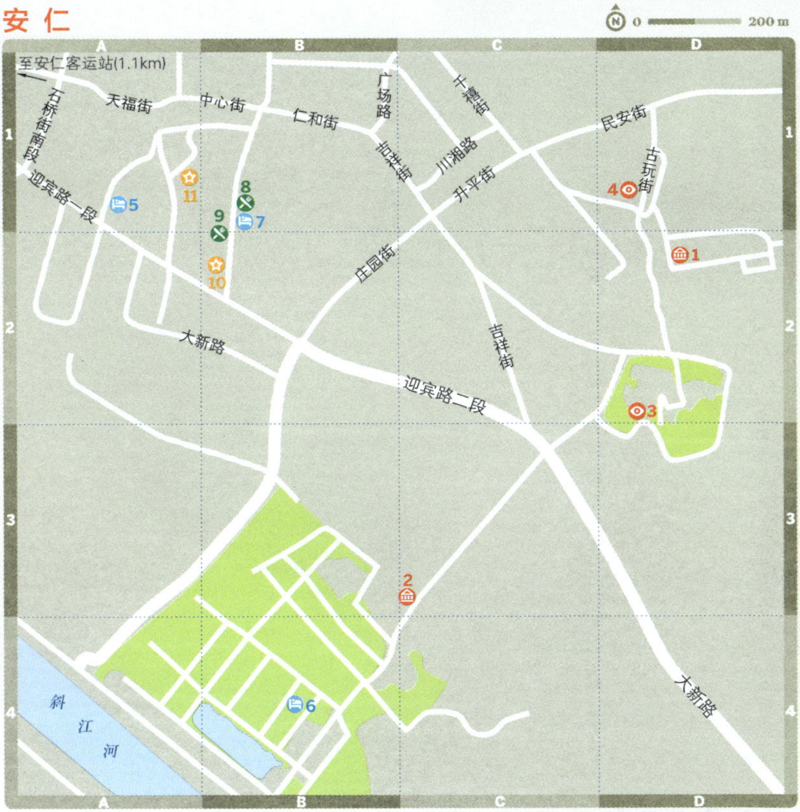

安 仁

景点

1 共品钱币博物馆……D2

2 建川博物馆……C3

3 刘氏庄园……D2

4 刘文辉旧居陈列馆……D1

住宿

5 德门仁里……A1

6 工农兵旅馆……B4

7 明轩书栈……B1

就餐

8 黄记绿豆花……B1

9 游血旺……B2

娱乐

10 《今时今日是安仁》……B2

11 安仁书院……A1

在路上

本书作者：袁亮

忽略那个成都人到哪里都是打麻将的段子吧，离开繁华都市，在东部和北部的山水间，有鲜花可赏，有美食可尝，有古镇可留，偶遇宋代佛塔和云顶石城，才是此行最难忘的体验。

进一步了解我们的作者，见255页

大熊猫。

东部和北部

© 视觉中国

东部和北部

像成都人一样会生活？那就别宅在城里吃吃喝喝，随着成都人的脚步出城去，向东有龙泉桃花盛开，向北有桂湖桂花飘香，看罢无敌卖萌的国宝大熊猫，再去三圣花乡选一束鲜花；洛带古镇的湖广会馆，收藏着客家人的移民往事，白鹿古镇的领报修院，则寄托了百年来虔诚的信仰。不管你往哪个方向出城，都能拥有一天的悠闲时光。

或许你还想走得更远？地铁2号线已经通往龙泉驿，明蜀王陵仿佛近在眼前；探寻中国唯一的北周文王碑需要爬山，但沿途的果园风光足够弥补行程的辛苦；跳上城际列车，十余分钟就能抵达新都或是彭州，拜访宝光寺中的舍利塔，在迷宫中数五百罗汉，又或是花半天时间去寻找散落在山野间的彭州宋代佛塔。如果意犹未尽，不妨去国庆期间全新开放的洛带“中国艺库”，随意住进一家民宿，你就会发现，舒适安逸的成都生活，其实从未离开。

☑精彩呈现

何时去

➡ 3月至4月，在龙泉桃花树下做一位隐士；青白江樱花大道花开似雪。

➡ 5月至6月，趁凉爽快去看大熊猫，如果气温超过26度，它们就会躲进室内啦。

➡ 7月至8月，带着孩子去古镇戏水，去龙泉山摘水果，东郊记忆的夜宵与音乐最搭。

➡ 9月至10月，新都桂花节迎来满城桂香；龙泉山上看星星一定很美。

➡ 1月至2月，三圣花乡梅花盛开，洛带客家人正月舞火龙的习俗流传至今。

★东部和北部亮点（见158页）

① 去看萌宝大熊猫 ② 三圣花乡的文艺范儿
③ 明蜀王陵 ④ 洛带古镇 ⑤ 彭州博物馆

实用信息

➡ 交通便利，可当天返回城区，但不妨让自己慢下来，白鹿镇、洛带古镇、龙泉山和三圣花乡等地都有不错的民宿。

➡ 大熊猫怕热耐寒又贪睡，最好一早前往熊猫基地，最有机会看到它们在花园里溜达。不要中午去，熊猫宝宝也要午睡呀。

➡ 四川龙桥黑熊救护中心每月只向公众开放2个参观日，并需要提前预约报名（见174页）。

交通

➡ 新都、彭州均已开通城际列车，地铁2号线至犀浦，直接在站台上实现无缝转乘。

➡ 地铁2号线可直达龙泉驿。

➡ 地铁2号线+接驳公交车可以迅速到达洛带古镇。

➡ 地铁3号线+景区接驳车可到大熊猫基地。也可在市区乘坐景区直通车直达。

明蜀王陵地宫。

当地人推荐

蓉城访古

萧易，作家，著有《空山》《知·道》《古蜀国旁白》《金沙》等作品。

说到成都的历史，人们就涌去看武侯祠和金沙遗址，还有什么地方可以推荐给旅行者？

从成都出发，往任意方向走，只需一两个小时，都能与历朝历代的风景不期而遇。拿彭州来说，1993年，彭州西大街发现一个窖藏，这也是中国迄今最大的宋代金银器窖藏。金菊花盏、金瓜盏、凤鸟纹银注子、银梅瓶、金钗、金簪……透过它们，800多年前宋人的奢华精致生活，重现于世。其他地区也各有特色，龙泉木鱼山、天落石曾是东大路驿站，往来不绝的官吏、文人、商贾、贩夫、士兵、僧侣捐资开龛，一龛龛造像如同佛祖走过的步步莲花，盛开在岩壁上；青白江区双元村船棺墓群，年代跨度从春秋晚期至战国中晚期，出土了壶、鍪、戈、钺、剑、矛、凿、锯、削等诸多青铜礼器、冷兵器及工具，墓主可能与古蜀历史上的开明王朝有关。

除了在博物馆了解历史，还可以去哪里实地探访历史遗迹？

成都周边汉代、唐代、宋代遗迹众多，比如金堂云顶城，是南宋末年四川军民为抗击蒙古铁骑而建，至今残存北城门、瓮城门两道宋城，瓮城门拱券上，“皇宋淳祐巳酉仲秋吉日帅守姚世安改建”题记犹存。再比如彭州新石器宝光寺。

© 视觉中国

时代的紫竹、双河古城，是宝墩文化的典型城池，都值得旅行者实地探访。

为旅行者推荐几本阅读成都历史的书?

《成都简史》可以作为速览成都历史的入门级读物；《成都街巷志》以街区为脉络，帮助你深入了解这座城市的结构与发展。此外，《影子之城》则以建筑大师梁思成拍摄的小城为标本，讲述成都周边以及古老中国的一段往事。

不要错过

最佳古迹

➡ **明蜀王陵** 埋藏着中国古代最精美的帝陵地宫。（见170页）

➡ **北周文王碑** 传说是天上落下的一块雕有佛像的巨石。（见170页）

➡ **宝光寺** 在罗汉堂里试试自己的运气。（见173页）

➡ **湖广会馆** 客家人背井离乡的迁徙历史。（见171页）

最佳美食

➡ **容家伤心凉粉** 食物有催泪弹功效，不是被感动的，实在是太辣了。（见171页）

➡ **东郊食堂** 在怀旧的氛围中用工人师傅的铝饭盒吃饭是什么感觉?（见168页）

➡ **大伞蒸牛肉** 当地人最爱去的苍蝇馆子，大锅蒸牛肉别具一格。（见179页）

➡ **曾锅盔** 20多年专注卖锅盔，锅盔夹牛肉口感极好，吃了就知道。（见176页）

最佳赏花地

➡ **桂湖** 金秋满城飘香，桂湖边喝一碗桂花茶。（见174页）

➡ **龙泉山** 三月桃红李白，搬张躺椅树下坐坐，梦里花落知多少?（见169页）

➡ **三圣花乡** 夏赏荷花秋赏菊，冬来梅花又开放。（见166页）

➡ **青白江凤凰湖公园** 何必去日本看樱花，这里就能满足你的浪漫梦想。（见179页）

东部和北部亮点

❶去看萌宝大熊猫

谁也抵抗不了大熊猫的天生呆萌，它的一举一动甚至昏睡的模样儿都能吸引无数的围观者。身材圆滚滚，却喜欢爬到树上思考“人生”，即便终日痴睡，黑眼圈却依然一辈子对它不离不弃；别看它们呆呆萌萌，却能躲过第四纪冰川期的生物大灭绝期。对了，知道成都人为什么这么喜欢大熊猫吗？据说它们在古代又叫貔貅，是瑞兽，能聚财招宝，成都人相信貔貅能保佑自己打麻将场场赢。

❷三圣花乡的文艺范儿

“五朵金花”不是花，而是花香农居、幸福梅林、江家菜地、东篱菊园、荷塘月色，这些诗意的名字，像花儿一样错落有致地盛开在成都东郊三圣乡。如今更多艺术家和文创机构都瞄上了这块风水宝地，除了吃吃饭、看看花、种种菜，还可以去许燎源现代设计艺术博物馆欣赏时尚的青铜家居产品，再去成都蓝顶美术馆看看最新的艺术展。

左图：大熊猫；
右图：饲养员与大熊猫。

❸明蜀王陵

或许是龙泉山风水好，明代蜀地藩王都葬在了这里。现在开放的僖王陵和昭王陵，据称有着中国古代帝王陵中最精美的地下宫殿，但如今仅余部分石构，仿照蜀王生前寝宫筑有青砖拱券，斗拱、脊兽、窗棂等，虽然地宫内曾遭盗挖，但那些精美的石刻仍能看出墓主人对来世生活的向往。

❹洛带古镇

“西部客家第一镇”并非虚名，4座古色古香的会馆和西部客家博物馆能让你了解客家人迁徙四川的历史，镇上逛一圈，来碗伤心凉粉，再去新开启的“中国艺库”感受一番文化创意。如果你在春节期间到来，不要错过客家传统的舞火龙，热闹又刺激。

❺彭州博物馆

一座区级博物馆却拥有115件国家一级文物！凤鸟纹银注子、瓜形金盏、如意云纹银梅瓶、龙纹夹层银杯……那些出土于宋代窖藏的金银杯盘碗盏和酒具，足够让你怀想在那个以生活美学著称的时代，成都平原的大户人家是如何低调而奢华地宴请宾客。

2

在荷塘边拍摄艺术照的女生。

3

袁亮摄

明蜀王陵石刻。

洛带客家水龙节。

4

彭州博物馆窖藏南宋瓷器。

5

袁亮摄

★ 最佳景点

成都大熊猫繁育研究基地

与其在网上守着看大熊猫日常的视频直播，不如现在就到成都大熊猫繁育研究基地来，这家全球最大的大熊猫圈养基地，有100多只大熊猫等你现场来“吸”！请将手机充足电，相机换上大容量存储卡，全程记录大熊猫的一举一动。当你看到刚刚出生、在床上呼呼大睡或是不停打滚的熊猫宝宝时，就知道血槽已空是什么感觉啦。最重要的一条，务必留出更多时间在这里，也许就看看一只大熊猫啃啃竹子或是自挂东南枝思考“人生”，时间就在不知不觉中溜走了……

交通：武侯祠、春熙路和宽窄巷子都有景区直通车直达；地铁3号线到熊猫大道站，出站后购买景区门票可搭乘免费直通车到景区，或乘坐景区接驳车（2元）到达；市区87路、198路公交车可到熊猫基地站；从市区打车前往约需60元；就餐：天鹅湖东岸有玫瑰苑西餐厅，提供西餐和饮料；南岸有潘格餐吧，以米饭套餐为主；熊猫时光咖啡屋提供各式饮品，可与大熊猫公仔一起喝杯咖啡；提示：当室外温度高于26度时，大熊猫不会在室外活动，可至大熊猫月亮产房、太阳产房、1号、2号、14号别墅室内参观点探望大熊猫；（见166页地图；☎8351 0033；www.panda.org.cn；北三环熊猫大道1375号；门票 55元，讲解50元，观光车 10元；⏲7:30~18:00）

熊猫肉球滚滚。

©视觉中国

熊猫基地的前世今生

20世纪80年代，四川冷箭竹大面积开花枯死，大熊猫面临饥饿困境，为了解救这些大熊猫，1987年成都建立了大熊猫繁育研究基地，30多年过去，这里已经变成大熊猫乐园，每天迎接来自世界各地的粉丝。

大熊猫被保护后，产生了3个问题：发情难、配种难、育幼难。每年5月是野生大熊猫的发情季节，但人工饲养的国宝却只能被指婚，而且大多天性泯灭，“洞房花烛夜”四目傻傻相对，需要反复播放科教片进行性启发……即使交配成功，受孕概率也只有30%~40%。因此，现在更多还是采用人工授精的方法使其受孕。

熊猫有时一胎会产下1~2只幼仔，野生大熊猫产下双胞胎后，通常会丢弃其中一只，因为熊猫母亲一次只能抱住一只幼仔为其取暖，另一只手则要腾出来抓东西吃，如果轮流抱熊猫肉球滚滚。

两只幼仔，最后两只都会因缺乏热量而死去。通过人工饲养，大熊猫幼仔成活率虽然有所提高，但仍然存在许多疾病和发育不良现象，以致再次影响到后代繁殖。

人工繁育大熊猫的最终目的是野化，对于大熊猫来说，离开人类的保护伞，迈进森林那一刻才是真正的"断奶"。从2006年开始，研究中心开始了大熊猫放归自然的尝试，到目前为止已经有大熊猫在自然环境内成功生存。

一生专注卖萌的大熊猫

成都大熊猫繁育研究基地常年饲养着超过100只大熊猫，每年都会有幼仔出生，但它们成年后也可能会"背井离乡"去打工。放心，这些漂洋过海的大熊猫在各国动物园都享受着国宝待遇，还能为基地挣钱。

不管在基地还是在国外，大熊猫的职责就是卖萌。在两个熊猫产房中，当年出生的幼仔会定时抱出来，在床上躺成一排接受大家的"膜拜"，它们即使什么也不做也会引来一阵阵惊叹。

大熊猫别墅中的幼年熊猫是最调皮的，它们或是互相嬉戏摔跤，或是执着地攀爬圆木却始终越不过那座"山丘"，但只要见到饲养

亮点速览

➡ 基地的小熊猫别墅可以看到小熊猫，天鹅湖可以看到黑颈鹤、黑天鹅等珍稀动物。

➡ 大门左侧有熊猫国邮政局，可以在这里选择一张漂亮的大熊猫明信片寄给亲友。

➡ 大熊猫国际艺术中心展出有与大熊猫相关的艺术作品；蝴蝶博物馆里有超过上千种蝴蝶标本；大熊猫博物馆（⏲8:40~17:30）则可以了解大熊猫的习性和生存现状。

刚出生不久的大熊猫。

员，这些“小毛球”们便立马卖萌、索抱，甚至一步不离地黏上饲养员的大腿。

成年熊猫都有自己的“别墅”，旅行者通常是在外部凭栏眺望，或于内部“隔窗观火”。即便是面对着很多相机的聚焦，它们依旧悠然自在，总是一副四仰八叉的睡姿。天气晴好时，大熊猫会在园子里散步，或者选一棵树把自己挂在枝杈上发呆。

基地内植物葱郁，即便不乘坐观光车，步行游览也很舒适。想在有限的时间里看到更多的萌宝，还请记住以下攻略：春秋天气温暖，大熊猫比较好动，此时前往，看到它们在室外卖萌耍宝的概率较高；每年秋天，当年出生的熊猫宝宝通常会在阳光和月亮产房集体亮相，它们一般是分批分时“出台”，据说早上9点左右出台的宝宝较多，掐准这个点儿去，有机会看到熊猫宝宝缠着饲养员求抱抱的场景。太阳产房和月亮产房有募捐点，若捐赠超过2000元，就能和熊猫亲密接触。通常需要旅行者先听一遍讲解，然后再为大熊猫做一件诸如剥笋之类的事，最后再用上几十秒的时间和熊猫合影留念，想要摆什么姿势务必提前想好。

孩子们的知识乐园

带孩子来熊猫基地，除了看大熊猫，基地里有很多地方都适合他们学习自然、了解生态。游客中心有座蝴蝶博物馆，展出了上万只蝴蝶标本，除了我国能发现的600余种外，还有被称为“蝶中皇后”的金斑喙凤蝶。在熊猫科学探秘馆（8:40~17:30）里，可以了解到中国大熊猫的生存环境、生活习性以及相关的保护与研究。在熊猫厨房里，可以看到饲养员为熊猫配制一日三餐，它们的食物可不只有箭竹。熊猫宝宝生了病怎么办？熊猫医院为它们提供了良好的就医环境。走过路过，可不要错过这些有趣的场馆。

爬到树梢的大熊猫。

三圣花乡

三圣花乡以花闻名，5个村子以“五朵金花”自称，幸福村的“幸福梅林”、江家堰村的“江家菜地”、红砂村的“花乡农居”、驸马村的“东篱菊园”和万福村的“荷塘月色”，为成都人提供了一处四季皆可赏花的好去处。如今，三圣花乡已不再仅仅是成都人喜爱的赏花、喝茶、品农家菜的大型农家乐，它已经升级为本土最大的文化创意基地，美术馆、艺术展览馆、艺术工作室纷纷进驻，民宿、咖啡馆和杂货铺使得这里成为外地旅行者向往的打卡地。村落之间距离不远，186路公交车将5个村子相连。最好的方式是挑上一两个村，和当地人一起放慢脚步，体验“归园田居”的乐趣；或者也可以骑辆共享单车四处闲逛，走走停停玩上一天。

景点

位于花香农居入口处的**许燎源现代设计艺术博物馆**（见181页地图；☎8467 8585；www.xlymoma.com；三圣乡红砂村；门票 30元；⏲9:00~17:00，周一闭馆）几乎是三圣花乡的地标，由一组富有设计感的现代建筑构成，内部展有出自著名设计师和艺术家许燎源之手的酒品包装、漆器、茶具、青铜家具等艺术品。如果有喜欢的艺术品可以向馆员询问预订，当然价格不菲。旁边的创想库艺术商店出售部分设计作品及纪念品。

从这里开始，就进入三圣花乡。往南走便是**荷塘月色**（见181页地图），夏日近千亩荷花次递盛开，如此美景引得摄影爱好者

东部和北部

0 10 km

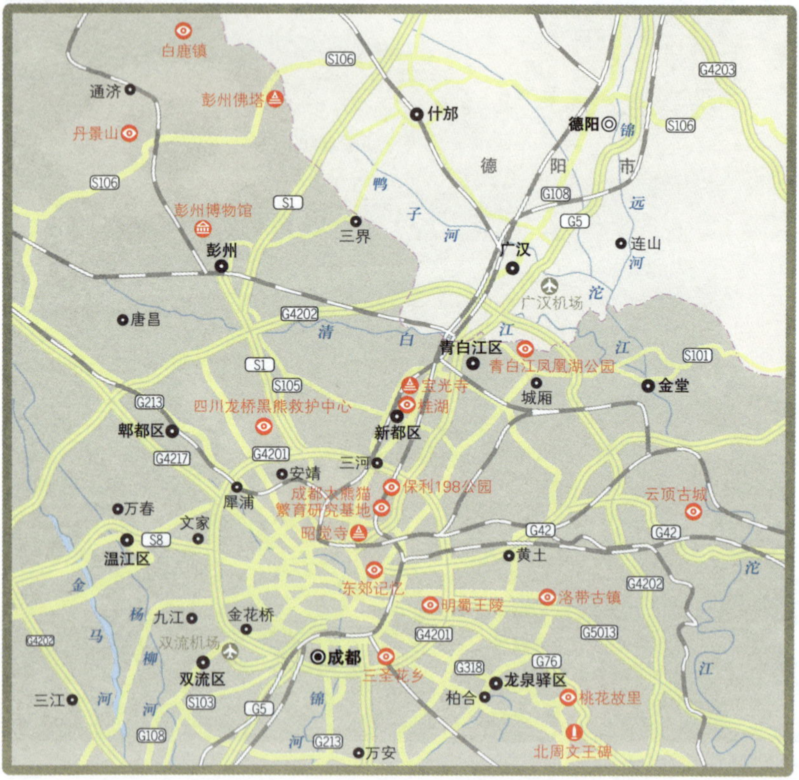

蜂拥而至。一年一度的**创意集市**带来年轻人喜爱的创意生活方式，湖畔的蓝顶青年艺术村已有一定规模，以何多苓、周春芽为首的画家、艺术家将工作室设在了这里，目前已有超过300位艺术家入驻，衍生出各类美术馆、艺术中心以及雕塑、摄影、动漫等文创商业工作室。其中，**成都蓝顶美术馆**（见181页地图；☎8565 7618；www.blueroofmuseum.com；荷塘月色A区；门票 10元，周四免票；⏲周二至周日 10:00~12:00和13:30~17:00）常年有展，是蓝顶艺术节的举办地。可通过官网查询展讯。

东篱菊园（见181页地图）适合秋天赏菊，**幸福梅林**（见181页地图）的梅花则在冬天吸引人们前往。鉴于成都人对秋冬太阳的稀罕，幸福路与滨湖路上涌现出众多小众咖啡馆、餐厅与民宿，尤其适合晒晒太阳喝喝咖啡，时间充裕者再挑家合眼缘的院子住上一晚吧。

住宿

三圣花乡距市区不远，交通便利，可当晚返回城区住宿。如果你喜欢享受慢下来的生活，这里有多家风格不一的民宿小院。

禅边小院（见181页地图；☎153 0808 4487；幸福梅林幸福路5号；标间 680元起；❄📶P）的7间客房都散发着原木的香气，主人手工制作的木件，种满植物的园子，带来自然的气息。

半步私家小院（见181页地图；☎138 8206 0608；幸福梅林探梅路3号；标间 328元起；❄📶P）的主题则是川菜，食客往往比住客更多（餐食 128元/位），主人本是美食大咖，厨师手艺很好，四季菜单不同。客房简约舒适。

安隅小院（见181页地图；☎133 3094 0031；探梅路裕泰乾芝麻糕旁；标间 260元起；❄📶P）最吸引人的是一间充满童话意境的树屋，阳光玻璃房适合晒着阳光来一杯咖啡，简约的北欧田园风装饰与院子里的花花草草非常相配。

觅觅花园（见181页地图；☎177 4879 2787；幸福梅林联合5组；标双292元起；❄📶P）虽然是间民宿，但更像一间有格调的花园书店，老板的上千册藏书供你阅读。清新的马卡龙色调配上院子里的花花草草，最适合选一本书坐一个下午。

就餐

花香农居所在的红砂村农家菜馆较多，集中在紫藤路上，可以挑家环境较好的院子，尝尝当地的土鸡、河鱼、泥鳅等，人均约50元。荷塘月色与幸福梅林则以私家菜馆为主，讲究创意川菜与西餐的混搭。

樱园 中餐 ¥¥

（见181页地图；☎6164 5133；荷塘月色A区成都蓝顶美术馆左侧200米；人均 70元；⏲9:00~14:00和14:30~21:00）与蓝顶美术馆是邻居，院子较大，有果树、菜园、鱼塘和活动区，萝卜排骨汤、青椒鸡等家常菜很受欢迎，也有主人自制的盐渍樱花果冻等点心。

亲家DearHome 西餐 ¥¥

（见181页地图；☎173 0281 3435；滨湖路，幸福社区联合1组333号；人均 80元；⏲10:00~20:30）巨大的落地玻璃窗、原木餐桌与北欧风透明椅混搭出INS风格，菜品也走混搭风，泰式冬阴功虾、香草意大利面和海鲜比萨味道都不错，阳台上适合喝杯下午茶。不过夏天蚊子有点多。

葵花里 中餐 ¥

（见181页地图；☎183 4929 9662；幸福路54号；人均 50元；⏲9:00~21:00）主人原是做园艺的，院子里种满了绣球与向日葵，大大小小的盆栽打理得很好，尤其适合拍照。菜品以西式简餐为主，提供各式冷饮和咖啡。周末有油画和花艺教程。

到达和离开

市区56路、343路公交车到幸福梅林站下可去幸福梅林；继续乘车至花博路口站下，往东北方向是花乡农居，往南是东篱花卉园以及荷塘月色。

东郊记忆

（见166页地图；WWW.eastcd.com；建设南支路4号；门票 免费）东郊记忆的前身是成都国营红光电子管厂，该厂在近年来的都市更新中整体搬迁，只有这片厂区作为工业遗址被完整保留，改建为以音乐为主题的文化创意园区。

开启东郊"时光之旅"的正确方式就是闲逛与拍照。苏联时期援建的红砖厂房墙上，还绘有计划经济时代的宣传画与标语；钢炉、水塔和穿行于厂区的铁皮管道组成了重金属风格的舞台；**中央大道**上，一架战机成为了孩子们的玩具；**火车头广场**中，一辆"东方红"列车静静停靠，车厢已经变身时尚咖啡馆，红色的车头则成为最佳合影地。

东郊记忆的夜晚更值得流连，酒吧会有各种现场音乐演出，**麋鹿精酿**（☎152 0830 5196；东郊记忆中央大道3号；⏲17:30至次日2:00）的鲜酿啤酒品种很多，周末有乐队和驻场歌手现场演出。**绝色音乐酒吧**（☎159 0286 3350；东郊记忆舞台17号楼；⏲10:00至次日4:00）也会不定期推出乐队现场表演。**初相遇剧场**（☎177 7864 8975；东郊记忆北大门内19号楼）和**声音啤酒馆**（☎6128 3763；东郊记忆东大门内42号楼）则有各种话剧、相声演出。以上具体演出信息可进入东郊记忆官网的月度资讯页面（www.eastcd.com/activities.htm）查询。

北街聚集了众多美食，可以去走怀旧风的**东郊食堂**（☎8439 1266；东郊记忆北街11号；人均 45元；⏲11:00~21:30），像工人师傅那样用搪瓷盅和铝制饭盒吃饭；位于北大门外的**食画花园餐厅**（☎8411 9999；建设南路89号；人均 100元；⏲10:00~22:00）则凭借葱郁的室外花园人气爆棚，既提供青椒毛血旺、凉粉烧牛肉等传统川菜，也有精致的下午茶点。

此外，东郊记忆每个周末都有**周末集市**，各地稀奇古怪的东西聚到了一起，适合爱淘货的游人。

昭觉寺前的树王。

市区72、159、180、342路等多趟公交车可到东郊记忆。

昭觉寺

（见166页地图；昭青路333号；免费；⏲6:30~18:00）每年大年初一，成都人都喜欢去昭觉寺烧灶头香，图个吉利。昭觉寺是中国禅宗祖庭之一，始建于唐朝贞观年间，名建元寺，唐僖宗乾符四年（877年），高僧休梦禅师兴工构殿，扩建寺庙，并奉旨改寺名为"昭觉"。五代十国，战乱迭起，寺院尽毁。宋代经历重建，昭觉寺方有"西川第一丛林"之美名。但经过明末战乱和"文革"浩劫，建筑与文物大半毁尽，还曾被改为动物园。现有寺庙建筑多为1984年重建，整体布局非常完善。

从题有"第一禅林"的大门进去，是宽阔的庭院，沿中轴线依次分布着天王殿、大

爬满藤蔓的红砖厂房。

雄宝殿、藏经楼，两侧是钟楼、鼓楼，往东则有观音阁、石佛殿（涅槃堂）、大师殿（御书楼）、普同塔院、圆通宝殿等建筑。院内遍植树木，一路走去皆是绿荫。**大雄宝殿**外有一株巨大的黄桷树，树冠如盖，几乎遮挡了殿前空地。树干上系着红丝带，有人依靠树身虔诚祈祷。这棵树叫作**"树包碑"**，已有千年树龄，树干里包有一块石碑。据说当年昭觉寺的道魁祖师所留遗偈"树包碑，椰瓢飞，柱头落地祖师归"，后来全部应验。**大师殿**位于一个小院子里，供奉着宗喀巴大师像以及坛城等。昭觉寺也是汉地为数不多的显密合修道场，在川西藏传佛教地区也有很高地位，藏族同胞都喜欢来此敬香。

昭觉寺可以说是成都市区最有人间烟火气的寺院，平素里来此烧香拜佛的人络绎不绝，一到饭点，食堂工人骑着三轮车拉着饭菜在寺里转悠，僧人与信众都可以免费打饭。饭堂里的斋饭（🕙11:30~13:30；4元）简朴却美味，你也可以去尝一尝。

市区1路、49路、53路等多趟公交车可到昭觉寺。

龙泉驿

成都向东，是连绵百余公里的**龙泉山**，古称东山，将成都平原与丘陵地带天然分隔。"汉置邮亭，唐设驿传"，明称龙泉驿，一座驿站，串联起翻越龙泉山的东大路，将川渝地区的贸易与文化往来紧密相连。北周武将在东大路侧勒石记功，南宋军民在云顶筑石城抗击元军，元代中后期长江中游大批"襄、汉流民"迁徙入川，明清时期"湖广填四川"带来了背井离乡的客家人，各地移民沿东大路进入成都平原，推进了这里的农业发展，也留下了丰富的客家文化。不过，历史的风云变幻早已离去，今天的龙泉山上依旧桃花烂漫，地铁已经直达龙泉，出城往东，不妨偷得浮生半日闲。

客家民俗表演。

景点

明蜀王陵 陵墓

（见166页地图；十陵街道正觉山麓；门票 12元；⌚8:00~18:00）明洪武十一年（1378年），明太祖朱元璋册封7岁的儿子朱椿为蜀王，镇守明朝西南地区。从他算起的三百多年间成都共有十三位蜀王，他们中多数都葬在了十陵正觉山下。目前已发掘并对外开放的仅有第三代蜀王僖王陵和第八代蜀王昭王陵，以及一个文物陈列室。

僖王陵 地宫建筑规模宏大，保存完整，地宫大门外青砖砌金刚墙封门，两侧建八字墙。内部是三进四合院式建筑，有青砖拱券、琉璃瓦、斗拱、脊兽等仿木构石刻，据考证是仿照蜀王生前的寝宫修建。地宫内的雕刻非常精美，后殿正壁中心镶嵌有圆形镂空描金彩釉双龙，尤其值得细细欣赏。

昭王陵 为夫妻合葬墓，规模略小，棺室中央是昭王和王妃的须弥座棺台，棺床间有一道隔墙，巧妙地雕刻有两扇半掩的门扉，两边可以互见——这也许是方便昭王与王妃在阴间相见。在散落一地的石刻中，有一件盘龙石碑，上面的人头龙身据说是仿朱元璋模样雕刻的。

两座陵墓中出土的文物并不多，移步**文物陈列室**，可以看到一组彩釉兵马仪仗、侍女俑、艺师俑等，墙上的图文资料详细介绍了明蜀王陵的格局以及两位地宫主人的生平。

从成都市区乘坐地铁4号线至成都大学站下车，步行约10分钟即可到达明蜀王陵。该景点附近有219路公交车直达洛带古镇。可以将明蜀王陵与洛带古镇安排一日游。

北周文王碑 石窟

[见166页地图；✆130 7607 0337（肖师傅）；大佛村]北周文王碑位于大佛村中大佛寺里的一块巨大的青石上，奇怪的是这块

石头与周边山岩既不相连，连颜色也不一样，所以当地人习惯把它叫作“天落石”。天落石藏在天中天大殿后面，殿中另有一座大佛，高逾4米，为唐大历六年所造（公元771年）。

推开殿旁一扇破旧木门，巨石突现眼前，上面雕有大小不一的佛龛及碑刻。北周文王碑非常好找，因为历代拓印的缘故，这块碑通体黝黑，一眼就能发现。碑高2.24米，宽1.25米，碑首是朱雀和浮雕小佛组成的二方连续的图案，碑额为楷书阳刻，楷书阴刻的1348字碑文主要叙述了北周政权的奠基者宇文泰的生平业绩，立碑者为当时驻防武康郡（今简阳）的车骑大将军强独乐等11位将帅。同时在天落石上还刻凿了碑像一体的“周文王庙碑”。据专家考证，这刻于北周孝闵帝元年（公元557年）的碑刻，是长江流域迄今发现最早、保存最为完好的南北朝碑刻。

此外，四周还保存有唐代以来的题刻、诗碑及摩崖造像50余龛共160多尊。巨石中央的一座佛龛最为完整，中间为主尊弥勒佛，两旁各有弟子、胁侍菩萨和天王等。下方有两尊坐狮，鬃毛卷曲，表情尤其可爱。

在龙泉城区乘坐870路公交车（1元；6:35~17:50；约30分钟）在大佛村十八组站下，从路边的柳沟铺战役指示碑路口进去，沿一条水泥铺装路往山上走约30分钟即到，路边全是蜜桃、石榴、枇杷等果树，如果是在春夏造访，一路便有鲜花相随。大佛寺由一位肖师傅守护了近30年，如果寺门未开，可拨打门上电话咨询，肖师傅一般都会迅速赶回。

洛带古镇　　古镇

（见166页地图）洛带古镇一直有着“西部客家第一镇”的美誉，2018年国庆期间举行的首届洛带客家文化节上打造完成的中国艺库全新亮相。客家文化与创意之城联袂，旅行者造访洛带古镇又多了不少看点。

寻访客家文化，可先去看看镇上的4座客家会馆（免费；⏲9:00~17:00）。其中，**广东会馆**（南华宫）最气派，保存也最好，由前、中、后三殿和三进院子构成，后殿为重檐歇山式建筑，两侧巍峨的风火墙在四川也属少见。站在街上远远地拍风火墙会更漂亮。**江西会馆**（万寿宫）精巧雅致，比较罕见的是中后殿之间的天井里伸出来的一个小戏台。**湖广会馆**（禹王宫）内是龙泉驿区博物馆（⏲周二至周日 9:00~17:00）。**川北会馆**在古镇外，因建筑维修暂未开放。古镇东南处有一座仿建的客家圆形土楼，二楼有新开放的**西部客家博物馆**。

湖广会馆东侧的**文轩广场**，是近年打造的文化创意街区，分布着泥邦陶瓷艺术博物馆、中国古镇第一邮馆、文轩生活书店、花神咖啡、两忘茶舍等，有时间可以坐下来做件小陶器，或者看看书喝喝茶。

闲逛之中怎能少了品尝客家美食。客家菜本以“咸、香、肥”为特色，但移民到了四川就免不了要加上辛辣一味。九斗碗、酿豆腐、盐焗鸡等都是这里的特色菜，镇上资格最老的当属**供销社饭店**（☎8489 3533；下街29号），客家菜相当地道。著名小吃伤心凉粉更是满街都有，一碗凉粉能得此伤感之名，据说是因为连嗜辣的成都人都会被辣得流眼泪。广东会馆旁边的**客家伤心凉粉店**（☎8489 3009；上街51号）最为出名，伤心凉粉（8元）最好配上开心冰粉（5元）一起吃。

古镇西南一隅，有一片与客家民居迥然不同的现代建筑，这里就是新打造完成的中国艺库（老街下街39号），建筑物顶部是20世纪70年代的农民丰收雕塑，檐角端坐着彩色的“思想者”，你甚至还能在某个小角落看到高迪艺术的影子。作为艺术衍生品的生活会馆、四面空间艺术中心、艺术家工作室、精品酒店、个性民宿等已落户于此，从古镇客家风情穿越到现代艺术氛围之中的感觉还不错。

如果你在春节期间到达，正好可以欣赏到客家传统节日的舞火龙等表演；周末老街上也会有娶亲嫁女的民俗表演。

在古镇住一晚是个诱惑，这里有设计感

另辟蹊径

云顶古城

合川钓鱼城已经在申请世界文化遗产了，但与其同时代的抗元军事城堡云顶石城却仍是鲜有人知。这是川西地区最后的南宋古战场，位于金堂县淮口镇辖区内，地处龙泉山脉中段。南宋淳祐三年（1243年），四川安抚制置使余玠为抵抗蒙古军队入侵，在此地修造防御体系，与合川钓鱼城、南充青居城、苍溪大获城、万县天生城等并称川中"八柱"。石城利用天然峭壁作为城垣，中断处则以条石扣榫，丁字形堆砌筑墙相连，城垣处于缓坡地带时，则加筑"一字墙"以防敌人接近。山城周围有8座城门，皆筑于悬崖陡坎之上，居高临下，易守难攻。当地军民在此戍守长达15年。元朝建立后，四川山城多被拆毁，但此城却受到民间多方保护，现在还保留有北城二门、长宁门、后宰门、端午门、南城门、小东门等，山上还有当时守卫军民在此开凿的水井18口、水池32个。

从成都东站客运中心乘客车到金堂县（18元；7:00~19:30，滚动发车），再转乘602路、Q18路公交车到云顶社区站，但这里距石城还有约9公里山路，建议自驾或在金堂客运中心包车前往。

十足的**九点艺库酒店**（☎8484 4999；三峨街199号；标单/双 389/329元；❄📶🅿），也有绿植满院的小清新民宿**香樟小院**（☎8484 4999；三峨街199号；标单/双 389/329元；❄📶🅿），老板娘的服务态度很好。

龙泉驿至洛带古镇有850路公交车（2元；6:20~19:40）直达。如果从成都市区出发，可从五桂桥乘坐219路公交车（2元；6:20~20:00）。成都新南门车站有班车（7元；7:00~18:30，滚动发车；1小时）时间稍快。也可乘坐地铁2号线到终点站下，再转乘850路公交车前往。

宝光寺斜塔。

到达和离开

地铁2号线（⏲6:10~22:30）已经直通龙泉驿，往返成都城区非常方便。**龙泉汽车总站**（☎8485 1013；驿都中路6号）每天都有发往雅安（55元；9:00,13:30；约2.5小时）、都江堰（26元；8:30,14:10；1.5小时）和邛崃（33元；10:40,16:10；2小时）等省内各地的班车。

新都

新都与成都、广都并称为古蜀三都。古蜀王杜宇率领蜀地人民由山区向平原转移的第一步，就停在了这里。公元前七世纪，开明王朝在这里建起都邑，名为"新都"，距今已有2700多年历史。秦汉时期，新都亦是蜀郡重镇，这里出土的汉代说唱俑和画像砖人物表情生动，呈现出欢乐的生活场景，正是彼时蜀人乐观豁达精神状态的真实写照。唐时僖宗曾避难千年名刹宝光寺，如今的人们则热衷于在罗汉堂里数数自己的运气；明代状

说唱俑。

元杨慎曾在桂湖边读书，他种下的紫藤与金桂仍然年年花开。成绵乐城际铁路途经新都，将更多旅行者带到这里。如果你在8、9月到来，在满城桂花飘香里就会明白，这座小城为何又叫"香都"。

景点

宝光寺 寺庙

（见166页地图；宝光街81号；门票5元，讲解60元；⏲8:00~17:00）宝光寺相传始建于东汉，与成都文殊院、镇江金山寺、扬州高旻寺并称为长江流域佛教"四大丛林"。虽然建筑屡遭损毁，多为清代重建，但布局仍然保存了中国早期佛寺"寺塔一体，塔踞中心"的格局，殊为珍贵。

进入宝光寺，山门两侧供奉的不是菩萨，而是杨廷和、杨慎父子像。杨慎是明代四川唯一的状元及著名学者，因捐资修建宝光寺有功，父子俩得以受香火供奉。穿过天王殿，就是**舍利塔**。据称唐僖宗曾避难于寺中，后下令修建此塔。塔为典型的唐代四方十三级密檐砖塔，但一眼望去，1~6层塔身笔直，7层以上却向西倾斜，寓意佛从西来。2008年汶川大地震时舍利塔受到损坏，2010年修复。

罗汉堂里数500罗汉是进宝光寺必做之事。这座罗汉堂建于1851年，是我国现存四大罗汉堂（北京碧器寺、苏州西园寺、武汉归元寺）中历史最久、规模最大的泥塑罗汉堂，堂中577尊菩萨、罗汉以及历代祖师像，据说由三批塑造师分别完成，风格各异，却都精湛绝伦。一种更为有趣的数法是，进殿后自己确定数罗汉的方向和起点罗汉，数到自己的年龄数时，记住眼前这尊罗汉编号，出殿后花5块钱便可得到属于你的"解签"卡，看看你的运数。

文物精品馆（门票30元）展出有寺内收藏的新都地区出土文物和历年供奉的佛教文物。寺内收藏了大量文物，据说"文化大革命"期间，周恩来曾亲派一个团的兵力在此驻守保卫，这些文物才得以安然无恙。

寺中有茶社可以喝茶（10元/位）小憩，**尚缘斋**提供素餐（人均30元），数十道仿荤素菜（如红烧肥肠、宫保鸡丁等）据说已经成为非物质文化遗产，食材虽为全素，味道却足以乱真。

桂湖 园林

（见166页地图；桂湖中路109号；门票20元；⏲8:00~18:00）原是明代著名学者杨升庵的旧居，后经扩建与修葺，成为清代川西园林的代表作，亭台楼榭，小巧玲珑，荷塘桂堤，植物葱郁。4月末，杨慎手植的紫藤如期开放，7、8月夏荷映日，9、10月金桂飘香，赏花者众。园内值得一看的有**杨升庵祠**，保存较好，与桂湖一同被列入全国重点文物保护单位。**碑林园**中陈列有众多当地历代石刻及名人诗文碑刻。

新都博物馆（游客中心；免费；⏲9:00~17:00，每周二闭馆）位于桂湖公园西侧，与游客中心"共处一室"，规模不大，二楼为新都历史陈列室，分为古蜀名都、汉风唐韵、人文明清三个章节。值得一看的有说唱俑、汉代画像砖等。三楼有杨慎生平介绍，他是新都最出名的"大牌"，最为人熟知的就是他撰写的《三国演义》开篇词"滚滚长江东逝水，浪花淘尽英雄"。

从新都客运枢纽站始发的K6、7、10路公交车都经过桂湖。

四川龙桥黑熊救护中心 动物保护中心

[见166页地图；☎8307 8033；www.animalsasia.org/cn；新都区龙桥镇；免费（需预约）]因为胸前有一片美丽的新月形金毛，亚洲黑熊又被称作月熊。自然状态下黑熊可以活到25岁左右，但由于人类迷信熊胆汁的所谓药效，对黑熊进行残忍的活体取胆汁，导致许多黑熊生不如死或提前死去。2000年，亚洲动物基金在新都创立了四川龙桥黑熊救护中心，救助被取胆的月熊，让其在接近自然环境的熊区和兽舍中接受康复训练。

救护中心免费开放，参观内容包括教育

宗教建筑在成都

成都的道教历史十分久远，东汉年间，张道陵来到四川境内的鹤鸣山潜心修炼长生不老之术，又吸收了当地一些原始宗教的元素，创立了五斗米教，又称天师道，即为道教的前身。此后，道教在四川迅速扩张，至唐时，成都已有青羊宫、三元宫、二仙庵等众多道观。始建于唐的青羊宫是成都最早的一座道观，被誉为"川西第一道观"。而青城山则有"问道青城"的美名，道观林立，多为清代重建或修缮。屋面多青灰素瓦，低调自然。

佛教在汉代传入巴蜀，至唐代成都已为佛教圣地。"震旦第一丛林"大慈寺始建于汉晋，唐僧玄奘正是在大慈寺受具足戒并最终踏上西天取经之路。清康熙、乾隆年间，佛教在成都兴盛繁荣，官方与民间对佛教寺院或大加修葺，或按旧制重建，文殊院就是在康熙年间由慈笃海月禅师发愿重建，康熙亲笔御赐"空林"二字。峨眉山则是著名的

左图：青羊宫；上图：宝光寺。左图：@视觉中国。

普贤道场和中国佛教“四大名山”之一，山中寺庙众多，也有不少道观，佛道二教在这里相安共处。此外，当北方与中原大地的佛教艺术屡遭损毁时，安岳、邛崃等地的造窟运动却方兴未艾，为中国保留了唐宋石窟的盛世风貌。

明末清初，大批穆斯林随“湖广填四川”来到成都，伊斯兰教由此弘盛。据相关文字记载，皇城清真寺始建于清康熙五年（1666年），是西南地区最大的清真寺之一。1998年，因天府广场工程移址重建，以仿南方明清建筑为主，带有鲜明的伊斯兰装饰风格。

天主教和基督教是最后进入成都平原的宗教。370多年前的明朝崇祯末年，天主教葡萄牙耶稣会教士利类思入川“传扬福音”，至清中叶，四川已成为天主教在中国最大的教区，平安桥天主堂即是天主教成都教区的主教府所在地，由拜占庭风格的教堂和川西园林民居风格的三进院落组成。彭州白鹿镇的领报修院也是在这一时期修建，规模宏大，可惜在2008年汶川地震中严重损毁。

清光绪七年（1881年）英国传教士首次来到成都设堂布道，1894年，成都四圣祠恩光堂建成，这座外观朴素的礼拜堂以青砖砌筑，内部木架作拱券，是目前成都市所开放的礼拜堂中最古老且保存较为完整的一座。始建于1909年的上翔堂是成都市最大的基督教堂之一，保留了旁边一幢二层小楼（原主教府）以及几株银杏树。2011年重建的教堂与钟楼有着极具现代风格的灰色全石外墙，钟楼的钟声仍在定时召唤虔诚的信徒。

值得一提的是，这些天主堂和基督教堂虽由西方传教士所建，但都汲取了中国古典建筑的许多元素并大量使用本地传统建筑材料，中西合璧的建筑风格，体现了外来宗教“入乡随俗”的一面。

新都客运枢纽站车次时刻表

站点	车次时刻	票价（元）	行程（小时）
都江堰	7:10, 8:10, 11:05, 13:20, 14:40, 17:00	23	1.5
崇州	9:00, 11:30, 15:00, 17:00	25	2
邛崃	8:30, 10:50, 14:00, 16:10	37	2.5
彭州	7:40, 8:30, 11:00, 12:40, 15:30, 16:30	11	1

室、鲁伯特之家、熊区、食物准备间、黑熊纪念园等。你能在此了解到养熊业给黑熊带来的伤害，血迹斑斑的禁锢刑具触目惊心；你也可以近距离观察康复中的黑熊，看它们快乐地玩耍；黑熊纪念园是为纪念那些去世的黑熊所设的祈祷场所，园内有黑熊的木牌，记录了熊的姓名、年龄、性别、救助时间、去世时间和死因。

救护中心为非营利性质，并不收取门票，纪念品商店出售以月熊为主题的T恤、卡片、钥匙扣等，可选购一二以资助黑熊的救助基金。你也可以在救护中心的网站上进行捐款。

黑熊救护中心每月只向公众开放两个参观日，参观时间为9:30和14:00，具体开放时间可在龙桥黑熊救护中心网站查询。如希望前往参观，需提前1个月电话预约（☎8307 8553），或通过infocn@animalsasia.org发送邮件报名。注意：该救护中心不接受6岁以下的小朋友参观；全程由工作人员带领参观，并提供免费讲解，讲解语言为英语或汉语，英语讲解仅安排在上午，参观全程约2小时。

黑熊救护中心距新都城区约20公里，可在城区乘坐X44路公交车先到龙桥镇，再换乘530路公交车到黑熊基地站下，步行约1.5公里到达中心。

食宿

新都往返成都市区非常便捷，如需停留一晚，建议住在桂湖周边。**桂湖国际大酒店**（☎6733 8858；桂湖西路22号；标间 299元起；❄📶🅿）正对桂湖，傍晚可去森林广场散步。2018年开业的**派酒店**（☎宝光大道中段451号；标间 129元起；❄📶🅿）距宝光寺及夜市步行只需5分钟。

曾锅盔（状元街84号；锅盔 5~12元；⏲7:00~21:00）是新都一家开了20多年的老店，招牌菜是粉蒸牛肉以及锅盔夹牛肉，白面锅盔里塞进一整格蒸牛肉，一口咬下去，筋道的面皮和软糯的牛肉口感很好。也可以选择藤椒豆皮、卤肥肠、烂肉豇豆甚至凉粉等配上锅盔一起吃。宝光寺广场对面的夜市一到晚上就热闹起来，串串、烧烤、干锅等应有尽有，可以去这里和当地人一起吃喝。

ℹ 到达和离开

长途汽车

新都与成都市区相距约20公里，成都站（火车北站）附近的公交车站有650路公交车（2元；5:20~20:10）直达新都。**新都客运枢纽站**（新都区绕城大道东一段）位于新都东站（火车站）西南侧，每天有发往省内各地及成都各区县的班车。去往宝光寺、桂湖的X6、7、10路公交车（1元；7:00~19:00）及龙桥黑熊救助中心的X44路公交车（1元；6:40~18:15）也在这里始发。

火车

成绵乐城际铁路在新都城区设有新都东站（新都区绕城大道东一段），可便捷到达峨眉山、乐山及成都等地。成都东站与新都东站间每天有多趟城际列车往返（二等座 8元；13分钟）。

彭州

彭州之名，始于唐朝。距今1300余年前，彭州已是成都平原上最重要的商贸中心之一。宋代应该是彭州最好的年代，商业繁荣，生活富足，连普通人家使用的金银器皿上都錾刻着精致的花纹；客居成都6年的南宋诗人陆游专为彭州牡丹作《天彭牡丹谱》称：“牡丹在中州，洛阳为第一；在蜀，天彭为第一。”如今，每年3月举行的彭州牡丹文化旅游节已跻身全国三大牡丹花会之列，吸引众人前往。赏罢繁花似锦，不妨去彭州博物馆看看，那些精致的金银窖藏文物，收藏着属于宋朝的低调奢华；而散落城郊的诸多唐宋古寺，仅余修缮一新的佛塔，供人凭吊昔日的禅林梵音。

景点

彭州博物馆　　博物馆

（见166页地图；金彭西路403号；门票免费；周一至周五9:30~16:30）这家博物馆虽小，却值得你专程前往，宋代出土的窖藏金银器精美异常，件件都是国宝。博物馆只有两间展厅，一楼展出彭州地区出土的窖藏青铜器、瓷器等，战国时期的虎纹戈、银斑纹戈和宋代的铜琮都是难得一见的珍品。二楼就是宋代窖藏金银器陈列。1993年，在一次市政施工中工人偶然打开了一座窖坑，出土了351件南宋时期金银器物，这也是我国目前发现的最大金银器窖藏。经国家文物鉴定委员会鉴定，其中115件属于国家一级文物。它们可能是南宋年间彭州大户人家在战乱中仓促埋下，却再也没有机会取出。凤鸟纹银注子、象纽莲盖银注子、瓜形金盏、菊花金碗、如意云纹银梅瓶、龙纹夹层银杯等金银器造型优美，工艺精湛，真实体现了中国宋代的生活美学。

彭州博物馆前身是清代金盛号钱庄，本身亦为明清建筑。参观出来可以在院子里逛逛。

从彭州客运中心乘坐101、105路公交车可到博物馆。从彭州站可乘107路公交车到彭州园站下车再步行前往。

白鹿镇　　城镇

1860年，法国传教士跋山涉水来到白鹿镇，为传教在此修建了上下两个天主神学院；时间过去100余年，一场大地震又将其摧毁，却也由此改变了白鹿镇的命运。如今这里摇

不要错过

彭州佛塔

彭州地区在唐宋时期佛教兴盛，建有多座佛寺。可惜寺院大多在时光流逝中损毁，只余几座佛塔幸存。被列入全国重点文物保护单位的有3座：正觉寺塔、云院寺塔、镇国寺塔，是典型的宋代佛寺建筑在四川地区的代表。

镇国寺塔（丹景山镇白塔村）是3座宋塔中最高的一座，始建于北宋至和元年（1054年），为密檐式13级方形砖塔，塔身外檐叠涩砌砖多达13层，檐上装饰有飞天、伎乐、力士等浮雕。曾有北宋学士王素为此塔撰碑称“岷山可摧塔不可毁，蜀江可迁塔不可坏”。事实上它也的确是最为坚固的一座，损毁程度最小。

云居院塔（楠木乡大曲村）隐藏于层层果树之中，建于北宋大观元年（1107年），方形十三级密檐式塔身自下而上逐级向内收拢，线条尤其秀美。塔顶四角各装饰有一只铁铸的展翅朱雀，所有檐角上都挂有铁制风铃，风吹叮当作响。留意周边田间，说不定能发现残存的青石柱基和莲座。如果在春天来此看塔，还能邂逅满山梨花开放。

正觉寺塔（红岩乡红塔村）建于北宋天圣元年（1023年），是年代最早的一座宋塔，可惜也是损毁最为严重的一座，经过修复之后已经面目全非——在塔前的文物展示牌上，你可以看到它修复之前的模样，在塔基上还能透过玻璃板看到下面尚存的宋代砖土基础。正觉寺塔也是目前唯一可以登顶的宋塔，沿楼梯一路到顶，可以看到结构复杂的砖砌斗拱藻井。这座塔的建筑风格、修建技术、力学结构在三座宋塔中最为出色，被历史学家收录进《中国古塔名典》。

三座宋塔分布于城郊，彼此间距离不远，均没有公共交通可达。最便捷的方式是自驾或包车前往，半天时间即可。

白鹿镇中心学校地震遗址纪念塑像。

身成为法式风情小镇，每年都会举行的法国古典音乐节奏响西方的旋律，新建的**教堂**成为拍摄婚纱照的首选，不过，在每个周日，当地百姓还是会因为信仰走进这里，你很容易就能把他们与游客区分开来。

白鹿镇的主体是一条**法式风情街**，一路沿缓坡而上，两旁是有着漂亮的圆拱形花窗和哥特式尖顶的欧式小楼房，如果不是那些中文店招，会以为自己置身异国，进去逛逛，店里卖的还是棕编鞋、姜糖等当地土特产。步行街尽头是银杏广场，4株千年古银杏和一栋仿卢瓦尔河谷的古城堡建筑并肩而立。

从银杏广场左侧的小径走到白鹿河边，可以看到**中法桥**，这座法国人设计的双孔桥在经历"5·12"地震后只剩下一个桥孔残留河中。从旁边的新桥走过去，就是**下书院遗址公园**。下书院建于1894年，是天主教的教会学校，后来被改建为九年制义务教育学校，主体建筑被拆毁。"5·12"地震时学校损毁严重，却有一栋教学楼被整体抬高近3米而毫发无损，被称为"最牛教学楼"。现在，学校基本保留了地震后的样子，教学楼门口有一组群雕，真实还原了地震那一刻老师带着学生们逃生的瞬间。

上书院（领报修院）距法式风情街约5公里，你可以沿公路在山清水秀的风景中步行约50分钟到达，也可以乘坐面包车前往（包车往返 30元）。上书院始建于1895年，当时的设计师应该是个中国通，因地制宜将中式瓦房四合院与罗马风格的白色主教堂混搭在一起，建成了这座独特的宗教建筑。可惜它在2008年"5·12"地震中受损严重，仅余一道残存的白色墙面。如今的建筑按原样重建，巨大的灰色钢架支撑着脆弱的木构。院外金丝楠林中有条小径上山，在山腰处俯瞰上书院全景，更能体会它的独特结构。

从彭州前往白鹿镇可在彭州客运中心乘坐班车，车次非常频繁（10元；6:45~18:00，每20分钟1班；1.5小时），返程班车在白鹿镇游客中心停车场乘坐（10元；6:10~17:30，每20分钟1班；1.5小时）。

活动

白鹿镇法国古典音乐节 节庆

自2013年起每年9月中旬至10月中旬在白鹿镇举行，国庆节期间活动尤其热闹。有来自世界各地的乐队和歌手现场演出。

食宿

彭州市区离成都很近，可以当天往返，如有住宿必要，不妨把这一夜放在白鹿镇。**梧桐树下的故事客栈**（182 8000 9644；樵人街95号；标间 300元起；（温泉））是日式风格装修，有个小小的院子和露天温泉池（只在冬季开放），公共区域气氛温馨。法式风情街上有不少私人酒店，标间150~200元左右，干净有余精致不足。白鹿河对岸则以农家乐为主，100元左右包吃包住。

彭州美食众多，军乐军屯锅魁早已名扬全国，小渔洞冷水鱼、九尺鹅肠、胡子兔也是当地特色。彭州是回族聚居地，龙兴寺塔旁边的铧炉街上全是牛肉馆子，**大伞蒸牛肉**最受当地人欢迎，他家蒸牛肉（16元）不是小蒸屉，而是一个大笼，牛肉出锅后洒上蒜泥和红油，入口软糯味香。

到达和离开

长途汽车

彭州与成都间有高速公路连通，交通非常便利。**彭州客运中心**（8375 0240；朝阳南路502号）每天有发往成都东站汽车客运站的班车（14元；7:30~16:10，1小时1班；1小时），也可以从彭州前往都江堰（10元；6:40~17:40，每20分钟1班；1小时）。

火车

成都与彭州间已开通城际列车。成都犀浦站至彭州每天有多趟城际列车（10元；23~34分钟），成都站（火车北站）至彭州每天有1趟城际列车（10元；30分钟）。彭州站与彭州客运中心之间有106路公交车（1元；7:00~18:00）往返。

收好这份赏花时刻表

桃花

3月，龙泉山上，**桃花故里**（见166页地图）花开似锦，随便找家农家乐，坐在花树下喝茶发呆。

樱花

3月至4月，**青白江凤凰湖公园**（见166页地图）都会举行樱花旅游节，樱花大道上樱花纷纷扬扬。

郁金香

3月至4月，新都区的**保利198公园**（见166页地图）有亚洲最大的郁金香花园，平缓的坡地上，各色郁金香组成巨大的花毯。每年5月在这里举办的热波音乐节，已成为中国最具规模的户外音乐节。

牡丹

每年4月举行的成都（彭州）牡丹文化旅游节是全国三大牡丹花会之一，在**丹景山**（见166页地图）、大唐牡丹园等地均可欣赏到以“野趣之美”和“花大盈尺”著称的彭州牡丹。

桂花

据宋人赵抃《成都古今记》记载，古代新都一带，就有把每年农历八月定为桂花会会期的传统。每年中秋至国庆期间，新都桂湖都会举行桂花节，除了赏花，还可以品尝独特的桂花酒与桂花糕。

东部和北部索引地图

1 三圣花乡
（见181页）

三圣花乡

三圣花乡

景点

1 东篱菊园 C2
2 荷塘月色 C3
3 花乡农居 C1
4 江家菜地 A3
5 成都蓝顶美术馆 C4
6 幸福梅林 B1
7 许燎源现代设计艺术博物馆 C2

住宿

8 安隅小院 A1
9 半步私家小院 A1
10 禅边小院 A2
11 觅觅花园 A1

就餐

12 葵花里 B1
13 亲家DearHome B2
14 樱园 C4

在路上

本书作者：何苗苗

这里不乏名气响亮的大山大水，也有许多人迹罕至的文化遗迹，但最让人欲罢不能的还是江油、雅安和乐山的舌尖滋味。

进一步了解我们的作者，见255页

峨眉金顶银河。

成都周边

成都周边

成都周边，恰在因环绕成都而得名的成都平原之内，俗称“川西坝子”。这里山水狭路相逢，风光交错连绵。全省五个世界自然或文化遗产，这片区域就占了三个。依托便捷的交通工具，不出2小时，到天然氧吧“洗肺”，“撩”国宝萌物，或是只为一顿珍馐美馔，任由你选。

三星堆点亮了古蜀文明的源头，精美的安岳石窟艺术揭开了大足石刻的序章，三苏祠与李白故里是无数文学爱好者的朝圣地，上里古镇的吊脚木楼与石板桥间封存了岁月与时光。李冰治水，不过是顺应了自然，却成就了都江堰这空前绝后的水利工程；张道陵据青城山结茅传道，青翠山林中数十座道观青烟袅袅。四大佛教名山之一的峨眉山金顶宝光奇幻，因千年佛事兴盛和风光秀甲天下而来客不断；峭壁上凿出的乐山大佛已临江端坐1200余年，其与自然相融的绝妙之处等你身临其境方可发现。抹不去的伤痕是汶川大地震对成都平原造成的重创，虽已十年，行走间仍不时可见，免不了触景伤情。

“拜水都江堰，问道青城山”，而今可解为探寻历史，敬畏自然，也成为旅行的意义。

☑精彩呈现

何时去

➡ 3月至5月，坐嘉阳小火车穿越油菜花海，上蒙顶山采春茶，瓦屋山和峨眉山漫山遍野的杜鹃花竞相开放。

➡ 7月至8月，青城后山和碧峰峡都是避暑好去处，万人水上麻将在虹口景区上演。

➡ 9月至11月，暑热和人流已经散去，正是出行的好时机。白岩寺、街子古镇的银杏黄得耀眼。

➡ 12月至次年2月，瓦屋山、峨眉山或有雪景可赏，峨眉山还有滑雪场和温泉等着你。

★成都周边亮点（见188页）

① 逛吃乐山 ② 探秘三星堆 ③ 拜水都江堰
④ 嘉阳小火车 ⑤ 雅安慢生活

交通

➡ 不管是北边的江油、广汉，西边的都江堰、青城山，还是南边的雅安、峨眉山和乐山，每天均有十多对城际列车往返成都，火车出行既便宜又便捷。

➡ 成都景区直通车可带你往返各大景区来个“一日游”。同时，从成都去往青城山、峨眉山、乐山等地的公共交通都可实现无缝换乘，自由行也很方便。

➡ 大多数大型景点内都有缆车或观光车，帮你节约体力和时间。

危险和麻烦

➡ 暑期的成都平原气温高、降水多、湿度大，山区地质灾害频发，最好提前留意天气预报和道路交通新闻。此时的景区也是人满为患，乐山大佛、峨眉山等知名景点常常要排队数小时，周末尤甚。

➡ 峨眉山上野猴多，不想干粮被抢光就藏好，被抢了也别试图与猴子搏斗，“山中无老虎，猴子称大王”，它们可不是好惹的。

万亩珙桐林。

刘乾坤 摄

当地人推荐

食摄川中

刘乾坤，《发现四川：100个最美观景拍摄地》主编，热爱美食的摄影师。

成都周边有哪些小众的观景地或拍摄地？

位于四川盆地西缘的雅安，处于向青藏高原的过渡地带，地势高耸，龙苍沟、泥巴山、天全的光头山、荥经的牛背山都是拍摄贡嘎风光的好地方。绵阳平武县的冬景十分出众，在虎牙可拍摄到岷山雪宝顶东坡的景色。白马十八寨对摄影家的吸引力也很大，这里的白马藏族是氐族的后裔，保存着很多古老的习俗。比如每年正月里，他们带着黑熊神的面具"曹盖"，举行隆重的祭祀活动，是难得的人文题材。

有什么让您特别难忘的拍摄经历？

2009~2010年，我和当地的朋友在荥经拍到了超过十万亩，也是世界上面积最大的野生珙桐林，景观特别震撼。还有一次是从雅安到汉源九襄徒步大相岭，这条邛笮古道是古南方丝绸之路的一段，在清朝重修过，但现已人迹罕至，无论是古代文明的遗存还是路上的风景都令人回味。

听说您最近爱上了钻研美食，这种转变是如何发生的？

川菜来自民间，而山里的食材丰富、新鲜，任何一户农家都有独特的手艺，川菜滋味也更为本真。我摄影的时候，经常会去到很多

偏远的地方，一路拍摄，一路品尝，一路学习，也逐渐爱上了烹饪。而且一个地方吃什么，怎么吃，与当地的地理环境、物产或历史渊源都有关系。有一次我在泸州合江拍摄，发现当地人一大早就开始喝白酒，吃烧白、豆花和粉蒸排骨。后来我了解到，合江是水陆码头交会的地方，从前那些做小本生意的人从早上就开始边吃边聊，像喝茶一样，这就是独特的地域孕育的美食文化。寻找川菜的源头和文化记忆也是件有意义又有趣的事。

向我们推荐一些小众的特色菜吧。

雅安的美食并不亚于乐山，名山区的鹅、石棉县的烧烤都非常有名，扬名川内外的廖记棒棒鸡出自荥经县，还有汉源县九襄镇的黄牛肉，知道的都会专程去吃。都江堰有一种米粉，用笋子烧牛肉做的臊子，也很不错。

☑ 不要错过

最佳避暑地

➡ **青城后山** 行走在绿树浓荫下，飞瀑流泉间，避暑又“洗肺”。（见199页）

➡ **碧峰峡** 住在峡谷里，每天跟国宝面对面。（见205页）

➡ **都江堰虹口景区** 盛夏去虹口景区漂流，围观万人水上麻将。（见198页）

最佳就餐

➡ **叶婆婆** 从乐山火到成都的钵钵鸡小店，实力对得起名气。（见209页）

➡ **尤兔头** 许多成都人专门到都江堰，就为这一口兔头。（见196页）

➡ **小小吃** 江油肥肠赫赫有名，软烂干净不油腻。（见221页）

➡ **海汇源** 本地人更青睐的烧麦小店，口味不输老字号。（见209页）

➡ **兰师傅挞挞面** 曾为主席做过面的馆子，你也来尝尝。（见203页）

最佳人文景观

➡ **乐山大佛** 佛是一座山，山是一尊佛。（见210页）

➡ **嘉阳小火车** 乘着古老的蒸汽火车穿行四季花海。（见217页）

➡ **都江堰** 穿越了千年光阴的古老水利工程。（见194页）

➡ **上里古镇** 昔日唐蕃古道上的茶马司关隘，还保留着清朝的石拱桥。（见204页）

1

成都周边亮点

❶逛吃乐山

从成都坐上班次频繁的动车，仅需1小时就能到达这座旅游名城。闻名遐迩的乐山大佛是当仁不让的主角，三江交汇，凌云山壁，置身山水之间，不断变化观看角度和距离，千年古佛与自然相融的绝妙之处便一一浮现。而大受四川人追捧的乐山美食就隐匿在大佛对岸的城区里，张公桥好吃街人声鼎沸，跷脚牛肉、钵钵鸡、西坝豆腐、甜皮鸭，快选一家馆子犒劳你蠢蠢欲动的味蕾。

❷探秘三星堆

三星堆的发现，让三千余年的华夏史实有了佐证，更让自古文明发达的古蜀城邑大白天下。3.95米高的青铜神树、诡谲的纵目面具，皆是古蜀人沟通天地的原始信仰的生动体现。在极具设计感的博物馆中，虽有三千余年前的众多珍贵文物展出，但仍有太多无法解释的神秘足以让你震撼不已，并多了一份对先人的敬畏之情。

❸拜水都江堰

用一个"堰"字把它和举世无双的水利工程联系在一起似乎有些困难，但当你身临其境，便会不得不为之赞叹。鱼嘴堤分水、飞沙堰泄洪防旱、宝瓶口引水，一千八百年前，李冰就用如"堰"一般简单的三部曲驯服奔腾咆哮的岷江。汩汩清流润泽成都平原将近两千年，造就富甲一方的天府之国。所谓天人合一、和谐共融，皆因更懂得尊重自然。

左图：乐山特色小吃街；
右图：好吃街上的美食。

❹嘉阳小火车

当这种轨距只相当于普通列车一半的火车逐渐在工业发展的长河中销声匿迹时，嘉阳小火车却被幸运地保留下来，并获得了“工业革命的活化石”之称。如今它仍不紧不慢地穿行在山野间，不仅担负着附近村民出行的重任，也吸引了好奇的旅行者前来体验。四季交替的背景色彩也是其魅力所在，乘着蒸汽小火车缓慢前行，在它穿越花海时按下快门，仿佛开启了一段时光穿越之旅。

❺雅安慢生活

这座位于川藏、川滇公路交会处的城市虽然没有藏区的大山大水，但空气清新湿润，生态环境质量长期稳居四川省第一。你可以前往川茶发源地蒙顶山探寻茶道文化，品一杯明前清茶。也可以到碧峰峡的奇山异石、瀑布流水间邂逅国宝大熊猫。作为南方丝绸之路上的驿站，上里古镇尚有古迹可寻，当然，花上一整天的时间在此享受田园生活也很诗意。

2

© 视觉中国

三星堆博物馆。

航拍都江堰。

3

嘉阳小火车。

上里古镇。

牛背山风光。

★ 最佳景点

峨眉山

“蜀国多仙山，峨眉邈难匹”，唐代大诗人李白为峨眉山写下了最美的文字。这座位于四川盆地向青藏高原过渡地带的山峰，自古以来便以其高出五岳、秀甲天下的姿态，被称为“蜀中仙山”。“一山有四季，十里不同天”，变幻流转的自然风光和香火萦绕的佛家寺院常年不衰地吸引着旅行者。报国寺的圣积晚钟响彻千年，象池的夜月营造出最唯美的意象，峨眉“四绝”只接受有缘人的赞叹。但你也有任性的机会，就是在白雪皑皑的冬天泡一次峨眉温泉，赞叹着只羡此时不羡仙。

见212页地图；☎400 819 6333；www.ems517.com；微信公众号：峨眉山景区；门票160元，12月15日至次年1月15日110元

从峨眉山上遥望雪山。

宗教渊源

关于峨嵋的历史记载十分久远，早在两千多年前便有名士隐居于此，是佛、道、儒“会宗同源”之所。相传上古时期轩辕黄帝便在峨眉山授道，被认为是道家的起源地之一；春秋时期，楚狂曾在今日神水阁附近隐居，被称为儒家代表。东晋年间的慧持大师是佛教僧侣来到峨眉的第一人，之后建造了第一座佛寺——万年寺。唐代，一批高僧在此扩建旧寺，开建新寺以招徒传法，佛教圣地已初具规模，并在宋代名为“普贤道场”，成为我国“佛教四大名山”之一。明清两代是峨眉山佛教最兴盛的时期，山上有大小院堂近百座，僧人上千。20世纪50年代初期，山上寺庙曾进行了大规模的维修，但却在“文革”期间遭到灾难性的破坏，如今山上仅存寺庙27座，且多为近代重建。此外，天主教在峨眉山山麓地区也稍有发展，目前村民中仍有少数天主教教徒。

峨眉四绝

日出、云海、佛光和圣灯并称“峨眉四绝”，金顶金殿旁紧邻舍身崖的平台是最好的观赏处。在这“四绝”中，佛光和圣灯最为奇特。峨眉佛光又称“峨眉宝光”，是因为雾气导致光的折射而形成巨大的彩虹般的光环。圣灯则是在无月的黑夜，“舍身岩”下会出现飘浮的绿色光团，从一点亮点形成千万点，装点在黑暗的山谷里。对于圣灯现象，多数人认为是山谷中的磷火，也有人说是某些树上有一种蜜环菌，当空气达到一定温度时便会发光，但至今尚未有一个统一的解释。

赏日出的最佳时间夏天约是6点，冬天是7点，看云海上午9~10点和下午3~4点间最合适。至于佛光和圣灯，则是全凭人品，山顶小摊店员说，经常半年都见不着一回。

峨眉武术

峨眉武术是与少林、武当齐名的中国三大武术门派之一。“蜀国多仙山，峨眉邈难匹。”武侠小说鼻祖还珠楼主的《蜀山剑侠传》便是以峨眉为背景所写，金庸笔下的峨眉派更是大名鼎鼎。但实际上，峨眉山上历来并无著名的女性出家人，峨眉派也非郭襄所创，据考证其祖师应为战国时期的司徒玄空。司徒玄空模仿峨眉山白猿形态创造了白猿剑法与白猿通臂拳，因此又称白猿公。峨眉武术的成型时期在南宋，并于明清时期达到鼎盛，支派有近百个之多。然而20世纪60年代后，流落民间的峨眉武术支派约有三分之一已经失传。峨眉山上的中峰寺被认定为峨眉武术的发源地，现存的普贤殿为明末时期遗留，寺中供奉着峨眉武术创始人之一“淡然法师”的画像。

亮点速览

➡ 峨眉之巅金光闪闪，四面十方的普贤菩萨手持如意，骑在六牙吉象之上，48米的高度有“四十八愿度众生”的寓意。

➡ **生态猴区** 在清音阁到洪椿坪之间的“一线天”，驻扎着三支共300多只家族式野生猴群。这些“专业吃货”每天都在此抢夺游人食物，想“相安无事”地通过猴区，还需先了解一下注意事项（见213页）。

➡ **峨眉山温泉** 峨眉山的氡温泉是治愈旅途疲累的良方（见214页）。

都江堰及周边

闪耀着古人智慧且至今仍在发挥功效的古老水利工程值得你专程而来，而城市周边也有许多亮点。道观林立，山水奇绝的青城山与之相距不过十余公里，不妨用2~3天将都江堰和青城山连起来游览。若还有时间，可以去街子古镇住上一晚，顺路去中国大熊猫保护研究中心都江堰基地（熊猫乐园）探望萌萌的国宝大熊猫；或是去映秀看看地震遗迹和震后新生活。

都江堰

公元前256年前后，秦国蜀郡太守李冰治理岷江，成都平原成为沃野千里的天府，一座水利工程令成都命运改写，一举成名。2008年的“5·12”汶川大地震严重摧残了这座城市，但都江堰三大主体工程仅受轻伤。经过几年的震后重建，现在的都江堰市已成为一座美丽的新城，它的夏天最具魅力——岷江两岸流光溢彩，啤酒长廊座无虚席，成都人成群结队为消暑而来。

景点

都江堰景区 世界遗产

（见194页地图；☎8712 0836；www.djy517.com，微信公众号：青城山都江堰；门票 80元，讲解 100元；⏰夏季 8:00~18:00，冬季 8:00~17:30）青山环绕，江水奔腾，在这寻常风景间，都江堰穿越千年光阴静静屹立。公元前256年，秦国蜀郡太守李冰在此“无坝引水”，常遭洪水威胁的大地从此“水

都江堰及周边

旱从人”，之后无论是流逝的光阴和江水，或是残酷的战争与天灾，都未曾毁灭这条生命之堤。2000年，都江堰被列入世界文化遗产名录。

都江堰景区出入口不少，多数人选择由离堆公园开始参观。所谓离堆，意为“离山之堆”，是由开凿宝瓶口水道凿出的玉垒山石块堆积而成，上面的**伏龙观**供奉着1974年打捞出的东汉李冰石像。一旁的“三神石人”目前身份已无从考证。观后的**观澜亭**可眺望飞沙堰和鱼嘴，以及穿越宝瓶口奔腾而来的湍急的岷江。

接着步行1公里，就到了水利工程的主体区域，分为**鱼嘴**、**飞沙堰**和**宝瓶口**三大部分。鱼嘴为分水堤，岷江水在此一分为二，外江负责泄洪，内江灌溉成都平原；飞沙堰位于鱼嘴分水堤尾部，负责江水的溢洪与排沙，它在丰水期排掉进入内江的多余水量，在枯水期变身天然拦水坝，将水导入内江用于灌溉，而弯道环流引水的原理起到了排沙作用；处于玉垒山和离堆山间的宝瓶口是内江水进入成都平原的咽喉，倒梯形引水口控制着被“放行”的水量。透过“道法自然、因势利导”的治水理念，李冰驯服了岷江，造就了繁荣千年的天府之国。

走过古老的**安澜索桥**，即到供奉李冰父子的**二王庙**。若参观后仍有体力，可爬上新修的**秦堰楼**俯瞰都江堰。**玉垒阁**（门票40元，含电梯上下）是景区的制高点，以景观震撼著称。之后建议原路返回，经**玉垒关**与**松茂古道**出景区——这条曾经连通都江堰和西蜀各地长320公里的茶马古道，如今只剩下一小段石板路，树木掩映下的古道能眺望岷江与灌县古城，风景很好。出景区便是依山而建的**城隍庙**，该庙始建于明代，清朝乾隆年间重建，庙中有十殿，在长长的台阶两侧排开。

灌县古城 古城

免费 灌县古城的历史可追溯至南北朝时期，曾被誉为“川西锁钥”。这里历来皆是兵家必争之地，也是茶马古道的起点。如今的古城紧挨离堆公园，除了**明城墙**和**清真寺**两处古迹外，其他建筑皆为“5·12”灾后重建，主要承担为旅行者提供食宿、购物等后勤保障的任务。

幸福路和杨柳河街是古城的两条主街，沿街都是缺乏特色的商铺，杨柳河街背后的白果巷是小吃聚集地。如果你对大红灯笼高高挂的古街模式感兴趣，那就去城墙下的西街走走吧，混合了文艺风与民族风的各类商铺接踵而来。

空游都江堰

若在都江堰景区听到引擎轰鸣的直升机从头顶飞过，别奇怪，那是**驼峰通用航空**的空中游览项目。目前开通的4条体验线路包括**都江堰景区**（980元/人）、**青城山景区**（1280/人）、**都江堰+青城山景区**（1980元/人）和**都江堰全景**（2680元/人），票价含机票、燃油费和保险。虽然价格不菲，且单个景区的游览时间只有10分钟左右，但暑期依然叫座。在景区外公交站场旁边的**空中观光游客中心**（☎181 6126 2633）购票候机即可。

节日

清明放水节 文化节

古时都江堰冬季枯水期时，人们会将杩槎筑成临时围堰以淘修河床，加固河堤。每到清明这一天则会拆除杩槎，让滚滚江水涌入内江（即“放水”），同时举行隆重的祭祀活动，祈求农业丰收。如今这一节庆习俗已是表演性质，清明节前后（具体时间查询官网），身着古装的水利官员、仪仗队伍将会表演祭祀的全过程，然后开闸放水。当地群众也会自发来到二王庙祭拜李冰父子，举办二王庙会，该庙会又称清明会。

此外，景区每天都有《放水大典·道解都江堰》的演出（门票140元；景区北大门；⏰11:30～12:25），让你一年四季都能看到这场盛会。

都江堰啤酒节 啤酒节

啤酒节不是某一天或某几天，而是持续

一整个夏季的欢腾。每年5月至10月，岷江两岸灯火通明，南桥两岸的夜啤酒长廊座无虚席，赏夜景、吃河鲜、呷啤酒，“万人同吃冷啖杯”是成都人的集体消夏方式，岷江河畔越夜越美丽。

食宿

夏天的都江堰因有了啤酒节而格外热闹，岷江两岸的夜啤长廊主打小龙虾、炒田螺、香辣蟹、串串香等，是游人们的天下；江安河（江安街以南段）两岸的江西街和江东街则是当地人钟爱的宵夜广场。灌县古城的餐饮集中在白果巷，以小吃居多，价格不贵。其他季节就没太大必要在此留宿了，景区加古城半天就够，灌县古城里的住宿价格较贵且缺乏特色，而返回成都的最晚一趟城际列车22点前后才发车，误不了时间。

闲在·逅舍酒店 　精品酒店 ¥¥¥

（见225页地图；☎8722 5959；灌县古城幸福路89号；标单 含早餐 438元起；📶❄🅿）2018年开业的精品酒店，院落和房间都很宽敞且颇具设计感，河景房和套房配有超大露台。早餐也很精致。

九点水语酒店 　快捷酒店 ¥¥

（见225页地图；☎8727 4888；灌县古城幸福路85号；标单 259元；📶❄）房间设计简约，干净漂亮，非常入眼。豪华间只比普通间贵20元，但要大得多。

老号尤兔头 　小吃 ¥

（见225页地图；江安路143号；人均 50元；🕘9:00~23:30）许多成都人会专程来这里吃兔头（7元/个），所以周末的饭点人总是特别多。麻辣味和五香味的兔头都很受欢迎，浇汁浓厚。店里还经营烧烤、炒菜和凉菜。

赵卖面 　小吃 ¥

（见225页地图；灌县古城白果巷30号；人均 10元；🕘8:00~19:30）这家老字号在

成都的咽喉：都江堰

丁海笑

《华阳国志》记载：都江堰建成，使成都平原“水旱从人，不知饥馑，时无荒年，天下谓之天府也”。都江堰之于成都，就如同人体进行饮食、呼吸的关键器官——咽喉，它并非成都的直接水源，却是左右成都生命与繁荣的要冲，源源不断地输送能量，造就了从古至今的天府之国。2300多年过去了，这座沾溉后人的丰碑，依旧作为文物在工作着，即使是处于龙门山断裂带上，经历过“5·12”汶川大地震等灾害侵扰，水利工程也基本无恙，这着实是一项奇迹。

都江堰是公元前256年至前251年，由秦国蜀郡太守李冰及其子率众修建的，经过历代整修，整个都江堰枢纽可分为堰首和灌溉水网两大系统，其中堰首包括鱼嘴（分水工程）、飞沙堰（溢洪排沙工程）、宝瓶口（引水工程）三大主体工程，鱼嘴位于江心，把

左图：啤酒长廊；上图：灌县古城。左图：何苗苗 摄；上图：何苗苗 摄

岷江分成内外二江，外江用于行洪，内江用于灌溉。宝瓶口是都江堰的引水工程，同飞沙堰配合具有节制水流大小的功用，是控制内江进水量的关键。内江水经宝瓶口流入，灌溉成都平原的大片农田，在洪水期间，洪水就进入外江流走，再加上宝瓶口对水流的约束，达到了防洪的作用。

如果说大禹治水标志着国家的诞生，那么李冰治水的效果又如何呢？首先，都江堰工程以引水灌溉为主，兼有防洪排沙、水运、城市供水等综合效用，从而也根治了岷江水患。其次，都江堰开凿了检江（又称南河、锦江）、郫江（又称府河）两条江河，两江双双流过成都城外，经合江亭合为一条，后人将两江统称府南河，于是便有了成都的温润如玉。成都傍水而建，因天时、就地利，顺应两江水式，呈现西北、东南城市格局，南北轴线顺时针偏离30度。城中池沼星罗，河渠纵横，桥梁众多。当时府南河的规模从古诗、历史记载中就能窥见，唐代杜甫诗曰“门泊东吴万里船”，北宋张唐英描述说浣花溪上“龙舟彩舫，十里绵亘”……

如果你留意一下今天的成都，能看到许多以河为名的地方，如小河街、洗面桥、金河街、磨子桥，却又看不到任何渠水湖溪。1950年以后，随着都江堰灌溉工程东风渠、人民渠的开凿，灌区面积的扩大，都江堰内江的水绝大部分都由新渠引下成都各县，只有很少一部分流入市区，上游建水库和大坝，下游毁田造楼；更因为城市扩大、人口膨胀、工业污染、用水增加，河流不堪重负，变成了藏污纳垢的臭水沟。该时期流经成都市区的70条大小河流中，部分河水已断流，有的则是河道缩减，处于消失的边缘。

1992年，成都市委市政府决定对府南河实施综合整治，效果有所好转，至今成都府南河整治工程已先后获得三项联合国大奖：“1998年联合国人居奖”“2000年地方首创奖”“2000年迪拜国际最佳范例奖”。沿着府南河边的绿道成为市民跑步散步的乐园，江边的望江楼、合江亭、安顺廊桥依然作为这座城市的标志，延续着它们的使命。2000年，都江堰因其为“当今世界年代久远、唯一留存、以无坝引水为特征的宏大水利工程”，与青城山共同作为一项世界文化遗产被列入联合国《世界遗产名录》。

当地口碑不错，面、米线、粉是菜单上的主打，配料不会让你挑花了眼，仅牛肉、排骨、炸酱、肥肠、碎臊5款，其他还有抄手、粉蒸肉等。

到达和离开

长途汽车

成都茶店子客运站有频繁的班车直达都江堰景区（28元；1小时）。也可在武侯祠乘成都景区直通车（往返 58元；去程 10:30、12:30，返程 16:30、17:30；1.5小时）前往。都江堰客运中心（微信公众号：都江堰市客运中心）有班车往来川藏线沿途各目的地和九寨沟等地。回茶店子客运站的末班车19:00发车。

火车

成都犀浦火车站每天有多趟城际列车往返都江堰火车站（距离都江堰市区约5公里）和离堆公园火车站（近都江堰景区），车票均为10元。从离堆公园站步行到景区正门约1公里。

另辟蹊径

跟成都人一起避暑

一把把遮阳伞在溪沟里声势浩大地连片撑起，伞下上百张麻将桌浸泡在齐脚深的溪水里，哗啦啦的洗牌声早已盖过了流水声——如果你曾经见过万人打“水上麻将”的照片，那便是虹口的真实写照。位于都江堰以北15公里的**都江堰虹口景区**（8972 9999）是成都人首选的消暑纳凉之地，这里还以刺激惊险的**漂流**（198元/人；全程1小时；5月1日至10月7日）著称，通常有**挑战者漂流**（6人1船 含舵手）和**自由漂流**（2人1船）两种。2个小时的漂流后，去尝尝虹口独特的淡水三文鱼再美不过了。

虹口景区只适合夏天来，都江堰客运中心有直达虹口的班车（5.5元；8:10~15:10，约1小时1班），若在车站买漂流票则可免交通费。虹口回都江堰的末班车18:00发车。

当地交通

从都江堰客运中心坐7路公交车或从都江堰火车站（都江堰快铁站）坐4路公交车，都可直达都江堰景区（离堆公园站）。101路公交连接起都江堰景区、青城山火车站和青城前山，102路公交连接都江堰客运站、青城山火车站、中国大熊猫保护研究中心都江堰基地（熊猫乐园）、普照寺和街子古镇。

青城山

青城山离都江堰不远，因山中林木常年青翠，诸峰相连，状似城郭而得名，慕“青城天下幽”之名而来的游人自古便没断过。东汉顺帝年间，“天师”张道陵看上了青城山的深幽宁静，在此结庐传道，直至123岁“羽化成仙”，青城山因此被视为道教的发祥地之一。而后，它又被写入了金庸的书中，并成为《功夫熊猫3》中男主角的故乡。

青城山分前山、后山、外山三部分。若为“问道”访古而来，尽管加入前山的人海；若想寻幽看水，和当地人一起消暑纳凉，那就去后山。外山仅一座寺庙——普照寺，但香火很旺，引名人无数。

景点

青城前山　　山

（见199页地图；8728 8104；门票 80元，观光车 往返 20元；3月至11月 8:00~18:00，12月至次年2月 8:00~17:00）道教文

化是前山的精髓，林荫间藏有数十座保存完好的道观，观内有大量古迹文物与名家手迹。

从停车场至景区有2.2公里路，可以选择搭乘观光车或步行。进入山门后不远，步道便分为两条。左边经全真观、天师洞、祖师殿、朝阳洞等一路上山，最后到达**老君阁**与**上清宫**；右侧则是往**月城湖**，可在此坐渡船（船票5元），接着乘**索道**（单程/往返 35/60元，⏲9:00~17:00）至上清宫。前山山势不险，理想方式是沿左侧步道上山，游览景点后坐索道下山，这样绕一圈约需4~5小时。

天师洞是青城山道教文化的中心，兴建于隋大业年间。据传当年张道陵便是在此修炼，并亲手栽植了天井中那株千年古银杏。若对书法有兴趣，不妨留心寺中楹联、石刻，你会发现岳飞、董其昌、郑板桥、于右任等名字赫然在列。三清殿前的"丹台碧洞"牌匾是康熙御笔。天师洞上行途中，会在访宁桥遇见往**祖师殿**的岔路。祖师殿供奉真武大帝和张三丰祖师，规模不大且路线较险。如不想走，便直接向右往**朝阳洞**，据说蒋介石曾在此洞避难。

上清宫是索道与步道交会处，现存建筑为清初重建。观内有张大千、徐悲鸿书画展和鸳鸯井等景点，门额为蒋介石手书。若天气不错，就往青城第一峰顶的**老君阁**（海拔1260米）前进吧，该楼阁虽是"5·12"震后重修，但风景独好，能眺望苍翠起伏的群山。

青城山火车站出站口就有青城前山的售票点，在此购买门票或索道套票可乘免费班车直达景区。也可从都江堰景区外或青城山火车站乘坐开往青城山景区的101路公交车（2元；⏲8:30~17:00），终点站就是青城前山。

青城后山 山

（见199页地图；门票 20元，语音导览20元）想体验青城山之"幽"，便到后山来。这儿的特色是飞瀑流泉，你可以沿着溪流前行，体验一回俯拾皆景的感受。

进入景区后，先径直穿过**泰安古镇**上山去。入口右边往**飞泉沟**，左边往**五龙沟**。

青城山

若有5~6小时的时间，可以由五龙沟溯溪而上，一路经过青苔石桥、迂回木道，两侧峡谷内飞瀑碧潭相依而生，这段**龙隐峡栈道**堪称青城后山的精华。赏景同时得小心，被飞瀑溅湿的地有些湿滑。抵达又一村后，直接搭乘**白云索道**（单程 45元，往返 80元；⏲8:30~17:00）往白云村远眺群山。虽然这样前往白云寺要走段回头路，但能避开难行且风光无趣的一大段路。白云寺本身景致普通，寺下凿有2000余尊佛像的**通天洞**岩壁则更有名些。若不想上白云寺，便可直接从白云村前往**翠映湖**乘渡船（船票2元），接着风景秀丽的飞泉沟将伴你一路下山。

若时间有限，就先乘**金骊索道**（单程 30元；⏲8:30~17:00）上山，然后走五龙沟下山。这样约3小时就能游完。

下山后再逛逛**泰安古镇**，它曾是成都平原西入金川驿路的要冲，如今建筑全是"5·12"地震后重建的，镇上有座泰安古寺可参观。古镇上集中了多家客栈和饭馆，但若天黑前还没来得及下山，又一村和白云村都有农家乐，可就近投宿，标间价格100~200

青城山的宗教渊源

青城山与道教渊源已久世人皆知，但却极少有人知道，直到清朝之前，青城山都是佛教盛于道教。佛教来到中国后，国力昌盛时受到统治者扶持，兵荒马乱的年代又能让老百姓生活有所盼，这样的群众基础是“仙风道骨”的道家精神难以比拟的。因此，古代青城山上出家和尚的规模远胜过修炼的道士，在此修行的高僧众多，曾有“大和尚万万五，小和尚不胜数”的说法。

清朝时，同在山中修行的两派宗教争得不可开交，清政府颁布“前山聚道，后山聚佛”的法令，从此各自占山为王，彼此互不干扰，佛教在后山延续香火。泰安古寺的方丈告诉我们：“过去泰安古镇还没有镇的概念，只有40多座寺庙，塔林众多，规模堪比峨眉山，但在‘文化大革命’时被拆尽，只有泰安寺里几栋佛殿和四大天王像幸免于难。”

元，前者条件要好于后者。

青城山火车站外的广场上有发往后山的巴士（单程 13元，往返 25元；夏季 7:30~19:30，冬季 7:30~18:00；30分钟），从后山返回火车站的时间为8:30~18:00。其实返程不必太受限于班车，泰安古镇有很多私营包车，拼车每人只需15元，几乎任何时候都能找到车带你离开。

普照寺 寺庙

（8721 3205；www.fjpzs.com；免费；8:00~17:30）位于青城外山的普照寺建于清康熙至光绪年间，前后历时205年，曾是规模宏大的禅宗名刹。不过“文革”时期大半建筑被毁，后又在“5. 12”地震中严重受创，现在建筑多是震后重建。寺庙以禅修闻名。近来因受港台明星青睐而知名度倍增，你能在写经堂“大事榜”的照片上看到很多熟悉的面孔。

寺院建筑依山而建，山门左边的**天灯**是其中最重要的古迹。天灯建于清道光五年（1825年），通高13米，仅由两块青石拼接而成，通体雕刻有盘龙，须弥座上还刻有动物和负重的力士。师傅将长明灯点燃后放进四方的玻璃罩里，用滑轮将其升到天灯顶部，据说以此许愿非常灵验，但也价格不菲。

另一座古迹是大雄宝殿西侧，建于道光六年（1826年）的**普同塔**，塔为石质仿木楼阁式，重檐歇山顶。三层四方的塔身雕刻精美，内部存放着历代高僧的遗骸。这样的结构和功能在国内非常少见。

青城山火车站发往街子古镇的102路公交车会经过普照寺，从普照寺路口站下车后还需步行约20分钟。这里离街子古镇只有10分钟车程，参观完可以继续坐102路公交车前往。

活动

爬完山，可以到**青城道温泉**（8719 8999；青城大道88号；周一至周四 180元，周五至周日 206元，节假日 258元）放松一下。温泉常年水温42℃，分露天泉池和室内恒温池两种，还有传统足道、户外森林SPA等项目。该温泉位于**青城豪生国际酒店**（8898 8888；www.hojoqc.com；标单/双 860元起，含温泉；）内，距青城山火车站1.2公里，可步行或从火车站坐101路公交车前往。

食宿

青城前山和后山如果只玩其一，往返成都或都江堰都很轻松。如果两处都玩，可选在其中一处住宿。前山山门周边住宿很多，从一两百元的农家乐到上千元的五星级酒店都有，山上只有**上清宫**（8729 6692；标间 80元起）提供食宿，条件有点简陋。上山沿途有一些小吃摊，但都离不开炸土豆、香肠、排骨、腊肉和玉米、雪莲果。后山住宿首选山下的泰安古镇，主要是100元左右的农家乐，条件很一般，而且价格弹性比前山更大，夏季会翻倍。若是夏季来后山避暑，可以选择山上**又一村**一带的农家乐，这里依山傍水，几乎每家都有水边茶座。

农家乐都是食宿一体，可点菜也可商量包餐的价格。几乎每个饭馆的招牌菜都是白果炖鸡（80~130元）和青城老腊肉（45~68元）。

忆楠客栈 客栈¥

（☎8721 8663；青城前山，青城人家泉水四巷34号；标双 120元起；📶🅿）这家客栈是一处独门独院的三层小楼，条件设施相对不错，老板一家也特别热情，还提供往返景区和火车站的接送。

泰安会馆·道家主题文化酒店 酒店¥¥

（☎8729 5955；青城后山泰安古镇；标单/双 淡季 150~280元，旺季280~480元，含双早；📶❄）这是泰安古镇上条件最好的一家酒店。虽已开业多年，但软硬件都维持得不错。

佳辰山庄 客栈¥¥

（☎155 2838 2949；青城后山又一村；标双 旺季 228元；📶）院子较大，房间干净宽敞且装修较为讲究。旁边的**品味道家**（☎134 8890 0145；标双 旺季 150元起；📶）配置普通，但老板热情周到。又一村的住宿均可提前致电老板下山去接，夏季周末必须预订。

张醪糟 小吃¥

（☎139 8046 9915；太平场孙思邈铜像后；人均9元）当地专营醪糟和糍粑的老店，醪糟里加了红糖，江米粉子很糯，甜度、酒味都恰到好处。坐102路公交车在滨江路口站下即可。

ℹ 到达和离开

成都犀浦火车站每天有30多班城际列车往返青城山火车站（10元；约30分钟），站外就有班车分别去往前山和后山。如果坐长途大巴，成都景区直通车（见244页）、成都新南门车站（25元；8:30、9:30；1.5小时）和茶店子客运站（26元；9:00、10:00；1.5小时）都有车直达青城前山。

字库塔

字库塔又叫"惜字塔"，是古代用来焚化纸张的焚烧炉。古人认为文字是"古圣贤心迹"，凡写有文字的废纸是不能随意丢弃的，得放到字库塔中焚化，以示对圣贤的敬意。如今所留存下来的字库塔大多为建于清朝的双层六角青砖石塔，飞檐高翘，塔外壁雕有图案，塔内中空，用于焚烧废纸。除了街子古镇，元通古镇、成都远洋太古里、都江堰二王庙等地也都有惜字塔。

ℹ 当地交通

从青城山火车站出来就是公交枢纽，101路公交车往来于青城前山和都江堰景区（7:00~18:00，每8分钟1班；2元），102路公交车往来于街子古镇和都江堰客运中心（7:00~18:30，每8分钟1班；2元）。由于前往相反方向的同一路公交在同一个站台候车，务必确认终点站再上车。

街子古镇

（见194页地图；免费）面朝味江河，背倚凤栖山，一千多年的岁月中，古镇几度兴衰，明万历年间曾仅存沿河小街，从此得名"街子"。如今镇上的建筑多为汶川地震后所建。

主街**朝阳路**非常宽阔，两旁的商铺不是卖旅游纪念品，就是卖怀远三绝、汤麻饼等民间小吃。真正要寻古，镇口4株银杏据说是晚唐诗人唐求（见202页方框）所种，已有千年历史。旁边的字库砖塔建于清道光年间，汶川地震后进行过修复。若不执着于寻古，味江河畔江水碧绿、山色空蒙、雾气氤氲，雨中也是一番含烟拢翠的浪漫景象。

镇外凤栖山上的千年古寺——**光严禅院**（门票 2元）值得你专程拜访。该寺始建于隋朝，明清两代深受皇家恩宠，如今建筑为清朝所建。朱元璋为纪念其幺叔"悟空禅师"御笔亲书"纯正不曲"四字，现就位于大雄

一瓢诗人

街子古镇是晚唐诗人唐求的故乡，诗人晚年弃官回家，逍遥于家乡的山山水水间，并写了大量诗作。但他有个怪毛病，每当有灵感写成诗句，就会揉成纸团投入随身携带的葫芦瓢里，然后再扔入味江河中随波而去，并感慨："兹瓢倘不沦没，得之者始知吾苦心耳。"因此得"一瓢诗人"的雅号，但也因此，唐求作诗无数，被有心人"抢救"下来的却仅有35首，被收入于《全唐诗》中。如今，古镇北边御龙桥边的唐求广场上立有诗人的巨型雕像，背后的展览馆中展示了他的部分作品。

宝殿石栏正中。据传明成祖朱棣登基后，明惠帝朱允炆曾避难其中。寺庙大门匾额"光严禅院"则为乾隆御题，寺中还有济公手迹，因此在中国佛教禅院中有着特殊地位。街子古镇公交车站有去往古寺的班车（5元；8:00~16:40，约30分钟1班；30分钟），也可在古镇过御龙桥后的马路边等过路车。古寺下山的末班车17:00发车。

食宿

街子古镇的小客栈很多，双人间的价格为50~100元，想住得舒适点，就到江边看看。装修考究的**侬家民宿客栈**（8220 0066；街子古镇江城街29号，味江河码头上行20米；江景大床房 318元起；）是中式复古风格客栈，临江的阳台配有藤制桌椅，喝茶观景都不错。街子古镇的小吃以肥肠粉和怀远三绝（冻糕、叶儿粑、豆腐帘子）为主，吃炒菜则要试试拌土鸡和脆皮豆花。步行街岔路上的**黄氏农家院**（8229 4099；天顺街116号；人均 40元）很家常也很美味，拌土鸡（45元）是这里的招牌菜。但饭点客人较多，服务处于半自助状态。

到达和离开

成都茶店子客运站有直达街子古镇的班车（17元；7:20~18:30，滚动发车；1.5小时），返程时间为6:10~17:00。从都江堰客运中心或青城山火车站出发，乘102路公交车（2元）到终点站即可。

映秀地震遗址

汶川的映秀镇是"5·12"地震受灾最严重的区域之一，如今的**汶川特别旅游区**（免费）同时展示地震遗迹和城市新貌。在倾颓崩塌的房屋前和地震博物馆中缅怀逝去的同胞，再看看当地人民的震后新生活。

旅游区的游客中心有观光车（单程15元）带你前往各个纪念场所，但整个园区并不大，不如边走边看。详细又直观地记录了这场灾难的**"5·12"汶川特大地震震中纪念馆**（周二至周日，夏季 9:00~16:30，冬季 9:30~16:30）和**汶川特大地震漩口中学遗址**氛围肃穆，遗址中破碎的时钟永远定格在了14时28分，校园内倾斜垮塌的楼房和野蛮生长的植物给人带来强烈的震撼。经**汶川青少年活动中心**来到的**映秀东村**，是震后恢复重建的新城，随处可见为游客服务的特产商铺、小吃店和客栈，你或许能从极少的手工艺作坊窥探到一些藏羌文化。

距离映秀镇20公里还有一处**水磨古镇**（622 2729），同样是震后重建。古镇的一半是以禅寿老街为主体的中式建筑群，另一半则是羌族的碉楼群，修新如旧甚是和谐。

都江堰去水磨古镇的班车（7:10~17:30，约1小时1班；1小时）路过映秀镇（15元），在游客中心下车即可。返回都江堰的末班车约18:00路过映秀镇。若想回成都，需到游客中心北边约500米的隧道口等过路班车。

雅安

作为"川西咽喉"，雅安自古便是四川通往西藏的门户。千百年前，山茶、丝绸由此经茶马古道与南方丝绸之路运向藏区；今日，奔向西藏的318国道与通往云南的108国道在此交会，引领无数旅行者奔向心中的乐土。殊不知，这座十字路口上的城市烟雨朦胧，碧峰峡山清水秀的步道，蒙顶山堆青叠翠的茶园，上里古镇自古绘就的田园诗画，亦浓情厚意地等待着探访它的游人。

雅安市区

雅安位于四川盆地西缘，淅淅沥沥的落雨给它带来了“雨城”的美称。虽然市区没什么景点，但山环水绕，生活舒适，是个十分“称职”的中转站。早上尝碗挞挞面再出发，晚上回来到青衣江边上走走，霓虹勾勒的雅州廊桥是国内最长的廊桥，也是雅安的城市地标。廊桥至羌江大桥两侧是雅安最热闹的所在，酒店与饭馆群聚于此。

食宿

上里古镇、碧峰峡和蒙顶山都在市区北部且距离不远，建议在市区吃住。2018年装修的青旅**泊地旅舍**（133 5056 6966；育才路257号1单元2楼；铺 45元；）的公共区域很宽敞，落地窗直对廊桥，老板也能提供许多出行建议。想住得舒适些，就去位于廊桥正中间的**印象雨城酒店**（519 7888；雅洲廊桥；江景房 338元起，含双早；P），这里房间干净宽敞，窗外青衣江从脚下流过，大概是最特别的江景房了。

雅鱼是雅安最富代表性的食材，**胖师鱼馆**（222 4222；大北街温州商城二楼B201-202；9:30~23:00；人均 86元）以汤锅闻名，若嫌雅鱼（149元/斤）太贵，江团（49元/斤）也值得尝试，素菜免费供应。**兰师傅挞挞面**（133 5056 1056；小北街68号；7:00~19:30；人均 30元）是历史悠久的老字号，相传店主曾为江泽民煮面而声名大噪，三鲜挞挞面（8元）最经典。旁边的大众路堪称饭馆一条街，选择很丰富。

到达和离开

长途汽车

雅安汽车客运站（雨城区姚桥镇北外环线）位于雅安火车站前约200米，班车去往成都新南门车站（47元；6:30~19:00，约30分钟1班；2小时）、乐山（46元；8:50~16:50，约1小时1班；2小时）、峨眉山（44元；8:50~17:20，约1.5小时1班；1.5小时）、眉山（44元；9:00~16:40，约1.5小时1班，1小时）以及川内各市和成都周边的新津、彭山、龙泉驿等地。

雅安西门客运站（雨城区西门北路17号）的班车发往邛崃、大邑、都江堰、崇州等地，此外也有班车发往成都石羊客运站（47元；6:20~19:00，约30分钟1班；2小时）。

去往上里古镇、碧峰峡和蒙顶山的小型班车均从老雅安旅游车站（碧峰峡路79号）外的广场发出。但三个景区间的中转无须回到旅游车站，告诉司机你的下一个目的地，让他把你放到相应的路口等过路车即可。

不要错过

做国宝的“铲屎官”

中国大熊猫保护研究中心都江堰基地（熊猫乐园）（微信公众号：都江堰熊猫乐园；门票 58元；8:30~16:30）位于青城山和街子古镇之间，数十只大熊猫和少量的小熊猫以半放养的方式在这里生活。同时，这个侧重大熊猫疾病防控、野外救护的科研机构也为旅行者提供了近距离接触熊猫的机会——在准备好申请表、体检表并预约（通过pandaeducatecenter@163.com邮件申请）成功后，以“熊猫志愿者”的身份加入到为熊猫服务的队伍中来，工作内容大致如下：9:00开工，喂食早餐并清扫熊猫圈舍；10:00跟着辅导员近距离参观园区后，11:00再次喂食。11:30~13:00可稍作休息，13:00观看大熊猫纪录片，了解熊猫生活习性；14:00再次进行喂食，接着15:00为大熊猫制作窝窝头，15:30结束工作。若运气不错，还可能参与大熊猫的“健康检查”。虽然辛苦，但国宝们讨食撒娇的无辜眼神一秒就把你的心萌化了。从都江堰客运中心、青城山火车站或街子古镇坐102路公交车，到熊猫疾控中心站下车。

雅安三绝

雅安流传着这样一句话："雅雨在上头，雅鱼在江头，雅女在心头。"其中的雅雨、雅鱼、雅女，便是雅安自古流传的"三绝"。

一绝雅雨，据说女娲补天时不慎在雅安上空留下天缝，使得这里常年雨水不断，好在细密飘洒的雅雨并不恼人，倒替景色添上几分诗意。二绝雅鱼又名"丙穴鱼"，是青衣江特有鱼种，肉质细嫩，杜甫曾赞其"鱼知丙穴由来美"，该鱼的鱼头中有一酷似宝剑的鱼骨，被当地人戏称为天然防伪商标。可惜由于大量捕食，野生的雅鱼越发稀少。至于三绝雅女，则是描述雅安女子在雨水浸润下生得清纯秀丽。

火车

雅安火车站（雨城区姚桥镇）距离老城区约8公里，是川藏铁路上的一站。成都西站每天都有多趟城际列车（二等座 52元；1小时）前往雅安。

上里古镇

古镇原名"罗绳"，曾是南方丝绸之路上的重要驿站，也是近代红军长征过境地。古镇入口处的河边留有40余幅红军石刻标语，日渐模糊的刻痕中，依稀能见到昔日豪情。顺着主路深入小镇，经过**古戏台**和最热闹的磬安街，便到**韩家大院**（门票 10元），它是韩氏族人在清道光年间仿京城官邸所建，由七个四合天井组成。别错过门窗雕花，历经三代人完成的木雕以折子戏和历史典故为题材，雕工细致。院内有客栈因此并不关门，但白天需购票进入。

从韩家大院起沿河边继续深入，沿路临河茶庄可供歇脚，数座造型迥异的古桥跨于河上。最显眼的莫过于清乾隆年间的石质单拱桥——**二仙桥**，高12米的桥身与溪中倒影构成一个圆，颇有江南水乡的韵味。前来写生的学生们都早早占据了桥边的有利位置，

上里古镇。

将这经典画面定格在画板上。

上里古镇面积很小，走走停停1小时就能逛完。若时间富余，可以选择一家沿河的茶馆小坐一会，也可以去距古镇4公里的**白马泉遗址公园**（门票 10元；9:00~17:00）看看，这里有"二泉天下奇"的喷珠泉与白马泉——前者终年不枯，水面冒泡如珠；后者是四季恒温的间歇泉，相传潮来时有状似敲木鱼的"咚咚"声，退潮时则是"嘀嗒"马蹄声。不过它潮期不定，能否听见得看运气。

食宿

上里住宿不贵，50元便可找到标间。但若预算许可，挑间临河四合院入住更能感受水墨上里的魅力。**时光客栈**（153 5146 9315；长寿桥附近；标单/双 68/78元；）虽已开业数年，但维持得很不错，房间干净，老板热情周到。

挞挞面是上里的特色菜，几乎家家都挂满了获奖的金字招牌，味道都差不多。老字

碧峰峡瀑布。

号的**大肉挞挞面**（☎153 2868 3970；韩家大院广场斜对面；小碗12元）人气较旺。如果要吃川菜，试试红军后代开的**红军饭馆**（☎231 6541；大肉达达面隔壁；人均30元。），菜名多为红军题材，例如"飞夺泸定桥"（45元）便是整根的排骨，味道不错。

到达和离开

成都新南门客运站每天有班车（50元；8:10；2小时）直达上里。也可先到雅安，在老雅安旅游车站外的广场上乘前往上里的小面包车（8元；6:00~18:20，滚动发车；45分钟），返回雅安的末班车19:00出发。如果想继续前往碧峰峡，可坐到黄龙桥（5元）下，再转车前往（2元）。

碧峰峡

碧峰峡山清水秀，林木葱茏，是川中著名的消暑胜地，分为碧峰峡风景区和野生动物园两部分。

峡谷、瀑布、大熊猫是**碧峰峡风景区**（☎231 8091；微信公众号：碧峰峡景区；门票100元，含景区观光车、熊猫基地及电梯；⏲夏季8:00~16:00，冬季8:30~16:00）的三大主题。相传此地是女娲幻化而成，几乎所有的景点命名都与女娲相关。以入口处青云梯为起点，峡谷步道向两侧展开，左峡谷囊括奇山异石、羌人悬棺和瀑布水潭，右峡谷则以瀑布为主。两条峡谷皆可到达**大熊猫保护基地**（⏲8:30~11:30，13:30~16:20），60多只大熊猫以半放养方式在此生活。基地内的交通车（15元）可省去20分钟的脚程。左峡谷—熊猫基地—右峡谷的环线全长约7.5公里，步行游览约需4小时。也可以从入口搭免费观光车直奔熊猫园，参观后走景观更丰富的左峡谷，经最大瀑布——白龙潭瀑布、羌鼓走廊和高达88米的青云梯等景点返回入口，如此既轻松游览了景区精华，又能省下一半时间。

碧峰峡野生动物园（门票 180元；夏季8:30~16:00，冬季 9:00~15:40）放养动物达400多种，还有一些科普、游乐场馆，适合带孩子前往。入园先经过猛兽区，可以乘普通车（免费）看看散步的狮子、老虎、黑熊，或乘专门的投食车（50元/人）近距离观察他们进食的场面。接着步行游览温驯动物区，与放养的羊驼、梅花鹿、盘羊等动物来个亲密接触。入夜后，猛兽区和温驯动物区还作为**夜间动物乐园**（门票 60元，凭野生动物园门票或入住萌趣东方动物主题酒店可免费入园；20:30~21:30）开放，可观察动物夜间生活习性，游览方式与白天相同。

食宿

一般没必要在碧峰峡住宿。若想在此地避暑，风景区内的**Q加·雅安君豪怡鑫酒店**（138 8243 3640；熊猫基地对面100米；标双 180元起；）性价比较高，提前联系老板可到停车场接客。景区停车场附近的农家乐平时标间80元起，节假日价格上涨。景区官方的**萌趣东方动物主题酒店**（231 8017；景区游客中心；标双 300元起，含双早；）房间宽敞，设施较新，入住可免费玩夜间动物园。景区内饮食摊点颇多，农家乐都自带餐饮服务，自家熏制的排骨、香肠都可以试试。

到达和离开

从老雅安旅游车站外的广场乘到碧峰峡的小面包车（6元；7:00~17:00，滚动发车；30分钟），暑期返回雅安的末班车为18:30左右，淡季有所提前。

蒙顶山

（323 2118；门票 4月至10月 60元，11月至次年3月 45元）“扬子江中水，蒙山顶上茶”，深厚的茶文化就是蒙顶山的精髓。相传西汉年间，茶祖吴理真在此手植茶树7株，是

三苏祠。

中国最早的人工栽茶纪录。自唐朝至清朝，蒙顶山茶一直是珍贵的朝廷贡茶。而常年缭绕的云雾不只带来好茶，也带来含量较高的负氧离子，徒步于蒙顶山间有如一场"洗肺"之旅。

景区游道分茶文化和红军文化两个主题，全程徒步约4小时。入内后，可以选择爬1456级的**天梯**，或乘**索道**（单程 15元；旺季 8:30~18:30，淡季 8:30~17:50）上山。索道下站旁有**世界茶文化博物馆**（门票 10元；9:00~17:00）讲述茶叶的历史、风俗与知识。索道上站所在的天盖寺是茶文化游道的入口，正中的茶神殿里供奉着茶祖吴理真（灵应甘露普慧妙济菩萨）。顺着步道向前，一路走过茶祖汲水的蒙泉井、西汉古茶树所在的皇茶园和茶祖种茶时的居所甘露石屋，便来到红军文化区。1935年，红军在蒙顶山建立了革命根据地，红军百丈关战役纪念馆陈列了大量红军文物，馆外还保留着战壕遗址。

春秋两季是来访蒙顶山的最佳季节。3月至5月的采茶季，采茶工人在茶园工作的画面吸引了众多摄影爱好者前来，山间的"茶家乐"大多有**采茶体验项目**（50元/人/小时），采完的春茶可现场加工带走。而10月底至11月，天盖寺周边十二株参天的千年银杏将寺院装饰成一片金黄的世界，当地人在这里售卖的现炒白果据说就是这些古树所结，可以买来佐茶。

食宿

蒙顶山离成都与雅安都不太远，基本不需在此住宿。山中有多家"茶家乐"供应茶叶调味的"茶膳料理"，多数店家在冬季会闭门休息。

到达和离开

从老雅安旅游车站外的广场乘小面包车（8元；7:00~17:30，约30分钟1班；40分钟）可直达蒙顶山景区，返程末班车18:00发车。在雅安下辖的名山区，也有小面包车（7元；7:00~18:00，约30分钟1班；30分钟）从客运站往来于景区。

眉山

眉山的看点不多，市区的主要景点为苏东坡父子的故居三苏祠，缅怀先人之余可尝尝东坡肘子和东坡肉。瓦屋山则是2018年新开放的景区，前往的路程山高水长，途中可顺便到柳江古镇游览。

眉山市区

景点

三苏祠 博物馆

（3822 0186；www.sscbwg.com；眉山市东坡区纱縠行南段72号；门票 45元；9:00~17:30）苏洵、苏轼与苏辙父子是中国历史上有着崇高地位的北宋文章大家。三苏祠原是他们的故居，元代改宅为祠，明末毁于战火，清康熙年间重建，后又多次修缮扩建。如今，苏轼笔下的"五亩园"已成了占地百余亩的古典园林。虽失了原样，倒也不妨碍游人瞻仰凭吊的兴致。特别是高考前夕，总有大批家长与孩子前来拜谒。

景区有两个大门。西门连通园林区，这里的建筑多为后人穿凿附会所建，虽然环境清幽，翠竹掩映，但时间有限者，还是从南门直奔老宅区域吧。启贤堂前的黄荆树相传为苏洵亲手植栽，它和一旁的古井是老宅仅留的遗存。老宅东侧的碑林则是书法的宝库，虽多为复刻，却精彩可观。其中苏东坡四大楷书名碑《罗池庙迎享送神诗碑》《表忠观碑》《醉翁亭记》《丰乐亭记》最重要。

三苏祠对面是**三苏纪念馆** 免费，展出了有关三苏的生平、成就和作品。

食宿

眉山交通便利，加上三苏祠仅需2~3小时便能参观完毕，无须在此留宿。不过"美食家"苏东坡故乡的菜不能不试，在东坡"冠名研发"的菜式中，"东坡肘子"和"东坡鱼"最出名。**眉州东坡酒楼**（3878 1300；三苏祠西门侧搬运社对面；6:30~22:00；人均 85元）院内鸟语花香，可就餐，可喝茶，价格有点小贵但物有所值，还有包装精美的当地食材售卖。

到达和离开

成都东站每天有十余班城际列车发往眉山东站，车程约50分钟。也可从成都新南门车站乘班车（28元；7:30~18:50，约30分钟1班；1.5小时）到眉山汽车客运站，返程末班为18:50。成都茶店子客运站有直达三苏祠的旅游直通车（29元；8:40~18:00，1.5小时1班；1小时），返程末班为18:00。从眉山往来乐山、峨眉山的城际列车十分频繁。

眉山汽车客运站紧邻眉山东站，前往三苏祠可乘205、206路公交车至通惠街站下，或乘1路公交车在三苏祠（西）站下，车站均在西门附近。眉山出租车起步价4元，从客运站打车过去不到10元。

瓦屋山

[☎3659 8888；微信公众号：瓦屋山景区；眉山市洪雅县；门票 旺季（5月1日至10月31日）100元，淡季（11月1日至次年4月30日）70元；⏲旺季 8:00~17:00，淡季9:00~16:00，提前2小时停止售票]因其山顶平坦如桌台，瓦屋山在地理学中被称为“桌山”。经过6年的封山建设，景区于2018年8月重新对外开放。但截至2019年4月30日，只开放正觉寺至兰溪瀑布的小部分区域，且每天限流3500人，建议在官网或微信公众号提前购票。就目前的情况来看，专程前来的性价比很低。建议出行前再次确认景区开放信息。

宣传画中“最美桌山”的全景其实真容难见，因为瓦屋山的景点大多都分布在11平方公里的山顶平台上，你只能“身在此山中”了。进入景区后，需先乘**观光车**（68元；30分钟）沿崎岖山路到山腰上的古佛坪，再换乘**古佛坪索道**（旺季往返 98元，单程 50元；淡季往返 80元，单程 40元）或徒步3小时，登临桌山平台上海拔2678米的**正觉寺**。从正觉寺到兰溪瀑布的3公里游道蜿蜒起伏在山林之间，大部分时间云雾缭绕，4月至5月间有杜鹃花海可赏。途中路过鸳溪瀑布、鸯溪瀑布和象尔山庄。让人难以理解的是两处瀑布的观景台均修建在瀑布正上方，很难看到瀑布倾泻而下的景象。而位于两者之间的象尔山庄是一处小广场，据说天气好时能看到远处的峨眉山金顶，以及日出、云海、佛光、圣灯的景象，目前山上并没有住宿服务。步道的终点兰溪瀑布能看到的景致有限，沿步道绕一圈就可以原路返回了。

食宿

距离景区大门1公里的陈湾镇有大量的农家乐，条件大同小异。夏季平时的房间价格多

肚子里的乐山

西坝豆腐、跷脚牛肉、钵钵鸡、串串香、甜皮鸭、乐山烧烤、豆腐脑……能在美食如云的四川脱颖而出，就知道乐山小吃的实力有多强，就连成都人都会为一顿地道的乐山美食在周末特地组团而来。实际上，乐山餐馆的水平均衡稳定，你很难找出“特别好吃”或“特别难吃”的馆子。但若想高效率地把五花八门的小吃“名店”一网打尽，以下两个区域都是不错的选择。

张公桥好吃街是2016年打造的美食街，街上明清风格的仿古建筑整齐划一。长约300米的街道两旁，汇集了约150家美食摊档，入夜后霓虹闪烁，热闹直至凌晨。响亮的名号吸引了大量的旅行者，导致这里的饭点座无虚席，价格也普遍偏高，至于口味便见仁见智了。上过《舌尖上的中国3》的**牛华八婆麻辣烫**（☎138 9066 7351；张公桥街29号；人均 50元；⏲12:00至次日2:00）和它对面的**五通黄娘钵钵鸡**（☎152 8192 5168；人均 50元；⏲24小时）人气最旺，不想等位建议提前打电话预订。钵钵鸡是提前腌制好的，一大盆端上来，吃完数签子。但由于客流太大，服务难免跟不上。**九九豆腐脑**（豆腐脑 10元；⏲9:00至次日1:00）也是名气较大的一家。

为80~100元，周末价格翻倍。吃饭通常在所住的农家乐解决。可以点菜，也可与老板商量包餐价格，人少可与老板搭伙，20元/人。**洪雅瓦山印象山庄**（☎3887 6988；风景区大门外500米；标双 298元起；📶🅿）是设施较好（有限）的酒店，设有露天的河景餐厅。预算充足可选择景区售票处旁的**瓦屋山居**（☎3659 9999；标双 658元起，含双早；📶❄🅿）。

到达和离开

成都石羊场客运站、新南门车站和眉山汽车客运站都有班车发往洪雅客运中心。下车后乘4路公交车（1元）到八里庙旅游车站，换乘直达瓦屋山景区（陈湾）的班车（25元；6:00~15:30，约30分钟1班；3小时），返程班车时间相同。如果想从瓦屋山前往峨眉山，也可以乘6:00的首班车到王坪（雅女湖码头），再换乘7:00到峨眉山市的车。这样能节省约2个小时的时间，但夏季（尤其是周末）王坪游客很多，不建议尝试。

乐山

区号：0833

乐山是响当当的旅游城市，成绵乐城际铁路1小时就能把你从成都带到这里。建议准备4天的时间，3天朝圣“峨眉山—乐山大佛”世界文化与自然双遗产，还有1天去犍为坐坐被称为“工业革命活化石”的嘉阳小火车，来一场时光穿越之旅。

乐山市区

说到乐山，人们自然而然就会联想到乐山大佛。实际上，这个位于岷江、青衣江、大渡河三江汇流处的城市不仅闲适宜居，丰富的物产更造就了其深厚的饮食文化，数不胜数的小吃形成了独特的“乐山味道”。此外，乐山市区位于峨眉山、犍为和眉山的中间，是个不错的中转站。

食宿

如果可以选择，在峨眉山和乐山市区之间更建议住在乐山市区。这里不仅酒店性价比更高，享誉省内外的乐山小吃（见208页方框）更是无法拒绝的诱惑。以下两家酒店比邻美食聚集区，出门就能大快朵颐。

龙辰精品酒店 酒店¥

（☎237 5666；东大街180号；标双 158元起；📶❄🅿）酒店2018年装修完毕，房间设施较新但隔音不太好，洗手间配有直饮水

紧邻乐山港的**东大街**则是传统的大排档氛围，餐馆的门面并不起眼，实则卧虎藏龙，家家都有几十年的历史，消费水平也更大众化。其中最有名的钵钵鸡店**叶婆婆**（东大街37号；人均35元；🕘10:00~21:00）如今就餐环境大幅改善，宽敞的店面缓解了等位情况，麻辣和藤椒两种底料现场分开选材，底料之鲜香完全弥补了没有事先浸泡入味的“遗憾”。要想喝酒聊天，往西50米的**王二孃老字号钵钵鸡**（东大街22号；人均 40元；🕘10:00~23:00）的气氛更合适。大红招牌的**王浩儿纪六孃**（致江路69号；人均 40元；🕘8:00~18:30）主营甜皮鸭，鸭子甜咸适中，外皮脆香，也可以买个鸭腿（10元）尝鲜。**杨老二跷脚牛肉**（较场坝街134号；人均 20元；🕘11:30~20:30）的牛肉软烂入味，2人锅48元起，也可以按碗买（12元），店中的干碟蘸料里有味精，介意的提早打招呼。要想尝尝乐山的烧麦，百年老字号**宝华园**（东大街140号；人均 15元；🕘7:00~20:00）最出名，招牌大葱鲜肉烧麦4.5元/两，还有多种面条米线可选。但当地人似乎更青睐旁边的**海汇源**（东大街118号；人均 15元；🕘7:30~20:00）。离开乐山前，不如去**九妹凤爪**（鼓楼街30号；人均 25元；🕘8:30~21:30）买点卤菜打包带走。

另辟蹊径

免费的风景

不想跟旅游大军挤在一起，就打车到大佛对岸太阳岛上的**大佛坝村**。这个位于三江汇流处的小岛的东端有着直面大佛的极佳视野，你与大佛只隔了一条岷江的距离（500米），不仅不花任何费用就能欣赏大佛全景，还乐得悠闲清静。大佛坝村的水边有不少观景茶座，可以一边喝茶，一边看佛。

龙头，重点是位置绝佳——离乐山港（乘船游大佛）仅400米，步行10分钟就能到达叶婆婆、宝华园等多家知名小吃店，楼下“土桥街”公交站可通达各交通枢纽和大佛景区。

7天连锁酒店（张公桥好吃街店） 连锁酒店 ¥

（☎235 1777；人民东路233号；标单132元起；Wi-Fi 空调 P）酒店设施就是你印象中快捷酒店的样子，但看分店名称就明白是吃货的福音。酒店离张公桥美食街步行10分钟，到乐山大佛仅有4站，出行方便。

到达和离开

火车

乐山站（市中区宝莲路）位于成绵乐铁路和成贵高速铁路的交会处，除了每天多趟往来于成都的城际列车（二等座 54元；1小时），还有G字头动车去往贵阳、重庆等沿线各站。

长途汽车

乐山共有三个汽车站，都有频繁的班车往来成都。

位于乐山火车站以北约500米的**乐山汽车客运中心站**（☎245 0177、245 0710）有发往四川大部分地区的班车。去往成都的班车停靠石羊客运站（46元；7:00~19:20，约40分钟1班；2小时），想搭嘉阳小火车可从这里坐车到犍为（20元；7:10~18:10，约30分钟1班；40分钟）转车。

旅行者最常接触的是**乐山肖坝旅游客运站**（☎218 2666），成都新南门车站每天有班车（46元；6:55~19:00，滚动发车；2小时）往来此处，回程末班车19:00发车。去往峨眉山可在此搭班车（11元；7:30~16:30，滚动发车；30分钟），直达峨眉山旅游客运中心。**乐山联运汽车站**（☎244 7114）也有到成都的班车（46元；7:20~18:00，30分钟1班，2小时）。该车站发往嘉阳（18.5元；10:00、14:50；2.5小时）和犍为的班车不走高速，耗时较长。

当地交通

乐山火车站和乐山汽车客运中心站可乘1路公交车前往乐山肖坝旅游客运站和乐山联运汽车站，3路公交车去往乐山大佛景区。乐山出租车起步价5元，2公里后每公里加收1.6元，从乐山火车站打车到乐山大佛景区一口价20元。

乐山大佛

（☎230 2048；微信公众号：乐山大佛景区；门票 80元，含麻浩崖墓和乌尤山；⏲4月1日至10月7日7:30~18:30，其余时间8:00~17:30）相传唐玄宗时，凌云寺住持海通和尚为平水患，决定在三江汇流之处开凿大佛，公元713年的这一凿，便用了90余年。后1300多年间，大佛屡毁屡修，现在的版本是民国年间修复而成的。乐山大佛的真名叫嘉州凌云寺大弥勒石像，是世界上最大的摩崖弥勒造像，高71米。对数字无感？想象一下两层楼高的耳朵和能坐上百人的脚面吧。佛像端坐凌云山崖壁间，脚踏三江汇流处，远远望去，“山是一尊佛，佛是一座山”并非虚言。但若在暑期或小长假前来，九曲栈道上“排队两小时，看佛五分钟”亦是写实。

景区内除了凌云寺、灵宝塔和大佛等古迹，还有不少新添的亭台楼阁和观景游道，完整转一圈得花半天以上，但意义不大。若时间有限，进门后就直奔**九曲栈道**方向参观。沿曲折狭窄的栈道下山，便可从俯视到仰视，将大佛全貌一览无遗。需要特别提醒的是，旺季栈道堵塞严重，须预留2~4小时的排队时间。赏完大佛继续往乌尤寺方向去，途中的**东方佛都**（门票 80元）多为近代的摩崖石刻，170米长卧佛与万佛洞石窟群气势宏大。麻浩崖墓是东汉特殊的墓葬形式，墓内存有题刻与画像石。而吊桥对岸的乌尤山（又称离堆）是2000多年前李冰治水工程遗迹，山上的乌尤寺始建于唐朝，可一览三江汇流的景色。想了解更多大佛背后的故事，可到游客中心斜对面的**乐山大佛博物馆**（免费；周二至周日9:30~18:00，旺季 至20:00）参观，馆内用三维全息投影还原了大佛阁（见211页方框）全貌以及唐代大佛修建的全过程，还有部分乐山出土文物和名家书画展示。

若想完整地欣赏大佛全貌，可从景区外的**八仙洞码头**（船票 70元；4月至10月7日 7:30~18:00，10月8日至次年3月8:00~17:00）或对岸的**乐山港码头**（船票 70元；收班时间均比八仙洞码头晚30分钟）乘船远眺。30分钟的船程能一睹乌尤山、凌云山与龟城山组成的**巨型睡佛**。

从乐山汽车客运中心站或乐山火车站出发，可乘K1路、3路或605路公交车到乐山大佛站（2元；50分钟）。601路旅游专线公交车票价5元，打车到景区一口价20元。从游客中心到景区北门还有2公里，可乘免费摆渡车前往，途中经停八仙洞码头。若从乌尤山出口出景区，到公路后可左转步行约500米到花湖湾停车场乘摆渡车回游客中心，也可到斜对面的乌尤寺公交站乘K1路公交车直接回火车站或汽车客运中心站。

此外，成都茶店子客运站的班车（55元；10:30、16:20；2小时）和武侯祠停车场的成都景区直通车（54.5元；2小时）都可直达乐山大佛景区。

消失的大佛阁

说到乐山大佛，多数人的印象大抵是山崖间慈眉远眺滔滔江水的坐像。不过这并不是大佛原先的模样，在佛像建成之初，它乃是静坐于重檐木结构楼阁之中，缀有贴金玉石，周身彩绘的绚丽佛像。唐代诗人薛能曾在《凌云寺》诗中写道：“像阁与山齐”；而后根据苏洵文章和大佛胸口发现的记事石碑，我们知道宋代亦有一次大规模修缮，并将该佛阁命名为“天宁阁”，这也是最后的完整记录。之后的朝代，关于佛阁的记载日渐零星，终至消失。

如今，关于佛阁何时消失，以及佛阁共有几层仍是学界热衷研究的题材。而作为旅行者，你能从大佛身上残存的“柱洞”与山崖孔穴找到大佛阁曾存在过的痕迹。

峨眉山景区

（400 819 6333；www.ems517.com；微信公众号：峨眉山景区；门票 160元，12月15日至次年1月15日 110元，2日有效；8:30~18:00）作为佛教四大名山之一，风光瑰丽的“峨眉”早已是无人不晓，而武侠小说的虚实描述，让“峨眉”更为令人向往趋之。

峨眉山景区依海拔可分为三区：报国寺至清音阁（11.5公里）是低山区，气候与平地无异，风景平平。清音阁至洗象池为中山区，此区步道分左右两条，右线经万年寺、华严顶至洗象池，全长16公里，坡度较缓。左线经生态猴区、洪椿坪、仙峰寺上山，约33.5公里，风景秀丽，但九十九道拐能逼疯没有运动习惯的旅行者。两条线路会于洗象池，之后15公里的步道属高山区，是峨眉山精华所在，此区气温骤降，冬季群峰银装素裹。

除了步道，峨眉山还有观光车与两条索道，劳逸结合也是多数旅行者选择的登顶方式。**观光车**（全程往返 90元，分段往返 40~70元；5月至10月 6:00~17:00，30分钟

峨眉山

1班，11月至次年4月 7:00~16:00，12点前30分钟1班，之后1小时1班）由峨眉山旅游客运中心（俗称报国寺客运中心）出发，停靠近清音阁的五显岗车站、近万年寺的万年寺车站和近雷洞坪的雷洞坪车站。索道则分为联结接引殿（雷洞坪上方2公里处）至金顶的**金顶索道**（旺季 上行/下行 65/55元，淡季 上行/下行 30/20元；日出前20分钟至18:00），以及联结万年寺车站与万年寺的**万年索道**（旺季 上行/下行 65/45元，淡季 上行/下行 30/20元；7:00~18:00）。

景点

峨眉山的主要景点都依托寺庙而成。山上的27座寺庙中，以“八大寺庙”最为有名。其中报国寺和伏虎寺在景区山门之外，可单独购票游览。

报国寺 寺庙

（门票 8元；夏季 7:00~19:30，冬季 7:30~18:30）作为峨眉山的进山门户，报国寺的规模相当壮观，四座大殿依山而建，山门上的寺匾则是康熙皇帝御笔亲题。报国寺也是峨眉山佛教活动的中心，逢佛教节日都会举办法会。由于是旅行团的必游景点，寺中商业气息较重。

峨眉山博物馆 博物馆

（免费；9:00~17:00）位于报国寺广场外的林荫小道旁，可了解峨眉山的历史、宗教文化，以及地质与生态资源的相关知识。

伏虎寺 寺庙

（门票 6元；夏季 6:30~20:00，冬季 7:30~19:00）伏虎寺距报国寺约1公里，是峨眉山最大的比丘尼寺院。院内林荫蔽天，因少有团队游游客到访而更显幽静雅致。后院一座高5.8米，铸有4700余尊小佛与《华严经》全文的圣积寺铜塔是镇寺之宝。夏季，寺外的虎溪中摆满了茶座，水中纳凉很是巴适。

清音阁 寺庙

清音阁始建于唐僖宗年间，名称源自左

思《招隐诗》中的“非必丝与竹，山水有清音”。寺庙虽小，但山环水绕景致优美，寺前牛心亭下黑龙与白龙两江交汇，泉音悦耳，是峨眉名景“双桥清音”所在。不过由于临近五显岗车站与第一大庙万年寺，这里总是游客攒动，水声已被人声掩盖。

万年寺 寺庙

（门票 10元）万年寺建成于东晋，但现存建筑多为近代重修，要想寻古，可去无梁砖殿。这座带有印度风格，下方上圆的砖砌大殿为明万历年间建造，不用一梁一木却历经400年间的大小地震而不倒，堪称奇迹。殿内有宋代铸造的普贤菩萨骑六牙白象铜像一尊，高度超过7米，重62吨，为镇殿之宝。

洪椿坪 寺庙

洪椿坪因寺前的洪椿古树而得名。寺中最出名的，一是藏经楼内的千佛莲灯，二是藏在众多楹联中的康熙、乾隆御题匾额，此外观音殿门上横额“发弘四愿”四字为雍正元年（1723年）果亲王亲笔所提。洪椿坪自然环境得天独厚，既无山下的嘈杂，又无山顶的寒冷，雨雾天意境尤美，是全山最宜长住避暑之所。20世纪30年代，中华民国国民政府主席林森在此一住就是数月，抗战时期蒋介石也曾寓居于此。

从清音阁至洪椿坪的区域属于生态猴区，常能见到蹦跳的“猴居士”争夺拉扯与人“同乐”的场景。

仙峰寺 寺庙

仙峰寺原为道观，元代改为佛教寺庙，现存建筑为清乾隆年间所建。寺旁一条岔道可通往1公里外的天然溶洞——**九老洞**（门票10元），相传轩辕黄帝曾在此向协助女娲补天的九位老人问道。

九老洞洞穴幽深交错，蝙蝠旋绕，景色普通，若非想一尝“探险滋味”，不需特地前往。即便前往也别乱闯，否则极易迷失其间。据传20世纪90年代一支考察队进洞勘验，就曾发现各年代留下的尸骨十余具。

峨眉山的猴居士

一线天位于清音阁与洪椿坪间，虽名为生态猴区，实则为峨眉灵猴的“办公区”。这里的猴子实行“朝九晚五”工作制，早晨管理员敲锣吹哨，它们便来此“上班”，直到下午管理员吆喝再返回山林。对旅行者而言，这些“猴居士”让人又爱又恨，它们看似温驯可爱，实则泼辣凶狠。要想安稳通过不被劫财，以下是几点小建议：

➡ 不要随意“布施”，真想喂猴可考虑跟管理员买高价猴粮——至少被抢劫时有人会出手相救。

➡ 将食物与塑料袋收好，包包拉链拉紧背好，有的“猴精”可能不抢食物直接抢包。

➡ 保持安全距离，别随意摸猴、戏猴，若不幸被“扑袭”或“抢劫”也要保持冷静地呼叫救援，千万别攻击猴群。

除了生态猴区，在九岭岗、洗象池和雷洞坪等地也有小股猴群，切勿放松警惕。

洗象池 寺庙

洗象池于明代仅有一亭，后改为庵，至清康熙年间扩建为寺。相传寺前水池曾为普贤菩萨的白象沐浴之所，因而得名。洗象池地势高峻，视野开阔，是赏月的绝佳地点。在晴朗的满月夜，皎洁月光洒落冷杉林，昏黄晕染古刹，水天明月相映，便铸就成了“象池夜月”这个颇具诗意的峨眉胜景。

金顶 寺庙

华藏寺是山顶历史最久的寺庙，可追溯至东汉，寺中普贤殿俗称铜殿，殿顶镏金，于是又称金顶。2006年重修华藏寺之余，又新建了金殿、银殿，并在中央立上16层楼高的四面十方普贤菩萨金像。金顶是峨眉山的象征，在联结万佛顶的索道停运后，它亦是你所能到达的最高点（3077米）。天气晴好时，六牙白象仪仗下的平台能将四姑娘山、西岭雪山、贡嘎雪山和瓦屋山尽收眼帘，云彩与雪山相偎依，风景颇是壮观。

金顶还是观赏日出、云海、佛光和圣灯的最佳位置，但“峨眉四绝”可遇不可求，若扑空也别失望，朝远方的万佛顶按下快门吧，衬着万丈深渊的万佛顶是峨眉山的经典镜头。

活动

泡温泉

峨眉山地热资源颇丰，温泉酒店大多集中在山脚的报国寺一带。峨眉山旅游客运中心旁边，温泉欢乐谷牌坊内的**灵秀温泉**（400 882 5222；微信公众号：峨眉山温泉饭店；成人票/儿童票 248/80元）有大小泉池60余个，泉水来自清音阁地底，是少见的露天氡温泉。**红珠山温泉**（552 5777；微信公众号：峨眉山红珠山宾馆；成人票/儿童票 268/80元）的泉池掩映在湖光山色间，别有一番意境。峨眉山的各温泉酒店在夏季常有连带住宿的优惠活动，单泡温泉甚至有五折优惠，可提前在微信公众号查询。

滑雪

雷洞坪滑雪场（509 8025；雷洞坪车站旁；9:00~17:00）是四川第一个滑雪场，通常在12月至次年3月间开放。除了滑雪（80元/小时），也有冰雪滑道、狗拉雪橇与冰雕等冰上游乐项目。

食宿

到峨眉山没必要住市区，景区的住宿集中在报国寺、清音阁、雷洞坪和金顶四处，房价随着海拔而升高，旺季也会有不同幅度的涨价。暑假的周末和国庆期间价格翻2~3倍也不奇怪，金顶的酒店尤其要预订。此外，徒步者也可考虑在寺庙投宿，八大寺庙除金顶华藏寺外均可接待，价格从几十元到几百元不等，可提前上峨眉山官网（玩转峨眉—酒店住宿）查询。

峨眉山美食不多，但也饿不着，最有特色的是雪魔芋和干笋。上山前在峨眉山旅游客运中心附近的餐馆吃一顿吧。入山后以小吃摊为主，也可踩着点到寺院吃斋饭（15~30元，多在11:00~11:30和18:00~18:30供应）。山上农家乐住宿自带餐厅，人均消费约50元。想省钱建议自带干粮与水。

报国寺周边

报国寺的住宿集中在峨眉山旅游客运中心（观光车起点）附近，是景区住宿价格最合理且选择最丰富的地方，周边就餐、购物和

登临金顶，你计划好了吗？

要登临开发完善的峨眉山并不太难。若全程搭观光车与索道，大半天就能往返金顶，但若时间允许，我们更建议花上2~3天在此徒步，好好感受这座“蜀中仙山”的魅力。

徒步登山需要毅力，但实在走不动的话还有昂贵的**滑竿**（明码标价）能救急。你需要穿一双好走的鞋（冬季最好加上冰爪），防寒服可自带也可在雷洞坪与金顶租用（30元），多余行李可寄存在报国寺客运中心（即峨眉山旅游客运中心）。若打算乘观光车，别急着买登山拐杖，否则你会眼睁睁看着它加入车站禁带物品的队伍。最后，把门票收好，否则遇到查票荷包可得失血。

玩2天

借助交通工具，2天便可把峨眉山的主要景点全部看完。第1天坐观光车到万年寺车站，乘万年索道上到万年寺后开始登山（6~7小时），晚上住雷洞坪或金顶。第2天看完日出后开始下山，到九岭岗后走仙峰寺、洪椿坪方向，经一线天到清音阁（6~7小时），随后从五显岗车站乘观光车返回。

交通也很便利。适合“一日游”的旅行者。

禅林雅舍 精品酒店 ¥¥

（见212页地图；☎538 6222；报国寺左侧前行50米；标单/双 280元，含双早；📶❄️🅿）中式的庭院建筑坐落在报国寺旁边的山林中，可闻晨钟暮鼓，“禅”意十足。酒店房间宽敞，幽静的环境和舒适的床上用品保证了睡眠质量。酒店自带停车场，很适合自驾旅行者，从峨眉山旅游客运中心步行前往需15分钟。

鸽子花儿国际青年旅舍 青年旅舍 ¥

（见212页地图；☎559 1918；报国寺景区黄湾乡报国村4组20号；标单 148元起；📶）大厅窗明几净，客房种类与装修风格多样，给人一种简约的舒适感。老板很熟悉景区情况，能提供许多有用建议。

峨眉山3077客栈 青年旅舍 ¥

（见212页地图；☎547 3077；报国寺景区温泉欢乐谷牌坊处；铺 40元，标单/双 148/258元；📶❄️）从宽敞的庭院到自家的酒吧，整个公共区域都洋溢着简约的中式复古风。2018年重新装修后，每个宿舍间都配备了独立卫浴和空调，标间也更加宽敞。酒吧饮品种类丰富，白天坐在这里喝茶很安逸，但20:30~23:00有民谣乐队驻唱，难免影响休息。

清音阁周边

清音阁周边大多为百元左右的农家乐，但近年来周边新建了一些精品酒店，虽然不在游览的主路上，却换来一份清静，交通也算方便，通常老板都可提供接送服务。

清音雅舍 酒店 ¥¥

（见212页地图；☎509 8086；清音阁清音平湖旁；标双 188元，湖景房 218元；📶❄️）三面环山，背山面湖，这家2018年开业的酒店就坐落在清幽的湖光山色中。房间布置简约但舒适，观景房带有大露台，酒店外面的平台也设有秋千和茶座，很适合打发时光。可以坐观光车到五显岗车站下再步行10分钟，也可以提前致电让老板来山下接。

万年山居 精品酒店 ¥¥¥

（见212页地图；☎509 0388；万年寺万年索道上站口；标双 630元起，含早晚餐；📶❄️）如果想在人头攒动的峨眉山找到度假的感觉，这家掩映在竹林中的精品酒店再合适不过了。每间客房装修和设计都很讲究，服

玩3天

3天可以全程步行游览。第1天尽早出发，参观报国寺与伏虎寺后往清音阁前行，这段3~4小时的路程风景平平，也可搭观光车到五显岗车站，再走半小时直达清音阁。之后向左走风光明媚的长线，在猴群相伴下徒步1.5小时到洪椿坪。可以在此住下，或继续挑战九十九道拐后至仙峰寺（15公里，4~5小时）投宿。

第2天，经过几处上下起伏的步道后在午间抵达洗象池（12公里，4小时），可以在此用斋饭。接着一口气上到雷洞坪（7.5公里，2小时）。可以在此住宿，隔天登顶，也能继续奔向金顶（7.5公里，2小时）。若脚程够快，金顶下来还能赶上回山脚的观光车。

第3天在金顶看完日出便开始下山。你可以花上一天的时间走万年寺一线徒步下山，也可搭观光车2小时直达山底的报国寺。此外，还可先搭观光车到万年寺车站，乘索道或步行至万年寺朝拜一番再走。

务更是贴心。可乘观光车至万年寺车站，然后坐万年索道上山，酒店就在索道出口。入住酒店每天每人免费赠送万年索道往返票一套，但要注意索道营业时间，18:00后就只能步行45分钟上山了。

雷洞坪周边

雷洞坪是峨眉山滑雪场的所在地，也是观光车的终点站，私人旅馆集中在车站周边，条件大同小异，平日标间在200元上下。雷洞坪距金顶索道只有1.5公里，是看金顶日出较实惠的住宿选择。

名山大酒店　酒店 ¥¥

（见212页地图；☎509 8086；雷洞坪车站；标双 228元；wifi）一下观光车就能看到这座略带泰式风格的建筑。在雷洞坪诸多的旅馆中，这家的房间和卫生间都算宽敞明亮，地暖让冬天的室温得到保障，厨师手艺也受到多位住客的赞赏。美中不足的是隔音不太好，这也是同类型旅馆的通病。

金顶周边

金顶是观赏峨眉"四绝"的最佳地点，目前只有3家酒店，因此房价常年居高不下且一床难求。酒店皆为标准化管理，淡季标间500元左右。

金顶大酒店　酒店 ¥¥¥

酒店分为2016年开业的**悦霞楼**（☎509 8077；淡季 标双 680元起，含双早；wifi 空调）与已修建多年的**旧楼**（☎509 8088；淡季 标双 480元起；wifi 空调）。悦霞楼设施新，暖气足，提供早餐；旧楼环境较为一般。相比之下，**金顶山庄**（☎509 8666；淡季 经济间/标间 320/420元起；wifi）的条件和价位都低一个档次，还有不带独立卫浴的经济房。

购物

峨眉山的特产主要有茶叶（峨蕊、竹叶

峨眉山云海。

青、云雾茶）、药材（三七、黄连、朱砂莲）和食品（雪魔芋、干笋），在报国寺景区的部分商店和超市可以买到。上山沿途也有山民贩卖野生菌类和老腊肉。

实用信息

旅游投诉电话（☎12345）

旅游应急救援电话（☎180 8066 1824）

到达和离开

火车

峨眉山火车站 距景区约3公里的高铁站，每天有十余班城际列车往来成都（二等座 65元；约1.5小时），此外还有少量去往重庆、贵阳的动车。下车后可乘5A路公交车（1.5元）或601路公交车（5元）前往峨眉山风景区。站外小车拼车5元/人，打车10元。

峨眉火车站 普通列车停靠站，有去往攀枝花、昆明、兰州、西宁和北京等地的列车。从峨眉火车站乘601路公交车（5元）可直达景区。

长途汽车

位于峨眉山脚下的**峨眉山旅游客运中心**（☎559 2464）俗称报国寺客运中心，是景区交通车的始发站，也有不少长途汽车直达此站。成都新南门车站每天有景区直通车（46元；7:40~17:00，50分钟1班；2小时）往来于此，返程末班车17:30发车。这里还有班车直达乐山肖坝旅游客运站（11元；8:00~17:00，1小时1班；30分钟）、都江堰（70元；8:40；2.5小时）、重庆（130元；8:30、9:20、10:30；4.5小时）、宜宾（76元；7:40、13:00；3小时）和泸州（105元；7:40、13:00；3小时）。去往更多目的地需到市区北部的峨眉山市城北客运站（又称九珠汽车站）乘车。

当地交通

12路公交车串连峨眉山火车站、峨眉山旅游客运中心、报国寺和伏虎寺。5路公交车可从峨眉山景区至峨眉山市城北客运站（太泉广场站下）。8路公交车连接峨眉火车站、峨眉山火车站（高铁站）和峨眉山景区。601路公交车（5元）连接峨眉山旅游客运中心、峨眉山火车站、乐山火车站、乐山汽车客运中心站、乐山大佛和乌尤寺。

另辟蹊径

小火车省钱妙计

观光小火车票价昂贵，所以工作人员通常不会告诉你，每天13:00的观光小火车会在蜜蜂岩站将车厢挂到普通列车的后面。这意味着除了车厢设施不同，搭乘普通列车也可以在相应的站点下车，到观景台观看蒸汽车头的“表演项目”。但每周六、日“优惠政策”下架，13:00的普通列车停开。此外，每月尾数逢1、4、7的石溪赶集日，13:00的普通列车会塞满沿线村民和他们的大筐小筐，往往拥挤得动弹不得。

普通火车的任何乘车信息都没有公示，游客中心的工作人员也对其三缄其口。可以从游客中心旁的楼梯上到跃进站，到站台对面的小卖部确认时间。跃进站附近常有拉客的私家车司机，为了让你坐车胡乱编造列车时刻表。他们的小车拼车到芭沟每人40元，但路上什么都看不到。

嘉阳小火车

行驶于芭石铁路的嘉阳小火车始建于20世纪50年代，是目前世界上唯一仍在营运的窄轨蒸汽火车，有“工业革命活化石”之称。小火车起初用于运煤，接着转型为当地人的主要出行工具。如今在**嘉阳桫椤湖景区**（☎409 2599；微信公众号：嘉阳桫椤湖；犍为县芭沟镇），窄轨铁路上开起了观光旅游专列，你也不必非在每年3月底至5月初的油菜花期赶来——景区一年四季栽种了不同的花卉，美人蕉、格桑花、万寿菊……季季不同（建议提前致电景区询问），暑假期间盛放的向日葵亦是小火车的极佳背景。

嘉阳小火车全线有八个站点。景区游客中心所在的**跃进站（三井）**是观光小火车的起点。火车吐着阵阵白烟，徐徐穿越花海的经典画面是在**段家湾站**拍摄的，**亮水沱站**可以看到火车头的三个烟囱“铆足了劲儿”的喷气表演。乘观光专列的旅行者会依次在上述两站下车，等小火车倒回山中，然后在观景台拍摄小火车重新驶入站台的画面。乘坐普通列车则不会有上述待遇，火车上下客后就直接开走了（乘坐13:00班次除外，见217页方框“小火车省钱妙计”）。终点站**芭沟站**是全线最热闹的小镇，镇上的建筑多为工业或革命主题的怀旧风格，还保留着“文革”时期的标语，以及20世纪遗留下来的矿井、煤仓、井架等工业遗迹。按指示牌前行约1公里就是抗战时期的**黄村矿井遗址**（☎409 6233；门票 80元；🕘9:30~16:30），可穿上矿工服下井体验矿工的工作生活。游览芭沟镇后，可以等下一班火车回跃进站，也可以搭乘**观光老爷车**（25元/人，满2人开车）到**马庙**，车经芭马峡，7公里的山路两侧桫椤树郁郁葱葱。到马庙后，可换乘老爷车回跃进站（20元），也可以乘班车直达犍为汽车站（8元），班车发车时间常有变动，老爷车售票处可代为致电司机确认。

食宿

景区食宿主要集中在跃进和芭沟两个站（起点和终点）。**犍为嘉阳招待所**（☎409 2202；嘉阳集团矿区综合楼；标双 100元；📶❄）是跃进站的唯一选择，房间宽敞，楼下的小食店就可填饱肚子。芭沟镇多为私人小旅馆，条件也大同小异，其中**百信旅店**（☎409 6343；小单间/标间 30/70元起；📶❄）干净整洁，热水稳定，老板能提供详细的摄影及游览信息。3月至5月的油菜花季节需预订。

镇上的餐饮大多在大礼堂旁边的街上，其中芭沟镇的**菜根香饭店**（☎409 6142）和**矿工食堂**（☎153 8650 6965）人气较旺，后者有特色莱芭蕉白肉（38元）。

到达和离开

成都茶店子客运站每天有1班旅游专车发往嘉阳（70元；9:00；3.5小时），13:00左右返回。乐山联运汽车站也有直达嘉阳的班车（18.5元；10:00、14:50；2.5小时）。想让时间更弹性些，可以到犍为转车，乐山、峨眉山都有很多班车到犍为，抵达犍为客运站后，到马路对面的公交站牌搭乘发往三井的小客车（4.5元；末班车18:30；约1小时）直达游客中心。犍为返回成都的末班车16:50发车，返回乐山的末班车17:40发车。每逢3月至5月的旺季，班车班次会相应增加。

夹江千佛岩

（☎566 2434；门票 5元；🕘8:00~18:00）千佛岩位于夹江县城西北约3公里的

嘉阳小火车运行时刻表

列车类型	跃进站发车时间	芭沟站返程时间	票价（元）	设施	备注
观光小火车	10:00 11:00 13:00 15:00	11:30 12:30 14:30 16:30	单程80元/人，往返160元/人 1.2米以下儿童免费	车厢配备观景悬窗、空调，随车有解说员讲解，中途可定点下车拍照、看表演	3月至5月上旬的油菜花季，观光火车的车次会增加至每小时1班
普通列车	7:15 13:00 16:45	8:20 14:30 17:50	5元/人/站，跃进至芭沟全程30元/人。	木板车厢，无窗无空调，靠近车头的车厢煤灰较多。中途停站不等客	周六、日和法定节假日13:00班次停驶

大观山下。青衣江边高约60米的岩壁上，密密麻麻地排列着大小不一的石窟造像，岩壁下的古道则是当地人往来的要道。千佛岩现存石窟162龛，2400余尊，造像主题以西方净土变、观音、阿弥陀佛、释迦说法图等为主，其中最大的弥勒佛造像高2.7米，造型与乐山大佛相似。岩壁上至今仍能看到诸如开元（唐玄宗年号）、大中（唐懿宗年号）、咸通（唐僖宗年号）等年号，可见千佛崖造像兴盛于唐代。

乐山联运汽车站和汽车客运中心站都有频繁的班车开往夹江客运中心（8.5元；8:00~18:00，约30分钟1班；1小时），出站后往南走约50米，在中国烟草对面的瓷都大道站乘1路公交车可直达千佛岩。

成都至江油沿线

成都至江油段为北向出川与连接九寨沟的要道，沿线每日迎来送往，或许驻足的人不多，但它也并不单调。三星堆敲开了古蜀文明的大门，江油则带给了诗仙李白灿烂的少年时光，虽然“5·12”大地震留下的伤痕仍在，但新生活亦已在此展开。

广汉三星堆博物馆

（☎565 1526；www.sxd.cn；微信公众号：三星堆博物馆；德阳市广汉市南兴镇；门票 80元；⏲综合馆 8:30~18:00，青铜馆 8:30~18:30，售票截止时间 17:00）1929年，农人燕道诚的锄头敲出了玉石碎片，也开启了通往古蜀文明的时空隧道。此后60年间，学者、考古学家，甚至古董商人先后来此考察研究，直至1986年两个祭祀坑出土，才确认了它曾经古蜀都邑的地位。三星堆以瑰丽奇异的青铜文物震慑了世界，也改写了巴蜀的历史篇章。由于缺乏文字记载，只能靠考古推断，人们至今仍对这个三千多年前的古文明知之甚少，因此参观时看到、听到最多的词语就是“可能”与“猜测”。

博物馆有综合馆和青铜馆两大展馆，值得你花上2~3小时慢慢参观。**综合馆**主要展示三星堆出土玉器、陶器、石器等，描绘出古蜀文明的样貌与三星堆的历史脉络。第六展厅中，高3.95米**青铜神树**被认为是太阳神鸟栖息的神树“扶桑”的化身，也是世界上最大的单件青铜文物。**青铜馆**是博物馆精华所在，最具代表性的青铜面具和独特的祭祀文物几乎都在这里。第一展厅的**青铜纵目面具**、第四展厅的**青铜大立人像**和第五展厅的**金杖**更是精品中的精品。若对三星堆的背景故事感兴趣，记得去三楼看看三星堆挖掘过程和背后“千古谜团”的展示。位于博物馆往南2.5公里处的**三星堆遗址**是考古发掘遗址，由于没有公共交通，没必要专程前往，若自驾可在路边一看。

如果神秘的古蜀文明让你兴致盎然，那么继三星堆之后，古蜀国在成都平原建立的新的权力中心**金沙遗址**（见130页）也能让你

不要错过

全国第四，四川第一

始建于北宋，重修于明洪武四年（1371年）的**犍为文庙**（☎426 6870；犍为县南街297号；门票 30元；⏲9:00~18:00）是一座坐北朝南的三进院落，长200多米的中轴线贯穿了八座主要建筑，东西两侧亦为对称布局，因此有“犍为故宫”之称。虽然文庙的规模位列全国第四，四川第一，但其古建筑和石雕艺术才是最大的亮点。大成门绿瓦房檐之上叠建“天开文运”金瓦飞檐，形式难得一见。拜台围栏上的繁复、精美的石狮、蝙蝠和巨龙石雕尽显肃穆传神。大成殿是祭孔正殿，殿内的全龙木雕撑弓在国内屈指可数，连柱础石都是国家一级文物。

文庙院外，三层八角、碧瓦飞檐的**奎阁**和一座四柱三门庑殿式**节孝牌坊**都是清朝时期的建筑，牌坊上记载了明清两代407位贞、孝、节、烈女性的姓名。

文庙距离犍为汽车站只有500米，参加嘉阳小火车之旅时可顺路游览。

解密三星堆

三星堆被誉为20世纪最重要的考古发现，自出土以来，围绕它的研究与讨论便没断过。目前，它在史学上的意义主要有三：一、印证了文献中对古蜀国的记载；二、将古蜀文明历史推进至三千年前，从另一个角度证明长江流域和黄河流域同样是中华文化的发祥地；三、遗迹中挖掘出五千多枚来自印度洋的海贝，加上许多玉器、陶器有着中原文化影响的痕迹，证明古蜀国并非如传说中的封闭。相反的，它很可能是一个相当开放的文明。

不过，虽然三星堆填补了许多考古上的空白，但由于文献与文字的缺乏，它也留下了许多难解的谜团。包含了它的来源、兴起与消亡的原因、文化性质等，都仍留待后人解答。

大开眼界。**成都博物馆**（见66页）也有关于古蜀国的介绍和出土文物展示。

食宿

广汉市离成都市和绵阳市距离很近，完全可以在当天往返。想品尝广汉美食就去市中心的老字号**广汉名小食**（万寿街二段10号；人均 15元；⏲7:00~21:00），25元的套餐就能一次尝遍包括红油水饺、玻璃抄手、金丝面在内的10种特色美食。

到达和离开

成都昭觉寺汽车站每天有发往广汉的班车（17元；7:00~20:00，滚动发车；45分钟），出站后在公交站台乘6路公交车（1.5元；7:00~18:30，约25分钟1班）到三星堆博物馆。搭乘电动三轮车去三星堆博物馆20元，出租车30元。广汉回成都的末班车18:40发车。

乘火车到广汉更便捷，成都东站每天有多班城际列车（二等座 18元；18~29分钟）开往广汉北站。出站后乘坐广汉13路公交车可直达博物馆。广汉北站打车到三星堆博物馆一口价20元。

成都景区直通车每天有去往三星堆博物馆的车次，可关注同名微信公众号查询。车辆从宽窄巷子出发，1班经大熊猫繁育研究基地前往（单程 43元），1班经武侯祠/锦里前往（单程33元）。

江油李白故居

虽然李白的出生地仍未有定论，四川江油、甘肃陇西与中亚碎叶（今吉尔吉斯斯坦）的“抢人大战”尚在延续，但可以确定，江油确实是诗仙25岁离川前的居所，这里主要的两个景点都与他有关。位于江油市区的**李白纪念馆**（☎325 3069；文风街1号；免费；⏲9:00~17:00）为一处仿唐建筑群，除了讲述李白的生平事迹的太白书屋，还有与李白及其作品相关的历代书画、碑刻、浮雕艺术展览。

距江油市区15公里的青莲镇是李白少年时代生活过的地方，镇内有太白碑林、陇西院、太白祠、磨针溪和衣冠冢等景点，但这些高大的仿古建筑都是在2006年开发或2008年震后重建的，其中**太白碑林**（☎344 3135；门票 40元；⏲8:30~17:30）内有大量毛泽东、鲁迅等名人手书的李白诗文碑刻。在欣赏书法与雕刻艺术之余，不妨看看自己能背出多少首诗仙的大作。我们调研时，镇上正在兴建仿古街区、山水园林、登山步道和现代建筑，2019年工程完工后，景区将摇身变为**青莲国际诗歌小镇**。

从绵阳往返江油的班车路过景区路口，下车后按指示牌方向走约200米即到。青莲火车站距景区只有1公里，从成都、绵阳等地可乘火车直接前往。江油9路公交车连接太白公园（李白纪念馆）和青莲镇。

食宿

若要在江油留宿一夜，住在诗仙路东段与涪江路中段交会的“丁”字路口附近最方便。此处有前往青莲镇、江油火车站、江油客运站的公交车，李白纪念馆步行可至，就

安岳石窟孔雀洞。

餐选择也很丰富。**虹桥龙顺大酒店**（☎327 2666；涪江路中段282号；标双 128元起；📶❄）房间和卫生间都比较宽敞，性价比较高。

江油肥肠声名在外，**小小吃**（涪江路中段595号；人均 20元；⏰7:00~15:00）是其中名气最响的老字号，当地人喜欢来这里吃早餐。招牌菜红烧肥肠（14元）干净不油腻且麻辣可口，此外就只有烧白、红烧排骨等4种菜式和少量主食。距离小吃不远的**老店肥肠**（涪江路中段651号；人均 25元；⏰8:00~21:30）光肥肠的菜式就有20种。隔壁的**天地餐馆**（涪江路中段643号；人均 28元；⏰24小时）深受当地人追捧，除了肥肠、卤菜，炒菜品种也相当丰富，常常过了凌晨还坐满了人。

ℹ 到达和离开

江油客运站（微信公众号：江油客运站）每天有班车往来成都昭觉寺汽车站（53元；7:30~18:30，约1小时1班；2.5小时）、绵阳平政客运站（12元；6:30~19:30，滚动发车；1小时）等地，可在微信公众号查询或购票。

江油火车站（建设北路1号）是成绵乐铁路和西（安）成铁路的交会站，普通列车和大部分动车都在此站停靠。从成都（61元；1小时）、重庆、峨眉山、西安等方向乘动车到江油快捷又方便。位于市区以北33公里的**江油北站**（厚坝镇）是高铁专用站，这里车次不多，交通不便，尽量避免在此站上下车。

资阳

资阳没有太多知名景点，不过其与重庆交界处的安岳石窟令人瞩目。

安岳石窟

渝有大足石刻，蜀则有安岳石窟。安岳石窟的凿刻年代起于南北朝，但以唐、宋代作品为大宗。中国最大的唐代卧佛、最为集中的五代造像群、规模最大的唐代经窟、有“东方维纳斯”之称的紫竹观音皆出自安岳。虽然安岳石窟被史学家誉为“中国古代石刻又一伟大宝库”，同敦煌、云冈、龙门等石窟齐名，却因分布零散、交通不便等原因而游人罕至。

在安岳境内散落的200余处石窟中，以安岳县城、石羊镇和八庙乡周边的8处相对集中且较易抵达。若想全部走访，至少需要1天半时间。

景点

安岳县城周边

圆觉洞 石窟

（门票 30元；⏲8:00~18:00）景区位于县城东南1公里的云居山上，众多的石窟造像分列于南坡和北坡。北坡以北宋时期造像为主，最具观赏价值的是圆觉洞口外的“西方三圣”——观音菩萨、阿弥陀佛与大势至菩萨自左而右分龛而立，6米多的“身高”让它们在“文革”时期幸免于难，菩萨两侧的飞天造型在石刻中也十分罕见。南坡多为五代时期造像，龛型较小且线条简约。其中第84龛，以连环画的形式塑造了目连救母故事的“地狱变相”龛最具代表性。景区内还有真相寺、陈抟墓等古迹，细细看下来需要2~3小时。从安岳客运总站搭4路公交车可直达圆觉洞景区，打车15元，摩的10元。

千佛寨 石窟

（门票 免费）千佛寨距县城约3公里，3000多尊摩崖造像开凿年代自隋唐至明清，是安岳石窟中开凿最早、时间跨度最长的一处。这里石刻规模虽大，却风化严重，树根、藤蔓在倾颓的佛龛间肆意生长。北岩的“药师佛经变相”是巴蜀地区迄今唯一一龛内容完整的药师经变壁画，居中的药师佛两侧，上身裸露，披帛飞舞的男飞天亦是吉光片羽。只是佛像头部均遭严重破坏，唯有飘逸的衫裙展现风采。从安岳客运总站乘出租车到景区一口价20元。

石羊周边

环绕于石羊镇周边的石窟共有四处，多为宋代开凿。

毗卢洞 石窟

（门票 20元；⏲8:00~18:00）柳叶眉、丹凤眼、背倚紫竹、翘着右腿坐在荷叶上，这里的紫竹观音造像颠覆了佛像“一本正经”的造型，因此成为安岳石窟中的明星。“柳本尊十炼修行图”生动再现密宗一生修行所经历的剜目、割耳等十个劫难，此题材在中国仅存两龛（另一处在重庆大足宝顶山）。毗卢洞距石羊镇中心约1公里，步行20分钟或打摩的（5元）可至。

华严洞 石窟

（门票 12元；⏲8:00~18:00）距石羊镇6.5公里的华严洞是安岳最大的石窟。洞窟正壁是端坐莲台的华严三圣，两旁十弟子环绕，善财童子五十三参的浮雕居于其上。华严洞右侧的木建筑保护着的**大般若洞**，是佛、道、儒三教合一的石窟。前往华严洞可搭乘摩的，往返15元。

茗山寺 石窟

免费 茗山寺距石羊镇8公里，是安岳石窟中保存最为完好的一处。高度在2~6米的数十龛佛像依绝壁凿刻，千年的风吹雨打使岩石表面呈现出水波状的纹路。留意文殊菩萨身旁的8处小圆龛，左边的5处因正对风口仅存模糊轮廓，而右侧3尊由于岩壁的遮挡几乎完好无损。并排而立的十二护法神像堪称北宋石刻精品。可搭乘摩的前往茗山寺，往返20元。

孔雀洞 石窟

免费 孔雀洞距石羊镇10公里。头戴花冠，身着天衣的明王端坐在孔雀之上。“文革”期间，这里因被村民用作厨房而躲过一劫，佛像表面也由此上了一层“烟熏妆”。孔雀洞平时大门紧锁，可以让附近村民帮你找管理员开门参观。在石羊镇的大转盘坐石羊到双龙街乡的班车（5元；30分钟1班；15分钟），下车后继续前行500米即到孔雀洞。打摩的往返25元。

想一次遍览四座石窟，可搭乘摩的（50元）按孔雀洞—茗山寺—华严洞—毗卢洞的顺序游览，坐小车价格翻倍且不容易找到，整个行程约为3小时。

前往石羊镇，从安岳县城搭乘班车（11元；7:30~18:25，约40分钟1班；1小时）最方便。石羊车站回安岳县城的末班车17:30发车，此外也有直达成都（63元；7:20、13:20；3.5小时）的班车，前往重庆（48元；6:50~15:20，约1小时1班；2小时）的班车在大转盘上车。

八庙周边

卧佛院 石窟

（门票 12元；八庙乡卧佛沟；8:00~18:00）安岳县城以北35公里的卧佛院，地处一道长千米、宽百米的深沟中。开凿于唐宋时期的百余座石窟密集地分布在两侧高约20米的红色细沙岩壁上，其中最令人瞩目的是长23米的唐代全身卧佛石刻，20多尊菩萨、鬼王、力士造像立于其上，栩栩如生。卧佛院还有中国最大的摩崖经窟，15个经窟中刻有石经三十余万字，就藏在卧佛对面那几处装有铁门的石窟中。

木门寺 古迹

免费 这座始建于明洪熙元年（1425年）的寺庙殿中有亭，亭中有塔，塔中存有明代高僧无际禅师的立棺和佛像，且所有建筑皆为仿木结构的石砌而成。可以找文物管理员帮你开门，塔亭上的浮雕、壁画，尤其是斗拱上的十二弟子圆雕都值得细细推敲。

安岳县城到八庙每天只有两趟班车（9元；10:30、15:50；45分钟），在八庙很难找车前往上述景点。建议坐车到距八庙10公里的通贤（5元；6:30~18:40，约30分钟1班；30分钟），从通贤搭乘摩的往返卧佛院40元，游览木门寺和卧佛院环线60元。通贤返回安岳的末班车17:50发车。

另辟蹊径

继续前往大足石刻

有“中国南方最大石窟群”之称的大足石刻距离石羊镇只有33公里，交通十分便利，大可将“石窟游”一贯到底。大足石刻兴起于南宋年间，与安岳石窟有着相似的雕刻手艺和艺术风采，甚至有不少造像都能在安岳找到原型。例如宝顶山第2窟护法神像、第14窟的柳本尊十炼图，在安岳华严洞、毗卢洞都有类似造像，而大足北山的孔雀明王无论造像形态还是神韵都与安岳孔雀洞的明王造像极为相似。安岳客运总站和石羊汽车站均有班车前往大足，从大足新汽车站坐205路公交车可达宝顶山，去北山打车10元即到。

食宿

建议住在安岳客运总站周边，方便出行。汽车站附近的**安岳喜客来酒店**（2431 6088；普州大道北段8号；标双 100元起；）2018年开业，设施较新，条件尚可，但靠近客运站可能有些吵闹。石羊镇和通贤镇仅在主街上有2~3家小旅馆，价格在50~80元。

安岳客运总站附近有不少小吃店，可去选择更多的北大街看看。石羊镇大转盘处每晚有小吃夜市，以烧烤、串串和火锅为主，是夜宵的好去处。

到达和离开

成都汽车总站（五桂桥汽车站）每天有频繁的班车发往安岳（63元；7:30~18:00，滚动发车；2.5小时），成都茶店子客运站分别有班车直达石羊（60元；7:00、11:40、13:50；3小时）和通贤（54元；6:55、13:30；3小时）。重庆北站汽车站、重庆西站汽车站和重庆陈家坪汽车站等多个汽车站也有班车直达安岳、石羊和通贤。所有从安岳发出的班车均可通过微信公众号“安岳出行”查询和购票。

成都周边索引地图

1 都江堰城区
（见225页）

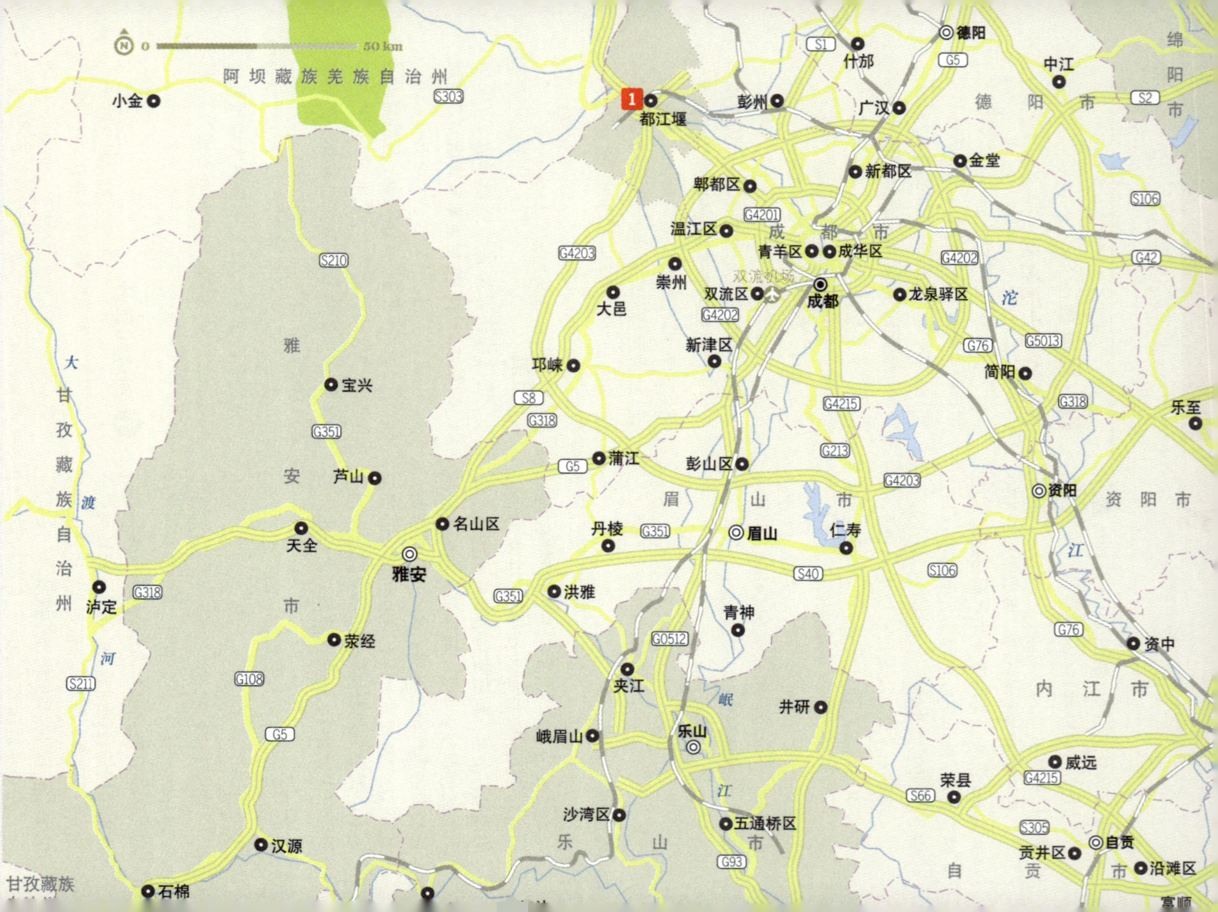

都江堰城区

都江堰城区

重要景点

宝瓶口……B3
飞沙堰……B3
南桥……B3
宣化门……C3
鱼嘴……A1

景点

1 城隍庙……B2
2 伏龙观……B3
3 明城墙……B3
4 清真寺……B3
5 玉垒关……B2

住宿

6 九点水语酒店……C3
7 闲在·逅舍酒店……C3

就餐

8 老号尤兔头……D4
9 赵卖面……C3

娱乐

10 放水大典《道解都江堰》演出……A1

实用信息

11 空中观光游客中心……B4

交通

12 离堆公园火车站……D4

彭州白鹿镇居民在溶洞内纳凉。

©视觉中国

生存指南

住宿

一座来了就不想离开的城市，当然能够提供更多舒适的住宿。从价廉物美的青年旅舍，到入住便捷的快捷连锁酒店，再到豪华星级酒店，各种档次的房间满足不同人群的需要，价格基本合理，即使旺季也不至于占用你太多预算。近年城市周边（如三圣花乡、崇州道明、青城后山等地）涌现出一批具有设计感且环境幽静的民宿，非常抢手，建议预订。

房价范围

书中我们标注的价格，一般为双床标间价，青年旅舍或设有多人床位的住处会加标床位价格。除非特别注明，否则房价不含早餐。所有的价钱都是我们调研时了解到的实时价格，淡旺季房价差可通过电话咨询。如有很大浮动我们会在文中标明。

分类	价格范围
¥	250元以下
¥¥	250~500元
¥¥¥	500元以上

住宿类型

青年旅舍

目前在**国际青年旅舍·中国**（YHA China；www.yhachina.com）官网上能预订住宿的成都青旅有3家，床位价格为40~60元，持有YHA会员卡（年费50元）可以享受会员价，通常是每个铺位便宜5元，淡季时有些可以便宜10元。中国本土的**万里路国际青年旅舍**（chinese.hostelworld.com）官网上约有15家青旅可以预订，价格和会员优惠程度与YHA类似。

这些青年旅舍大多分布于春熙路、武侯祠、新南门等商业中心或热门景点周边，交通便捷，你可以根据出行方便和喜好选择合适的旅舍入住。

成都市区还有不少未加盟YHA和万里路的青年旅舍，提供便宜的铺位，但缺乏良好的公共区域和自助服务精神，可选择入住。

连锁快捷酒店

汉庭、如家、7天等全国性的连锁快捷酒店在成都均有多家分店，通常位于交通枢纽或景区附近，服务、设施、价格与中国大多数城市没有太大差别。鉴于旅行者能在它们的官网和App上查询到基本资料，本书不为这类酒店做特别推荐。

星级酒店

星级酒店集中在成都市中心，瑞吉、皇冠假日、香格里拉、丽思卡尔顿等口碑不错的五星级酒店都能找到。通常来说，四星级及以上的酒店能提供优质的服务、良好的设施和舒适的环境。旅行者可以通过**携程旅行网**（☎95010；www.ctrip.com）、**去哪儿网**（www.qunar.com）、**Agoda**（www.agoda.cn）和**Booking**（www.booking.com）挑选并预订酒店，一般都能拿到折扣。

精品酒店

精品酒店比星级酒店更注重设计感和主题性服务，通常有自己的网站，可提前了解并选择自己喜欢的设计风格。

成都的精品酒店通常由本土或海外设计师打造，主要有川西民俗风格、包豪斯风格、禅文化风格等，部分精品酒店更是由老建筑或旧厂房改造而成，在保留历史风貌的同时注重细节的用心，提供高科技设施的享受和贴心的服务。

农家乐和客栈

成都是农家乐的发源地，在成都周边区县和古镇，农家乐大量存在，提供一日三餐、茶水和住宿，通常人均80~100元。近年，不少农家乐向精品民宿发展，更注重舒适、私密的食宿空间。

农家乐和客栈的价格弹性很大，春天赏花季客流量大，价格也略高。农家乐通常可在院里解决一日三餐，但较少提供酒店标准化的客房服务。这类住宿场所硬件设施参差不齐，最好自带洗漱用品。

温泉酒店

花水湾和青城山、峨眉山都有温泉酒店，硬件设施不错，住酒店能免费泡温泉，适合冬天来享受。

住哪儿

区域	优点	缺点
一环内	住宿类型选择丰富，宽窄巷子和春熙路附近集中了一批条件较好的酒店，交通便捷，美食众多，购物场所和夜生活同样丰富。精品酒店很多，设计感强，细节讲究，服务周到。低预算的背包客可以选择硬件设施和公共区域都不错的青年旅舍。	100~200元档次的酒店大多缺乏个性，除了快捷酒店就只有单位招待所改建的宾馆或家庭性质的旅馆；好的酒店和青旅都得靠抢，有些酒店到了周末还会涨价。
一环至二环	有不少主题鲜明、富于个性的设计酒店，服务同样值得称赞，价格会比一环内稍便宜些。一环和二环之间，交通依然便利，四川大学、玉林小区和杜甫草堂附近是最佳位置，周边美食不逊城中心。	一环外的青年旅舍相对较少，尽管价格更加便宜，但多开在居民楼里，条件、氛围不能让人满意。总体来说，出挑的酒店不多，成都东站汽车客运站、茶店子客运站周边的快捷连锁酒店较多，入住方便，但人员庞杂，要注意安全。
成都市郊	洛带古镇、黄龙溪古镇、三圣乡、街子古镇等有农家乐，有"麻雀虽小，五脏俱全"的客栈，也有设施不错的度假酒店，价格比市区要便宜些，周边也都有吃有喝，晚上相对较安静，但也不乏夜生活。	酒店大体都缺乏特色，性价比较低。周末和假期一定会比平时涨价很多。因距离市区不远，半天就能玩完，行程较短的旅行者并不值得把宝贵的一晚耗费在郊外。
成都周边	成都周边的旅游开发比较成熟，住宿选择丰富。淡季房价便宜，且更为清幽，适合悠闲度假。青城后山的泰安古镇和峨眉山报国寺一带最适宜居住，空气很好，淡季时尤其有远离尘嚣的感觉。冬季在西岭雪山滑完雪后，在花水湾住一晚，泡泡温泉，不失为一种享受。平乐古镇、上里古镇也适合安静地住上一晚。	周边最多不过3小时车程，当天均可返回成都，不是深度游没有非住不可的必要。房价受旅游淡旺季影响很大，旺季价格上涨且要预订。古镇上大多数农家乐的条件差强人意，深秋和冬天有些房间的空调会"失灵"，防寒是最大的问题。

最佳住宿

名字	区域	介绍	实用信息	类型
四号工厂 ¥	中心城区	由废弃工厂改造，loft风格。硬件设施非常好，公共淋浴间空间很大，花洒舒服，有挂钩也有放衣服的桶，带再多东西进去也不愁没地放。	（见112页地图；☎8626 5770；小通巷4号；铺 60元，标双 220元；📶❄）	青年旅舍
背包十年青年旅舍 ¥	中心城区	少有的保持传统青旅文化的青旅，一楼、二楼有吧台、阅读区、影音室等公共区域，多床房提供带布帘、阅读灯和储物柜的床位，私密性较好，公共卫浴设施不输酒店。距骡马市地铁站约600米，出行便利。	（见106页地图；☎8113 1619；青羊区三多里82号1栋；铺 50元起；📶❄P）	青年旅舍
拖板鞋青年旅舍 ¥	中心城区	与懒骨头属同一家，靠近春熙路地铁站，出行方便，美食众多；多床房是结实的木床，安装有布帘，空间相对独立；提供城市徒步旅行、包饺子聚会和麻将课等休闲活动。	（见110页地图；☎6250 0185；东升街96号近红星菜市；铺40元起，标双245元起；📶❄P）	青年旅舍
探索西部青年旅舍 ¥	中心城区	距天府广场、宽窄巷子和人民公园都可步行前往；楼层内有可爱的大熊猫装饰；屋顶花园咖啡厅提供咖啡和简餐，还可以玩台球。有多床房、标准间和家庭房等各种价位房间。	（见112页地图；☎8611 4555；东城根南街19号附5号；铺 50元，标双170元起；📶❄P）	青年旅舍
崇德里·驻下 ¥¥¥	中心城区	市井氛围浓郁的院舍，老房子里藏着贴心的工业设计，细节处处见用心，有天气预报卡片、水果、胶囊咖啡机、欧舒丹护肤品。提供“一对一”私人管家服务。	（见110页地图；☎8600 2200；崇德里1号；标双1100元起；📶❄）	精品酒店
西姆酒店 ¥¥	中心城区	天府广场近在咫尺。空间虽小，却通过设计和颜色的善加利用显得不逼仄。复古式地板和床，卫浴干湿分离，配备多种数码产品。有空中咖啡花园餐厅适合小坐。	（见106页地图；☎6237 9888；人民南路一段118号；标双 288元起；📶❄P）	精品酒店

续表

名字	区域	介绍	实用信息	类型
锦里客栈 ¥¥	中心城区	就在锦里街上，住在清末民初建筑里，窗外绿树成荫，流水潺潺，提供特色健康粗粮早餐，可在房间享用。同属于客栈的茶园环境也很雅致。出门就是热闹的锦里小吃街，不过邻近就是音乐酒吧，夜里有点吵闹。	（见109页地图；☎6631 1333；武侯祠大街231号；标双 358元起，含早餐；📶❄🅿）	精品酒店
佳俯少城客栈 ¥¥	中心城区	整体风格是川西民俗特色，房间较大，预算充足就住套间，布置漂亮。露天平台可以坐下来喝杯咖啡，欣赏宽窄巷子全景。入住会送同楼层咖啡馆的50元券。不过南面对着广场的房间稍吵。	（见112页地图；☎6256 8888；宽窄巷子东广场宽巷子入口右侧；标双 428元起；📶❄🅿）	精品酒店
城市客栈 ¥¥	中心城区	就在宽窄巷子同仁里路入口处，房间干净，洗手间很大。距通惠门地铁站不足100米，出行便利。尽量选背街的房间，宁可对着居民楼的"万国旗"，也不要听大马路的汽车声。	（见112页地图；☎6667 9000；金河路75号；标双 312元起，含早餐；📶❄🅿）	快捷酒店
懒骨头铂泊客国际青年旅舍 ¥	中心城区	前台很热情，能对老外、国人一视同仁。多人间带独立卫浴，每张床都有帘子，即使混住间也能保证一定的私密性。提供包饺子、画川剧脸谱等体验活动。	（见106页地图；☎8321 0525；www.mixhostel.com；星辉西路2号附9号；铺 50~55元，标双 180元；📶❄🅿）	青年旅舍
梦之旅国际青年旅舍 ¥	中心城区	成都老牌青旅，设施已显陈旧，但服务态度不减。就在武侯祠斜对面，旁边就是"小拉萨"武侯祠横街。在这里很容易结识旅行同伴，尤其是打算走川藏线的旅行者。旅舍代售蜀风雅韵川剧院的门票。	（见109页地图；☎8557 0314；武侯祠大街242号；铺 40元起，标双 135元起；📶❄🅿）	青年旅舍
熊猫夫人青年旅舍 ¥	中心城区	房间还算宽敞，床头有台灯、插座，拉上帘子就是自己的一片小天地。虽然一个楼层只有两个卫生间和淋浴房，旺季不算拥挤，很少排队。公共区域在院子里，提供咖啡和餐食，有花园餐位。出门就是新南门旅游集散中心。靠近新南门地铁站。	（见106页地图；☎153 0801 7206；临江中路6号，交通宾馆内；铺 40元起，标双 148元起；📶❄🅿）	青年旅舍

续表

名字	区域	介绍	实用信息	类型
金陵路4号国际青年旅舍 ¥	中心城区	距省体育馆地铁站约300米，出行尤其方便；独幢四层小楼，环境相对安静；有多床房和标间，一楼公共区域气氛不错，提供旅行咨询服务、自行车出租等。	（见106页地图；☎8704 8339，181 8043 8339；跳伞塔社区金陵路4号；铺40元，标双178元起；🛜❄🅿）	青年旅舍
好久不见青年旅舍（成都锦里武侯祠店） ¥	中心城区	床位没有什么特色，但床上用品比较舒适。有个较大的露天花园，提供酒水服务。店里有狗有猫，能与客人愉快互动。步行至衣冠庙地铁站约2分钟。	（见106页地图；☎181 0805 2112；武侯区超洋路68号；铺35元起；🛜❄）	青年旅舍
缘来客栈 ¥	中心城区	小区内的酒店式公寓，房间很大，各种配备简单实用。公共区域是个有品位的书吧，还有漂亮的露天院子。住客都是旅行者。老板会为你定制行程，这里其实也是他的一家二手书店。	（见116页地图；☎8693 5007；北东街1号时代印象3栋3楼20号；房间150元起；🛜❄🅿）	酒店式公寓
维家斯安商文化酒店 ¥¥	中心城区	位于琴台路上，位置极佳，步行可至宽窄巷子、青羊宫和四川博物院；看川剧品美食一举数得。房间有异域风情、唐宋王朝等主题，距地铁通惠门站步行仅需2分钟。	（见106页地图；☎8702 2366；青羊区琴台路65号；标双398元起，含早餐；🛜❄🅿）	酒店
咸集设计酒店 ¥	中心城区	由U37文创园一座老仓库改造而成，一楼是精酿酒吧，楼顶有500平方米大平台，出门就是咖啡馆、甜品店以及小区菜市，尤其适合懒人住上两三天。房间家具均为专门设计，住床位也能享受舒适公共空间。	（见106页地图；☎8441 4437；水碾河南三街37号U37创意园区7栋2号1-4楼；铺65元起，标双319元起；🛜❄🅿）	酒店
钓鱼台精品酒店 ¥¥¥	中心城区	法国设计师主持设计，中式与法兰西相融。16种房型、4种色调。房间宽敞，摩登又雅致，床上用品舒适。不差钱的人可来此奢侈一把。	（见112页地图；☎6633 0521；www.dytchengdu.com；宽巷子38-39号；标双1600元起，含早餐；🛜❄🅿）	精品酒店
好久不见青年旅舍（成都宽窄巷子店） ¥	中心城区	就是原来的登巴客栈，有小酒吧、书吧、花园、自助厨房等公共区域，房间色调淡雅，多床房上铺从木梯上下，对女生来说尤其方便。步行可到永陵博物馆和宽窄巷子。	（见106页地图；☎8066 1675；永陵路15号；铺40元，标双199元；🛜❄🅿）	青年旅舍

续表

名字	区域	介绍	实用信息	类型
朴院禅文化精品酒店 ¥¥	中心城区	禅文化主题，身居闹市却能独享清净。房间宽敞、简洁，窗帘、床品采用亚麻原料，木椅很大，可以盘膝打坐。出门可沿锦江散步，环境清静。	（见106页地图；☎8505 1088；龙江路14号；标单/双 438/468元；🛜❄🅿）	精品酒店
博舍 ¥¥¥	中心城区	The House Collective在亚洲的第三家酒店，结合了太古里街区的繁华与中式庭院的幽雅，以竹文化为装修元素，青砖、石径处处可见。客房宽敞舒适，不妨一掷千金享受一晚。	（见110页地图；☎6636 9999；笔帖式街81号，太古里内；标双 2200元起；🛜❄🅿）	精品酒店
龙堂客栈 ¥¥	中心城区	"鸟枪换炮"的龙堂早已不是当年的青年旅舍，虽然"西装革履者恕不接待"的木牌还在，但没有铺位，只有标间和豪华大床房了。一楼小吃虽然稍显吵闹，但深夜还是可以享受难得的宁静。早起可以拍到空无一人的街景。	（见112页地图；☎8664 8408；www.dragontown.com.cn；宽巷子26号；标双 300元起；🛜❄🅿）	酒店
蒸汽旅舍 ¥	中心城区	由20世纪60年代的房子改建而成，老板是玩音乐的，大厅更像是一个酒吧，提供精酿啤酒和不定期演出，也可以和老板一起玩音乐。多人间都带独立卫浴。	（见109页地图；☎8503 3809；武侯祠大街30号四川省化工设计院内；铺 30元起，标双 180元；🛜❄🅿）	青年旅舍
圆和圆佛禅客栈 ¥¥¥	中心城区	位于文殊坊内，闹中取静，美食众多，距地铁文殊院站很近，出行便利。以佛禅文化为主题，房间风格古朴。	（见116页地图；☎8692 9898；文殊坊B6-6号院；标双 518元起；🛜❄🅿）	酒店
成都梧桐国际青年旅舍 ¥	中心城区	就在锦江边上，距天府熊猫塔很近；院内有花园茶座、小酒吧、桌球等，投影仪等，夏天比较凉爽。	（见117页地图；☎8473 4030；猛追湾街28号附18号；铺 40元起，标双 156元起；🛜❄🅿）	青年旅舍
隐栖堂酒店 ¥¥¥	中心城区	位于城区历史文化区，整体设计也走的是中式风格，有茶、画、香、瓷、雅事五大艺术主题空间。步行可到杜甫草堂、草堂北路地铁站。	[见106页地图；☎8678 9000；青华路59号（光华村街口）；标双 540元起；🛜❄🅿]	精品酒店

续表

名字	区域	介绍	实用信息	类型
S设计师酒店 ¥¥	中心城区	客房分区功能明确，整体风格简洁，卫浴干湿分区，窗边浴缸是亮点。房间还有小巧榻榻米茶室。出门就是倪家桥地铁站，科华路美食街和玉林小区美食近在咫尺。	（见115页地图；☎6019 5516；人民南路四段30号晨光大厦3楼；标双460元起；📶❄🅿）	酒店
7小时青年客栈 ¥	中心城区	身处美食和夜生活集中的玉林小区，位置不要太好；床位为太空舱形式，私密性较好；也有青花瓷主题房间。公共区域有书吧，提供咖啡、老电影等服务。	（见115页地图；☎8542 6455；玉林中路30号；铺65元，标双169元起；📶❄🅿）	青年旅舍
浣花黉台 ¥¥¥	中心城区	位于浣花溪边，以古蜀文化为主题，全实木的家具，地毯柔软，床很舒服，卫浴间干湿分离。春秋时分在浣花南路散步，风景极佳。步行可至四川省博物院、杜甫草堂。	（见106页地图；☎6825 0888；浣花南路251号附1号，四川省博物院背后；标双818元起，含早餐；📶❄🅿）	酒店
老宋国际青年旅舍 ¥	中心城区	离北门汽车站很近。房间面积不大，但简洁实用。有两个户外花园，可在花园中用餐；提供自助厨房、自助洗衣服务；还可携带宠物入住。	（见106页地图；☎8335 5322；一环路北四段211号；铺40元，标双110元起；📶❄🅿）	青年旅舍
禅边小院 ¥¥¥	三圣花乡	七间客房散发着原木的香气，主人手工制作的木件，种满植物的园子，为住客提供自然的感受。	（见181页地图；☎153 0808 4487；幸福梅林幸福路5号；标间680元起；📶❄🅿）	客栈
半步私家小院 ¥¥	三圣花乡	客栈主人本是美食家，所以将川菜作为主题，食客往往比住客更多（餐食128元/位），厨师手艺很好，四季菜单不同。客房简约舒适。	（见181页地图；☎138 8206 0608；幸福梅林探梅路3号；标间328元起；📶❄🅿）	客栈
安隅小院 ¥¥	三圣花乡	最吸引人的是一间充满童话意境的树屋，阳光玻璃房适合晒着阳光来一杯咖啡，简约的北欧田园风与院子里的花花草草非常相配。	（见181页地图；☎133 3094 0031；探梅路裕泰乾芝麻糕旁；标间260元起；📶❄🅿）	客栈

续表

名字	区域	介绍	实用信息	类型
香樟小院 ¥¥	洛带古镇	绿植满园，原木桌椅配上多肉盆栽，最适合来份下午茶；老板态度很好，出门就是中国艺库，逛街方便。	（☎8484 4999；三峨街199号；标双329元；🛜❄Ⓟ）	客栈
梧桐树下的故事温泉民宿 ¥¥	白鹿镇	日式风格装修，有个小小的院子和露天温泉池（只在冬季开放），公共区域气氛温馨，有亲子设施和观影装置。	（☎182 8000 9644；樵人街95-103号；标间300元起；🛜❄）	客栈
明轩书栈 ¥¥	安仁古镇	70多年历史的老房子，如今改造成以书为主题的客栈，10个房间名书卷气十足：朝花、夕拾、雅舍、沉香、淞雲……床与家具偏复古，周末房价比平时贵100多元。	（见151页地图；☎8831 7331；树人街15号；标双408元；🛜❄）	客栈
工农兵旅馆 ¥	安仁古镇	切合建川博物馆的红色主题，房间并不豪华，但适合愿意整天泡在博物馆里的人，走累了可以回来休息一下。房间简单、干净，四人间是高低铺，凭博物馆门票可享受七折优惠。	（见151页地图；☎6124 1165；迎宾路80号，建川博物馆内；标双128元，四人间218元；🛜❄）	客栈
德门仁里 ¥¥	安仁古镇	更具"现代感"的民国主题酒店，公共空间现代、大气，房间装修复古且精致，每天有水果或点心赠送，还有亲子娱乐空间。前台服务耐心有礼，通过微信公众号订房有九折优惠。	（见151页地图；☎8822 8872；微信公众号：德门仁里精品酒店；民国风情街2期4号楼；标双288元；🛜❄）	酒店
文君故里印象酒店 ¥¥	邛崃	2018年开业，以文君文化为主题，房间面积大，设施新，富含文化气息。	（☎8880 3311；凤凰大道800号；标间258元起，含双早；🛜❄Ⓟ）	酒店
木石山居 ¥¥	平乐古镇	2018年开业，位于古镇中心，步行2分钟就到兴乐桥和黄金堰。客房装修古朴、精致，卫生间干湿分离。公共区域犹如一座木与石的艺术馆，开放式的走廊可观古镇景色，顶层的大露台是喝茶小憩的好地方。	（☎8880 8686；闫巷街24-26号；标双299元起，含双早；🛜❄）	精品酒店

出行指南

证件

记得带上学生证、军官证、记者证、老年证等，可以享受不同程度的景区门票优惠。

保险

购买保险是旅行计划的重要组成部分，尽管成都的安全状况良好，事先购买保险仍然十分必要。很多保险公司都有旅游意外险的各类险种，能对旅行者在旅途中因行程延误、人身意外、财物遗失、医疗急救等造成的损失进行一定比例的赔偿，可根据行程计划和出游时间充分安排和选择保险的时限和保额，尽量降低经济损失的风险。

如果你需要参团旅游，团费中一般都已包含旅行社给你购买的旅行社责任保险，但这个险种只承担因旅行社的过错给旅行者带来的损失，不包括因意外或旅行者自身过错造成的损失。因此，即使在参团的时候，也别忘了自行购买旅游意外险。

购买长途汽车票时，不少车站会主动搭售保险。根据保险自愿的原则，你有权拒绝（最好购票时提前声明）。即使没有另购保险，票面也已经包含了承运者的保险责任，因此如果发生意外，依然有权进行索赔。车票请妥善保管，以备不时之需。另外，旅游意外险通常包括航空意外，有时候比购买航空意外险更加优惠，而且保额更高。

需要注意：普通的旅游意外险一般都不包括极限运动造成的损失，如果计划在本区内自然环境中进行的户外运动较多，最好另行购买人身伤害险。至于自驾游的旅行者，建议为汽车购买车辆损失险或全车盗抢险；在当地租车时，可另外购买一份"不计免赔险"，将车主由于事故责任所承担的赔偿金额转嫁给保险公司，一天的费用在30~50元。

银行

成都市区能找到各大银行网点及24小时ATM柜机，地方银行和花旗、汇丰等外资银行也不少，取钱及办理金融业务都非常方便，不必携带大量现金。工商银行尤其集中分布在宽窄巷子、春熙路、武侯祠等旅行者必经之地。只要是有银联标志的信用卡、借记卡，在各大银行都可通用，跨行取现会收取手续费。大多数银行的ATM都支持Visa或Master信用卡，大多数酒店和稍具规模的餐馆都能刷卡消费。

市区以外银行网点相对少一些，但至少也有一家以上，若是在荒僻的山里，农村信用社与邮局会是你最后的救命稻草。

现在成都各区县手机支付已经非常普遍，绝大多数酒店、餐厅和景区、车站都可使用支付宝、微信支付。在较为偏远的乡下，还需要现金购买车票和食宿等，可携带适量现金。

购物

成都的购物选择非常多，从传统民间手工艺品到文化创意旅游纪念品，从全国有名的土特产到国际一线奢华品牌，总有一样能鼓动你掏出钱包。不过，现在网购如此发达，建议认真挑选那些在网上不容易买到的纪念品，带回去才有意义。

特产方面，四川风味的牛肉、牛肉干是实用主义手信的首选，张飞牛肉、灯影牛肉的名气最大，痴迷川菜的旅行者可以带点郫县豆瓣、腊肉香肠和火锅底料回去，爱喝茶的可以买点竹叶青和本地花茶、蒙顶茶。现在这些特产的包装都做得非常讲究，拿去送礼也很有面子。以上这些都可以在遍布大街小巷的四川特产店以及超市里买到。

号称文创之城的成都，在旅行文创纪念品上做得的确不错，光是大熊猫周边就有明信片、公仔、帽子、包、T恤、笔记本等各种纪念品，除了宽窄巷子、锦里，也能在熊猫邮局和成都大熊猫繁育研究基地购买到这些纪念品。此外，武侯祠三国主题玩偶、成都博物馆皮影、川剧脸谱和杜甫草堂诗书笔记本等都各有特色，值得购买。

精美的蜀锦、蜀绣、羌绣、漆器、瓷胎竹编、银花丝等是成都非物质文化遗产的代表，这些手工艺品制作精湛，当然价格也相对较高，但值得收藏，建议去正规店里购买。

武侯祠横街和武侯祠东

街是购买藏族工艺品和饰品的集中地，你只需记住：真的绿松石和蜜蜡绝不可能十来块钱就能买到。

如果计划走川藏线，或前往四姑娘山、贡嘎雪山进行户外运动，可以去华侨城和武侯祠附近购买户外装备。

电话

无论是移动、联通还是电信，此行的大部分区域都有手机信号，县城一级的地方也基本都有这些运营商的营业厅。旅行时间较长或者通话频繁的，可以申请一个包含若干免费通话时间和全国免费接听的套餐。

随着智能手机的普及，公用电话和IP话吧正在不断减少。如果你要拨打报警电话，尽量使用座机，方便警方迅速定位。有些酒店、旅馆和电信有合作，在客房有免费畅打国内长途的座机。

邮政

很多旅行者都有寄明信片的习惯，不妨去人民公园对面的**熊猫邮局**（见112页）盖个熊猫邮戳，既有趣又有意义，大熊猫繁育研究基地和洛带古镇、黄龙溪等地也都有熊猫邮局。

成都邮政网点密布，提供平信、挂号、普包、快包、EMS等多种服务，中国邮政（www.chinapost.com.cn）的网站上可以查到供参考的邮政资费。顺丰、中通、申通、圆通等民营快递公司服务点众多，客服电话可在它们各自的官网查到。

上网

智能手机如此普及，网吧的作用已越来越不明显，大多数青年旅舍、连锁酒店、星级酒店都能提供免费无线网络和宽带上网。咖啡馆、餐馆也大多能上网，甚至苍蝇馆子都有免费Wi-Fi。宽窄巷子、武侯祠、金沙遗址博物馆等都有免费Wi-Fi。

地图

成都地图出版社编制的《四川省交通图册》很适合自驾旅行者，从成都出发前往省内各主要目的地的里程数都有标明。出自同一出版社的《成都地图册》是所有地图中将各区、各街道标得最细的，很适合在犄角旮旯里寻味成都的旅行者。多数书店都能买到这两份地图册。热门景区外通常会有人提供免费成都地图，印刷质量较差，实用价值不高。

如果入住青年旅舍，时常会有赠送的或是需购买的手绘地图，通常已标好景点和餐饮位置，很实用方便。

最实用的还是手机地图App，谷歌、百度和高德地图通常都能提供相对精确的位置和路线，注意及时更新，并和手机附带的GPS协同定位。

成都周边景点大多开发成熟，基本上没有荒山野岭，爬山的话沿途大多有地图指示牌和路标，如西岭雪山还会标明里程数和需时，方便旅行者合理规划上下山的时间。

工作时间

景点基本全年开放，大多在8:00~9:00开门，16:30~18:00关闭，城市公园通常会开到21:00以后，个别景点不同季节开放的时间不同，通常夏季开放时间会长一些。有些寺庙开放较早，天刚亮便敞开大门迎接香客了，关门也晚，但16:30后各个殿便开始逐渐关闭了，参观需早。成都人文底蕴丰富的博物馆众多，可免费参观的博物馆通常周一闭馆。

除了小吃店和专门经营早餐的店会很早就开门迎客，大多数餐馆、茶馆、咖啡馆都要10:00以后才开门，晚上通常经营至21:00左右关门，大排档会到次日2:00以后才收摊，咖啡馆最晚营业至23:00，酒吧则多是20:00营业到凌晨2:00以后，精彩的驻唱表演通常在21:00~24:00出场。可以安慰的是，这个城市有不少24小时营业的火锅店和蹄花店。

银行和邮局的营业时间一般为8:30~17:00。商店通常10:00开门营业，20:00打烊，百货公司和超市营业至22:00，元旦、除夕往往会提早关门。

成都的公交运营时间从6:00~6:30开始，到22:00后陆续收车；开通的夜班公交车运行时间为23:00至次日1:00。地铁首班车时间为6:30，末班时间为22:30，如遇圣诞节等节日，会延长1小时收车。

气候

成都平原地处盆地，享有季风之利，却无季风之害，四周的高山、高原形成一道天然的屏障，川西高原凛冽的风一入盆地，便变得温润潮湿。盆地内日照少，夏天很少有超过35℃的高温天气。1月份气温一般为4℃~6℃，比同纬度的长江中下游地区高出5℃左右。但秋冬季身体的反应并不如温度计上数字显示得那么温和，缺阳光便冷，穿多穿少，除了参考天气预报，你还得在出门前看看头顶是否艳阳高照。

请参见40页了解该地区的最佳旅行季节。**中国天气网**（www.weather.com.cn）和微信公众号：**微天气**能查到所有市县的天气情况，最多可预报7天。

旅游信息

本地旅游信息概况可以在**成都旅游局官网**（www.cdta.gov.cn）获得，不过，一些本地媒体的微博、微信公众号所发布的信息对旅行者更实用、更及时，你可以多关注一些微博和微信公众号，下载相关App，或浏览豆瓣、当地论坛，将所有信息“一手掌握”。另外，峨眉山、乐山大佛、西岭雪山、宽窄巷子、金沙遗址博物馆、成都博物馆等都有自己的官方网站，可及时了解景区最新信息，并且大多能线上购票。

一般来说，热门旅游目的地中高档酒店的前台或多或少会有一些旅游资料免费供人取阅。旅游集散中心（如新南门车站、茶店子客运站）的游客信息中心有周边景点的咨询台，可获得相关信息和具体的建议指导。峨眉山、都江堰这类重要景点会有旅游咨询点，能提供一些免费的景点、酒店、餐饮、地图等分门别类的介绍手册，也能打听到一些实用信息。

最直接的办法是跟当地人沟通，出租车司机、青旅前台、导游、户外向导、饭店里邻桌的本地人等大都会热情地向你提供信息。此外，青年旅舍的酒吧和布告板也是交换旅游信息的好地方。

医院

成都的医疗设施非常完善，如果光是在成都及周边地区旅行，行程中发生意外的概率不大，但也不要大意，大麻大辣的重口味并不是每个人都能习惯，小心肠胃水土不服。如有突发疾病，可前往**四川省人民医院**（见106页）、**成都市第二人民医院**（见110页）就诊。县级市也能找到比较好的医疗机构。如需要紧急的医疗救助，请拨打医疗急救电话（☎120）。偏僻的山区医疗设施依然不完备，如有计划前往，一定要带好必备的药品，以备不时之需。成都市里的药店很多，可以直接购买非处方药物，如果以成都为出发点前往高原藏区，可预先购买抗高原反应药物。

团队游

旅行者在成都当地报名参加旅行社组织的周边团队游，不失为省时省心的方式。旅行社组织的热门线路通常是都江堰－青城山一日游、峨眉山－乐山二日游和九寨沟－黄龙三日游等，一般需要提前1天预订。

团队游最大的好处是交通便利，有时还有门票优惠，但普遍的问题是，可能浪费不少时间在导游安排的无聊购物环节上，并经常会发生实际流程与宣传单上有出入的状况，为避免上了“贼船”再后悔，有必要在报名之前需要多咨询几家。通常知名品牌旅行社的总部都会相对较好，如**成都中国青年旅行社总社**（☎6600 4321；www.cdcyts.cn；天府大道中段666号希顿国际广场C座）。如果住青年旅舍，店方常会跟旅行社有业务联系，可以报名店方组织的团队游。

摄影和摄像

遵守博物馆和店铺内“禁止拍照”的规定，博物馆内即使允许拍摄也不要用闪光灯。寺庙供有佛像的殿内都是不能照相的，也请不要随便将镜头对准僧人或正在拜佛的香客。出于礼貌，请在将相机瞄准对方前先询问一下，拍完要表达感谢，如对方提出寄送照片的要求，则应言出必践。

近年来，越来越多的本地人拿起相机走入成都那些看起来破破旧旧的陋巷，希望赶在拆迁改造前为老成都留下影像，你也不妨将镜头稍加转移，成为历史的记录者。

更多摄影技术方面的内容，可以参考Lonely Planet《经典摄影旅程》《史上最佳摄影贴士》等指南。

危险和麻烦

总体来说，成都是个安全并对旅行者非常友好的城市，小偷小摸在这里很少，但还是要提高警惕。拥挤的公交车上总是会防不胜防，去偏僻的地方尽量不要单独出行，夜晚不要走山路。不管是自行组团还是参加户外俱乐部进行山区徒步，都要注意安全，做好充足的准备，并量力而行。夏季是成都周边游的最好季节，但人多的地方也容易出乱子，千万别玩得忘乎所以；在周边山上游玩不要刻意离群索居，务必跟着路标走，若在山里不走寻常路，可能会遇上蛇；盆地偏潮湿，雨后山上尤为湿滑，一定要注意脚下，如果太晚就不要上山了。带孩子玩漂流的话，要为孩子做好保护措施。

偷窃和欺诈

尽管成都整体治安良好，但在人流密集区域如春熙路、宽窄巷子等地，仍要提防被盗或遭遇抢劫。旅行者总会在最手忙脚乱和放松警惕的时候让小偷钻了空子。所有客运站任何时候都需提高警惕，尤其是火车北站及站外的公交站台。

无论在哪，都不要将装有值钱物品的手提袋松松地拎在手上，尽量不要佩戴大件贵重首饰出行。青年旅舍的住客越来越鱼龙混杂，现金与贵重物品如电脑、相机等不可遗留在房间内，在背包上加一把锁或寄存在前台都是可行的办法。酒店也非百分之百安全，不要把贵重物品留在房间（除非你的房间有保险箱），实在不方便带着出门的话，不如交给前台暂时保管。

长途汽车站和火车站周边有较多的消费欺诈行为，包括吃饭宰客、售卖假烟假酒等，需要提高警惕，或者避免在此消费。虽然“无商不奸”仅是极个别现象，但你还是得多留个心眼，买东西记得数清找零和清点购买的东西，以防商家“不小心”给错。

如果打车要去的地方很偏僻，一定要提前确认司机是否认识，司机有时并非刻意绕路，他是真的不认识，为避免之后的不愉快，不如换辆车。使用滴滴快车等叫车软件时注意安全，距离较长时可将行程分享给朋友以备案。

出行前要对一些常用的造假、敲诈伎俩多加了解。旅途中没有免费的午餐，切忌占小便宜吃大亏。权益受到侵害时应及时向警方投诉，遇事可拨打110求助。

交通安全

该区域内公路设施很健全，路况良好。不过自驾者还是要小心，如果是包车，也要尽量选择车辆性能好并且有经验的司机。自驾的话需要在出发时注意天气和路况新闻，时刻检查车辆状况，保证油气充足，并带好修理工具，以免在人迹罕至处抛锚。

成都市内的出租车司机在不塞车时都很野，如遇堵车尽量不要催促司机，千万别说你赶时间，否则他们会更来劲地带你体验“夺命飞车”。

掮客

和所有的旅游城市一样，“拉客”现象这里也有，尤其是在机场、火车站、客运站等游客集散地，难免遭到掮客的打扰。多数情况下他们会将你引向一处质量无法保证的宾馆、一趟耽误你时间的班车或者水分很大的一日游，简单谢绝是合适的处理方式。如果一位出租车司机过分殷勤地向你推荐某一家宾馆，同时诋毁你已经预订的住处，或者带你去买价格昂贵的纪念品，通常是因为他可以拿到一份回扣，有礼貌地拒绝同样是最好的方式。

独自旅行者

独自旅行可以让你和当地人有更多的互动，对路线和时间的把握也更为自由，但对旅行经验的要求稍高一点，你要保持足够的警惕和细心，保管好财物，虽然在成都的常规目的地不太会遇到什么危险，但你最好还是将自己的行踪和健康情况及时告知家人或亲友。

独自旅行很难遍尝美食，例如你很难过把火锅瘾，我们同样不提倡浪费。若不想增加费用又要体验尽兴，可以选择入住青年旅舍，在公共区域很容易找到一位临时旅伴，一起搭伙吃饭，可以品尝到更多美食，也有机会分担包车费用。

残障旅行者

机场、四星级以上酒店和4A级以上景区的无障碍设施比较齐全，游玩成都市区的景点也基本没有困难。县级市的无障碍设施就比较欠缺，若没有同行的伴侣，最好不要独自前往。

女性旅行者

整体来说，成都人对女性旅行者是友好、尊重的，甚至还会提供更多的关照。但相对而言，女性独自旅行的风险要高于男性，要做好比男性旅行者更充分的准备并保持警惕心。对于陌生人提供的交通、食宿上的便利，既能心怀感恩地接受，也要善于察觉背后的动机。如果对方的热情让你感觉不舒服，可以称自己还有同伴在一起。在一些青年旅舍，陌生男女有可能被安排混住到一间宿舍，如果你不习惯，可以要求入住女生房间。

夜间出行尽量结伴，如受到男性过于热情的目光礼遇和搭讪，请小心应对。尽量不要独自去酒吧，你会成为最显眼的猎物，如遇大胆的挑逗，注意保持清醒和必要的社交距离，不要自诩酒量好就豪饮。随身携带自卫用具会给你最后的勇气。

同性恋旅行者

成都对同性恋人群的态度比较开放，还有多家同性恋酒吧，大同网（www.utopia-asia.com）有关于中国同性恋者的情况介绍及成都同性恋者聚集地的信息。但同性恋毕竟目前尚未获得中国主流社会价值观的认可，尽管你不必在成都躲躲藏藏，但在大街上过分招摇总不合适，尤其在偏远地区应低调，以免惹出不必要的麻烦。

志愿服务

你可以从自身做起，践行环保。在景区不要留下垃圾，使用可降解的产品，把塑料包装袋、废旧电池等带回家；随身携带一些小礼品，送给帮助过你的人；不要浪费食物；自带环保餐具；入住酒店、旅馆应节约用水用电；多步行、骑车或者采用公共交通工具；不要购买濒危物种制成的纪念品或者食品。

将旅行和公益活动结合起来，会让你的成都之行更有意义，也会加深你对旅行目的地的了解。如果有兴趣了解更多有关环保、扶贫、救灾等各方面志愿者工作的相关信息，可以参考**自然之友**（www.fon.org.cn）和**中国青年志愿者网**（www.zgzyz.org.cn）。成都本地致力于社区服务、弱势群体帮困及环境保护的公益组织比较多，其中部分项目长期招募志愿者，也会组织一些短期的公益活动。

岷江论坛（www.rivers.org.cn）由成都城市河流研究会发起，主要开展水环境治理项目，还会不定期组织公众参与绿色骑游、农事体验等活动，也可关注其官方微博：成都城市河流研究会。

绿色江河（www.green-river.org）致力于长江上游地区的自然生态环境保护活动，目前已建立长江源保护站，开展守护斑头雁行动、长江冰川拯救行动等项目，除了报名成为志愿者，你也可以为他们提供环保信息、野外科考装备和技术支持。

3+2读书荟（www.32books.cn）是一家民办公益阅读推广机构，致力于普及农村阅读，你可以前往进行短期义工，更简单的方法是为他们捐书。在安仁古镇、新场古镇、东江明月村等地都能找到该组织。

四川龙桥黑熊救护中心（见174页）是由亚洲动物基金设立的“保护月熊”非营利性组织，前往参观了解这个项目和为它们捐款就是对它们最大的支持。

活动

自行车

成都的中心城区并不大，在四处修路、限行、堵车的情况下，骑自行车出行其实是个不错的选择，地铁+自行车的组合几乎可到所有景点。不过在糟糕的交通下，骑行者并不会得到特别照顾，市内骑行速度不要太快，注意眼观八方。最适合骑行的路段是杜甫草堂一带的浣花路、草堂路和府南河边的滨江路。现在成都三环修成了熊猫绿道，专门辟有自行车骑行车道，沿途风景不错。

如果你有中长途骑行经验，体力足、时间多，不妨把范围扩大一些，骑行周游成都平原，洛带、黄龙溪、街子古镇、温江、龙泉山等地都在一日骑行往返行程内，适合呼吸新鲜空气，欣赏田园风光。

各青年旅舍通常都能提供自行车出租，一般只针对住客，不对外，租金约30元/天。一些本地的骑行组织、户外俱乐部，一般会在周末和小长假组织骑行活动，可留意豆瓣网“同城活动”通告，如果时间合适，与当地人同行可能会体验到全新的骑行线路。

滑雪

西岭雪山（见143页）拥有中国西南地区规模最大、设施最好的高山滑雪场，海拔2200米，雪道总长10公里，雪季在12月下旬到次年3月，除了滑雪，还有雪地滑车、雪上飞碟、狗拉雪橇、马拉雪橇、雪地摩托等游乐项目。峨眉山**雷洞坪滑雪场**（见214页）是四川第一个滑雪场，通常在12月至次年3月间开放。

温泉

成都平原的温泉很多，设施最成熟的是西岭雪山脚下的**花水湾**（见143页），那里有十余家温泉酒店，环境不错，适合爬完雪山后休憩一晚。峨眉山报国寺一带的温泉欢乐谷也有几家温泉酒店，其他可以泡温泉的地方包括青城山脚下、虹口景区附近、崇州、温江、彭州等地。

观鸟

成都是国内为数不多可以在市内观赏到野鸟的城市。**四川大学望江校区**（见84页）的荷花池畔、物理学院附近的一片小树林在成都观鸟界很有名，已记录到140多种鸟类。**浣花溪公园**（见77页）也是观鸟者常去的地方，湖区可以观赏到多种野生鸟类。

漂流

成都平原河网密布，夏天可去周边漂流，**虹口景区**（见198页）的漂流项目开发比较成熟。

攀岩

邛崃平乐古镇附近的**川西竹海峡谷景区**（见148页）有铁道式攀岩及徒手攀岩项目。**西岭雪山**在夏天也有攀岩活动（见143页）。

交通指南

到达和离开

“蜀道难，难于上青天”早已是过去时，如今的成都是中国西南部地区的重要交通枢纽，动车通达北京、上海、广州、西安、贵州等地，超过10条高速公路在此交会。飞往成都的机票常年能抢到低价折扣，想吃火锅了，打个飞的，便可来度周末；成都天府国际机场预计将在2020年启用，届时成都的航空交通将更加便捷。

飞机

机场

成都双流国际机场（☎8520 5555；www.cdairport.com）航线几乎覆盖国内所有省会城市和主要旅游城市，也是内地进藏的主要中转机场，每天都有飞往拉萨和林芝的航班。省时间也可从这里直飞九寨沟、西昌、康定和亚丁等省内景区。国际航线可直达港澳台和近30个亚洲、欧美城市，4小时航程就能到东南亚、南亚，6~10小时直飞中东和欧洲。1号航站楼为国际航线和四川航空国内航线的航站楼，2号航站楼为其他航空公司国内航线的航站楼。

航空公司

运营成都航线的航空公司主要有：

四川航空（☎95378；www.scal.com.cn）作为本地航空

公司，经营着200多条进出四川的航线，覆盖全国80多个大中城市。已开通温哥华、墨尔本、悉尼、莫斯科、迪拜、东京、大阪、新加坡等国际航线。

中国国际航空（☎95583；www.airchina.com.cn）的航线仅次于四川航空，包括往返上海、北京、广州、拉萨、青岛、长沙、武汉和台北等城市，每周二、四、六有1趟航班直飞日喀则。

东方航空（☎95530；www.ceair.com）主要经营往返上海、北京、广州、昆明、南京、香格里拉、大理和曼谷、普吉等城市的航班。

南方航空（☎95539；www.csair.com）主要经营往返于上海、北京、广州、昆明、长沙等城市的航班。

吉祥航空（☎95520；www.juneyaoair.com）主要经营往返上海、青岛、贵阳、大连、桂林的航班。

成都航空（☎6666 8888；www.chengduair.cc）主要经营往返于上海、广州、昆明、杭州、丽江等城市的航班。

西藏航空（☎400 808 9188；www.tibetairlines.com.cn）的航班往返于昆明、杭州、贵阳、拉萨、林芝，每周二、四、周六有1趟航班直飞日喀则。

海南航空（☎95339；www.hnair.com）主要经营往返北京、广州、海口等城市的航班。

春秋航空（☎95524；www.ch.com）往返上海的机票折扣非常低。

国泰港龙航空（☎400 888 6628；www.dragonair.com）主要经营往返香港的航班。

机票

通过**去哪儿网**（www.qunar.com）预约机票，可以在第一时间接收到最低折扣的提示，**携程旅行网**（☎95010；www.ctrip.com）是更老牌的网络代理商。

关注各航空公司的官网，也可以下载官方App，有时会有“秒杀”或者更低折扣的特价票推出。

火车

成都现在有宝成、成渝、襄渝、成昆、川黔、沪昆、黔桂、内六、渝怀、遂渝、遂成、宜万12条国营干线铁路和11条国营支线铁路，以及达成、达万、乐巴、成灌4条合资铁路，目前已开通前往重庆、北京、上海、广州、西安等地的动车。不过，从北京、上海到成都的G字头动车时间较长且票价较高，游客通常还是会选择乘坐飞机进入成都。

成都周边不少城市与景区都已开行城际列车，性价比很高且省时间。前往青城山、都江堰等地，城际列车的票价比长途大巴便宜，速度也更快。彭州、新都等地也已开通城际列车。搭乘城际列车，2小时内就能从成都到达乐山、峨眉山，更方便的是从以上两地返回时可以搭乘城际列车直抵成都双流国际机场，免去市区换乘麻烦。

成都目前有四个主要的客运火车站：成都站（火车北站）、成都东站、成都南站和成都西站，前两个火车站对旅行者较有用，出行前一定要看清乘车地点。

成都站（火车北站）（☎8332 2858；站东路1号；Ⓜ1号线、7号线火车北站）主要经停普通列车，发往北京、上海、广州、拉萨、昆明、西安等省会城市。

成都东站（☎8411 6089；万科路4号；Ⓜ2号线、7号线成都东客站）主要经停动车，发往北京、上海、南京、杭州、广州、重庆、西安、贵阳等城市。成绵乐铁路经过此站，往北可至德阳、绵阳、江油，往南可至双流机场、眉山、乐山、峨眉山。

成都南站（☎8513 6245；天仁北二街；Ⓜ1号线、7号线火车南站）城际列车主要发往眉山、乐山、峨眉山。

成都西站（☎8746 4797；Ⓜ4号线成都西站）川藏铁路的起点站，城际列车主要发往邛崃和雅安。

前往青城山、都江堰和彭州的城际列车从位于市区西北的**犀浦火车站**发车，地铁2号线可直达该火车站。

火车票可通过**中国铁路客户服务中心**（www.12306.cn）预订，或下载**铁路12306**软件通过手机支付购买车票，可免费改签一次。乘车前凭身份证至火车站售票大厅取票即可。上网不方便或固守传统的话，依然可以直接去火车站购票，新南门车站、茶店子客运站也有代售票点。需要注意的是，现在国内大多数火车站进站验票也要同时进行身份认证，所以即使已经提前取票，也要带好身份证上车。

长途汽车

成都是西部交通的枢纽，也是著名的川藏线318国道的起点，每年无数进藏旅行者在此中转。途经成都的高速公路有京昆高速（G5）、沪蓉高速（G42）、厦蓉高速（G76）、蓉丽高速（G4216）、渝蓉高速（G5013）等，本书所覆盖区域的省内高速有遂资眉高速、蓉乐高速、德都高速等。以成都为中心，不超过两小时就可以到达本书内大部分周边目的地，几乎所有景点都有直达班车辐射。

成都共有11个长途客运站，除了新南门车站位于市中心，其他车站都分布在一环外甚至更远的市区外围，各客运站所在的东南西北方位通常也预示着其车次发往的方向，当然也有一些例外，例如离成都较近的一些目的地通常可以在多个车站乘车。所有客运站中，对旅行者最有用的是发往川藏线各站点的新南门车站和有车发往阿坝藏族羌族自治州的茶店子客运站。除新南门车站可提前6天购票，其他所有车站都是提前3天购票。最方便的是上**四川汽车票务网**（www.scqckypw.com）或其同名微信公众号购票，目前已有四川省内18个地级市和3个自治州加入联网，以下所列车站所有车次发车时刻及票价都可在票务网上查询并提前订票，在车站取票。

新南门车站（见106页地图；☎8543 3609；新南路2号）也叫成都旅游集散中心或旅游客运中心，班车发往省内大多数热门旅游目的地，如青城山、都江堰、乐山、峨眉山、黄龙溪古镇、平乐古镇、洛带古镇、九寨沟、海螺沟、康定、稻城、蜀南竹海等地。11月底下雪后，周末会有车发往西岭雪山（30元；9:00），相反的是，冬天前往天台山的班车会停发，每年时间不固定。注意，前往洛带古镇在新南门车站西南面的巷子里购票和乘车。

茶店子客运站（☎8750 6610；西三环路五段289号）位于市区西北，班车主要发往西岭雪山、安仁古镇、马尔康、九寨沟、若尔盖、松潘、康定、嘉阳和温江、大邑、崇州等地。地铁2号线茶店子站D口出来便是，也可坐4路、62路、79路等公交车前往。

北门汽车站（见106页地图；☎8333 1872；一环路北四段197号梁家巷口）主要是发往阆中、宜宾等川南、川东北方向的班车。可从春熙路坐166路、宽窄巷子坐64路公交车在梁家巷站下。

成都东站汽车客运站（☎8630 7748；成华区邛崃山路550号）位于成都东站东南侧，有发往蒲江、温江、崇州、彭州、大邑、大英等地的班车，每天还有开往西昌、都江堰、黄继光纪念馆的景区直通车。也可关注其微信公众号：成都东站汽车客运站，查询具体车次和预购车票。地铁2号线、7号线成都东客站下。

五桂桥汽车站（☎8471 6404；迎晖路194号）又称成都汽车总站，主要运营发往蜀南竹海、自贡和到泸州、宜宾的滚动班车，以及去重庆的大巴。地铁2号线塔子山公园站下，也可在春熙路坐10路公交车前往。

石羊客运站（☎8531 4666；益新大道799号）也叫石羊场车站，有发往犍为、雅安、康定、西昌和乐山等地的班车，在春熙路坐28路公交可到该客运站。

昭觉寺汽车站（☎8350 4125；昭青横路88号）有发往广汉、绵阳、江油等地的滚动班车。可从春熙路坐49路、宽窄巷子坐53路公交车前往。

机场客运站（☎8520 5360；双流机场T1航站楼与T2航站楼之间）的发车班次也很多，如果不想在成都市区停留的话，可以下了飞机直接前往都江堰、雅安、乐山等热门目的地。

自驾游

自驾游成都非常方便，成熟的公路网保证了到处都可以开车抵达，自由饱览沿途风景的同时还不受限于班车时间约束，农家乐的流行令沿途餐饮和住宿的问题也不大。但本地司机开车很彪悍，一定不要"跟风"，心平气和地驾驶很重要。

需要注意的是，自2018年1月22日起，周一至周五工作日的7:30~20:00，绕城高速G4201（不含）以内所有道路对所有车辆实行尾号限行，详情请关注当地最新交管信息。

当地交通

成都人喜欢用"一座来了就走不脱的城市"来调侃成都拥堵的交通现状，其实这只是针对私家车而言。成都的公交系统非常完善，公交车线路覆盖市区，且有专用车道，紧急情况下比出租车还快。成都地铁目前已开通1、2、3、4、7、10号线等多条轨道交通线路，地铁+共享单车的模式可以便捷到达多数景区。

自2019年1月起，成都城区公交车和地铁线都开通了扫码乘车服务，只需下载天府通App，在主页生成二维码后，即可扫码乘车。

抵离机场

成都双流国际机场共有5条机场巴士专线，对旅行者最方便的是开往岷山饭店的机场专线1号线（6:30至当日航班结束；10元；30分钟）和开往天府广场、成都站（火车北站）的机场专线2号线（6:30~20:00；13~17元；50分钟），都是每15分钟1班车；机场专线3号线（7:00~20:00，15~20分钟1班；12元；30分钟）开往火车东站；机场专线4号线（8:00~20:00，20~30分钟1班；2~10元；50分钟）开往新会展中心；机场专线5号线（8:20~20:00，半小时1班；25元；50分钟）能带你前往茶店子客运站。

近期双流机场已开通机场专线夜间1号线（22:00至次日5:30；10元；40分钟），开往岷山饭店，经停地铁倪家桥（美领馆）站、地铁省体育馆站、地铁华西坝站。机场专线夜间2号线（22:15~4:00；15元；40分钟）开往大源中央公园，经停天府大道府城路口（天府长城公交站）、环球中心站、地铁世纪城站。

从机场打车到市区约需60元。

机场2号航站楼B2层L3通道通往机场高铁站入口，每天有多趟成绵乐城际列车经停此站。

公交车

成都的公交系统非常发达，大多数景点都可以乘公交车到达，市内公交车票价普遍2元，多为自动投币，乡村巴士票价1元。最方便是下载**巴适公交**App，可实时查询周边公交站台导航、公交换乘、车辆实时定位及进站距离等信息。

快速公交K1/K2线（票价2元）环行二环高架，经停成都站（火车北站）、科华路口、建设路口等站。

地铁

成都目前已经开通了6条地铁线，换乘枢纽是天府广场、春熙路、太平园等站点。1号线连接成都站（火车北站）、文殊院、天府广场、火车南站、高新区、环球中心（锦城广场站）等地；2号线连接茶店子客运站、人民公园、春熙路、成都东站（成都东站汽车客运站）等地；3号线可以方便地前往动物园和熊猫基地（熊猫大道站）；4号线连接非物质文化遗产博览园、成都西站、宽窄巷子和明蜀王陵等地。7号线是一条环线，连接成都站（火车北站）、成都东站（成都东客站）、成都南站（火车南站）和金沙遗址博物馆等地；10号线是双流机场专线，可在太平园站经由3、7号线换乘前往市区其他地方。

出租车

成都市内出租车视车型不同起步价为8~9元，2公里后每公里1.9元；夜间（23:00至次日6:00）起步价增加1元。上车后司机习惯让你指路，如果不熟悉路况最好打开手机导航，否则难免被绕路。若遇司机拒载等情况可拨打出租车投诉电话（☎96515）。

滴滴、神州专车和曹操专车在成都均提供服务，不过上下班高峰期可能需要等候较长时间。

火车站、客运站外仍然有黑车司机，大多会漫天要价，我们不建议你坐这样的车，实在因打不到车而避免不了，请务必在上车前谈好价格。摩的通常会在地铁站外拉客，但毕竟存在安全隐患，尽量不要乘坐。

自行车

自行车是既环保又健康的旅行方式，你可以在青年旅舍租到自行车，大多只针对自己的住客，不对外，租金约每天30元。目前摩拜、青桔等共享单车在成都非常普及，市区骑行很方便。不过要注意避让风驰电掣的电瓶车。

如果要骑行周边古镇，建议租骑山地自行车并佩戴头盔等护具。

景区直通车

成都景区直通车便捷可靠，通过其同名微信公众号可查询线路信息及购票。直通车以宽窄巷子、武侯祠和锦里为据点，提供一站式服务。留意景区口的**景区直通车**招牌，在这里购买下一个景点的门票，就能坐免费车前往。在武侯祠、宽窄巷子、杜甫草堂、大熊猫繁育研究基地、金沙遗址博物馆等市区内景点，乘坐时间为9:00~17:00，约30分钟1班，不购买门票也可以花8~10元钱坐车。成都周边景点的直通车价格含往返车费和门票。本书调研期间，在“景区直通车”处购买金沙遗址博物馆的门票为60元（博物馆售票处为80元），杜甫草堂和金沙遗址博物馆的景区直通车乘坐点分别在北门和东门。

幕后

作者致谢

何苗苗

感谢父母的支持和关怀，感谢涂识和刀哥的指点与合作，感谢在路上所有帮助过我的人。

袁亮

谢谢LP给了我一个重新打量生活其中的城市的机会。谢谢CE涂识容忍我的拖沓，谢谢苗苗与我分享的行程，更谢谢给了我支持和帮助的文化学者萧易、美食家唐敏、城市微旅行者袁辰恺、摄影师严磊，感谢陪我去看彭州白塔的同学阿汤，以及好朋友余婷婷、陈卓等。最后谢谢父母一如既往的支持。

声明

本书地图由中国地图出版社提供，审图号GS（2019）1895号。

本书未标明版权方图片均由图虫提供。

封面图片：在成都遥望雪山，摄影师：袁方育。

关于本书

这是Lonely Planet“IN”系列《成都》的第2版。本书的作者为何苗苗、袁亮。在此一并致谢上一版作者何望若、杨欣松。

本书由以下人员制作完成：

项目负责 关媛媛
项目执行 丁立松
内容策划 涂　识
视觉设计 庹桢珍
协调调度 沈竹颖

总　　编 朱　萌
执行出版 马　珊
责任编辑 普黎洋
地图编辑 刘红艳
地图制作 张晓棠
流　　程 孙经纬
终　　审 杨　帆
排　　版 北京梧桐影电脑科技有限公司

感谢肖潇、王歆、洪良、朱嘉熙、鲍盈含对本书的帮助。

说出你的想法

➡ 我们很重视旅行者的反馈——你的评价将鼓励我们前行，把书做得更好。我们同样热爱旅行的团队会认真阅读你的来信，无论表扬还是批评都很欢迎。虽然很难一一回复，但我们保证会将你的反馈信息及时交到相关作者手中，使下一版更完美。我们也会在下一版中特别鸣谢来信读者。

➡ 请把你的想法发送到**china@lonelyplanet.com.au**，谢谢！

➡ 请注意：我们可能会将你的意见编辑、复制并整合到Lonely Planet的系列产品中，例如旅行指南、网站和数字产品。如果不希望书中出现自己的意见或不希望提及自己的名字，请提前告知。请访问lonelyplanet.com/privacy了解我们的隐私政策。

索引

地图页码 **000**

如何使用本书

以下符号能够帮助你找到所需内容：

- 景点
- 活动
- 课程
- 团队游
- 节日和活动
- 住宿
- 就餐
- 饮品
- 娱乐
- 购物
- 实用信息和交通

这些图标代表了我们的推荐和特别策划，帮助你获得最佳体验：

- 当地人推荐
- 不要错过
- 另辟蹊径
- 值得一游
- 深度了解
- 步行游览
- 实用信息

下列符号所代表的都是重要信息：

- ★ 作者的大力推荐
- 绿色或环保选择
- 免费 不需要任何费用
- 电话号码
- 营业时间
- 停车场
- 禁止抽烟
- 空调
- 上网
- 无线网络
- 游泳池
- 素食菜品
- 英语菜单
- 适合家庭
- 允许携带宠物
- 巴士
- 轮渡
- 轻轨
- 火车

景 点

- 佛寺
- 城堡
- 教堂
- 清真寺
- 纪念碑
- 孔庙
- 道观
- 世界遗产
- 博物馆
- 遗址
- 酒窖
- 动物园
- 温泉
- 剧院
- 一般景点

活动、课程和团队游

- 潜水/浮潜
- 划艇
- 滑雪
- 冲浪
- 游泳/游泳池
- 蹦极
- 徒步
- 帆板
- 其他活动、课程、团队游

住 宿

- 酒店
- 露营

就 餐

- 就餐

饮 品

- 酒吧
- 咖啡

娱 乐

- 娱乐

购 物

- 购物

实用信息

- 银行
- 使馆
- 医院/药店
- 网吧
- 公安局
- 邮局/邮筒
- 公共电话
- 卫生间
- 旅游信息
- 无障碍通道
- 其他信息

交 通

- 机场
- 过境处
- 公共汽车
- 渡船
- 地铁
- 停车场
- 加油站
- 自行车租赁
- 出租车
- 火车站
- 有轨电车
- 索道缆车
- 其他交通工具

境 界

- 国界
- 未定国界
- 省界
- 未定省界
- 特别行政区界
- 地级界
- 县级界
- 海洋公园界
- 城墙
- 悬崖

行政区划

- 首都
- 省级行政中心
- 地级市行政中心
- 自治州行政中心
- 县级行政中心
- 乡、镇、街道
- 村

道 路

- 高速公路
- G213 国道
- S203 省道
- X013 县、乡道
- 铁路
- 地铁
- 收费公路
- 高速公路
- 一级公路
- 二级公路
- 三级公路
- 小路
- 未封闭道路
- 广场/商业街
- 台阶
- 隧道
- 步行天桥

水 系

- 河流、小溪
- 间歇性河流
- 沼泽
- 礁石
- 运河
- 湖泊
- 干/盐/间歇性湖
- 冰川

地区特征

- 海滩/沙漠
- 基督教墓地
- 其他墓地
- 公园/森林
- 运动场所
- 重要景点(建筑)
- 一般景点(建筑)

地 理

- 海滩
- 灯塔
- 瞭望台
- 山峰
- 栖身所、棚屋

注：并非所有图例都在此显示。

我们的作者

涂识

内容策划 在鄂西南的大山深处长大，户外运动的铁粉，拍照和码字活动的爱好者。刚刚做完《四川和重庆》《中国西南自驾》之后，又能为最爱的成都做一本指南。

何苗苗

西部和南部、成都周边 在2014年参与《四川与重庆》第三版的写作后，她就时刻希望能重返四川，起初是因为这里的美食，这一个月的云游却认知了更多。可惜调研的快节奏与成都的慢生活不太匹配，在多个瞬间，她萌生了来此定居的念头。

袁亮

中心城区、东部和北部 网名刀哥，住在成都的重庆人。此前曾为LP撰写过多本旅行指南。很高兴这次有机会加入《成都》的调研和写作中来，以旅行者身份重新认识住了这么多年的城市，去到以前不曾涉足的地方，有了更多崭新的发现。

成 都

中文第二版

图书在版编目（CIP）数据

成都 = Chengdu / 澳大利亚Lonely Planet公司编
. -- 2版. -- 北京：中国地图出版社，2019.5（2020.11重印）
（IN）
ISBN 978-7-5204-1077-9

Ⅰ.①成… Ⅱ.①澳… Ⅲ.①旅游指南－成都 Ⅳ.
①K928.971.1

中国版本图书馆CIP数据核字(2019)第075504号

出版发行 中国地图出版社
社　　址 北京市白纸坊西街3号
邮政编码 100054
网　　址 www.sinomaps.com
印　　刷 北京华联印刷有限公司
经　　销 新华书店
成品规格 197mm×128mm
印　　张 8
字　　数 435千字
版　　次 2019年5月第2版
印　　次 2020年11月北京第5次印刷
定　　价 79.00元
书　　号 ISBN 978-7-5204-1077-9
审 图 号 GS（2019）1895号
图　　字 01-2015-6082

*如有印装质量问题，请与我社发行部（010-83543956）联系